中央大学政策文化総合研究所研究叢書　26

アジア的
融和共生思想の可能性

保 坂 俊 司 編著

中央大学出版部

序　　文

　アジアの時代がやってきた．しかし，アジアの時代とは何であろうか．

　かつて文明学者のシュペングラー（1880-1936）は，『西洋の没落』において，ヨーロッパ文明の没落を予想し，世界を驚かせた．たしかに西欧文明の中心は，シュペングラーの予測どおり，世界の中心は西欧文明のいわば亜流ともいえるアメリカやソ連に移った．いわゆる冷戦時代，そしてパックスアメリカーナの時代である．しかし，冷戦時代の勇ソ連も，また同じく西側の勇であり西洋近代文明をソ連同様起源とするアメリカに，今やその力も，また世界からの信頼も失いつつある．この状況をいち早く見抜いたのが，アメリカの政治学者サミュエル・ハンチントン（1927-2008）であった．かれは，その主著『文明の衝突』（1993 年論文，1996 年著作）において，アメリカの衰退とアメリカによる世界の一元的支配の終焉，そして世界の多極化を明快に予想した．以来 30 年ほどの時間が過ぎ，ハンチントンの予想は，ほぼ現実のものとなった．というより，かれの予想以上のスピードで，世界の多極化が進んでいる．そして，その恩恵をもっとも強く受けているのが，アジア（具体的には南アジアから東アジアの地域．具体的にはインド，中国，東南アジア諸国）である．この地域はかつて，欧米諸国に植民地（あるいはそれに準じる）化され，蹂躙されてきた．そのために，いわゆる近代化が遅れ，発展途上の汚名に甘んじてきた．しかし，今やこれらの地域の発展状況は，「台頭」という域を超え，まさに世界をリードする存在に成長した，と証言されるまでになった（マッキンゼー，アジア会長，オリバー・トンビー氏：日本経済新聞（2019 年 9 月 26日付）など）．

　もちろん，従来のような圧倒的な支配力を失ったとはいえ，西洋文明の存在は依然として大きい．一方台頭著しいアジア文明は，成長過程であり，その位置づけは未確定である．しかも一口にアジア文明といっても，多様にし

て複雑な関係にあり，必ずしも相互の共感や共通認識を有してはいない．

とくに，中国とインドは，相互に異なる文明を基礎とした国家であり，その関係は地理的位置が象徴するように，さまざまな点で背中合わせ（相反）の関係にある（拙著『情報と文明』参照）．アジアの今後の発展は，この両超大国の存在を中心に，大きく展開することとなり，両者の相利共生関係の構築の如何が，21世紀のアジアの平和的発展，さらには世界の平和を左右するということである．

以上のように，21世紀の国際社会は，互いに独自の文明を基礎とする多様な文明の多極化した世界ということになる．しかも，現時点では，それぞれの国が，自国第一主義を主張し，協調的な発展よりも，利己的な発展主義を選択している．しかし，周知のように，人・モノ・資本（カネ）・情報のグローバル化の時代に，このような利己的で，閉鎖的なスタンスは，破滅への道となりかねない．むしろ，孤立や，独善ではなく，反対に相利共生の関係の構築に力を向けるべきである．そして，それを可能にするのは，異なる価値体系をもつ文明間の相互理解が不可欠である．つまり，相互の文明を偏りなく，公平に理解する知識であり，また多文明への積極的かつ，温かな関心をもつことである．

さて，このような多極化，混沌とした世界状況において，わが日本はどのような立ち位置にあり，またどのような対応が可能なのであろうか？　日本の死活問題ともなる多極化の時代，あるいはグローバル時代のとるべき対応への答えは，その地理的な位置が象徴的に示すように，つまり日本の歴史・文化などの総合的な意味での文明的位置に，その可能性が象徴されている．というのも，日本の文明は，世界の博物館ともいわれるほど多様であり，またそれが現実の生活に生かされている，という点できわめて特徴ある文明形態となっている．

とくに，日本文明には，インド，中国というアジアの二大文明が融和統合されており，さらに近代にいたれば，それらの文明に西洋文明が加わり，これら3つの異なる文明が，日本文明という独自の文明として融合統一されて

いるのである．つまり，日本文明とは，日本（やまと）の固有文明に，中国，インド，そして西洋という異なる文明が融和し，統合されて形成されたいわば超合金文明なのである．それゆえに，日本文明はこれらの文明と，強い親和性をもっており，現在のように多極化した文明がそれぞれに孤立的な関係にある時代においては，まさに仲介者として働くことができる貴重な存在ということができる．

多極化時代の日本文明の価値

　ところが，問題は，われわれにこのような日本文明への基本的な理解があるか，ということである．

　つまり，多極化世界の中心軸となるであろう，3つの文明の恩恵を深く受けながら，またそれらを独自に融和・統合した日本文明のなかに生きながら，その構造や，現代的な価値に関して充分な自文明への理解がわれわれに育っているか，ということである．

　とくに，アジアの一員でありながら，近代以降その歴史を封印し，自ら西洋の一員となるべく猛進し，その意味では優等生としての近代日本文明のあり方をわれわれは自覚しているのであろうか？　つまり，多極化，対立の時代において，とくに西洋とアジアという価値観の大きく異なる文明を基礎としているがゆえに，これらを融和的かつ共感的に（温かい心で）結びつける，「橋渡し」できる日本の文明の潜在能力に気づき，それを生かそうという使命感があるか，ということである．

　では，この西洋・アジア文明の橋渡し（媒介者・仲立ち・仲人）は，そのように可能となるのであろうか．筆者は，未だ日本人はこの可能性への準備が不充分であると感じている．そこで，まず，現在の状況を充分理解しつつ，自らの文明である日本文明の形成過程をじっくりと研究すること，知ることに尽きると，考えている．改めて『脚下照顧』することが不可欠であろう．

　つまり，アジアを知ることは，自己を知ることであり，日本を知ることでアジアを理解し，西欧文明の智恵を生かしてこれらの文明間の相互理解や協

iv

調関係の構築に貢献する．そこに日本の役割がある．

このような壮大な意図を意識して，立ち上げたのが「アジア的文明の特性に関する基礎研究」と題するプロジェクトである．そして，その結果が以下の論文である．

9編の論考概要

第1論文は，仏教における宗教共生のメカニズムを明らかにした編著者の「梵天勧請思想と神仏習合」である．本論文は，歴史的事実としてユーラシア各地に平和裏に拡大した仏教が，いかなる思想構造（わかりやすく表現すれば戦略）によってそれを可能にしたのかを，「「梵天勧請」の教え」に求めたものである．つまり，「「梵天勧請」の教え」こそ平和宗教としての仏教の根本思想である，という前提を設定する．そのうえで，仏教が世界各地で構築したこの諸宗教との相利共生関係を「神仏習合」という，日本の宗教共生関係をあらわす言葉を用いて再構築しようとした論文である．21世紀における諸宗教の共生の思想構築を日本の伝統的な知の体系によって貢献しようとする視点である本プロジェクトの視点を踏まえたものである．

第2論文は，加藤久典氏の「共生の試みに関する一考察—インドネシアの宗教と社会—」である．加藤氏はインドネシアの宗教共生の実態を，フィールドワークをつうじて長年研究してきたインドネシア宗教社会研究のスペシャリストである．加藤氏の研究対象は，保守穏健派から原理主義的急進派まで多様であるが，とくにインドネシア社会において試みられているイスラム的共生思想（イスラム・ムサンタラ）の分析は，イスラムとの共生が日本社会でも顕在化しつつあるなか，重要な視座を含んでいる．

第3論文は，新美貴英氏の「長谷川如是閑と老子」である．新美氏は近代日本政治思想を専攻する新進の研究者であるが，国会議員の政策秘書という異色の経歴をもち，その政治思想分析もそれらの経験を踏まえ，独創的なものとなっている．本論文では，大正・昭和の激動期に言論界で活躍した長谷川如是閑の老子論を政治学的な視点から再評価した論考となっており，たん

に長谷川如是閑の思想研究にとどまらず，非西洋的政治思想の可能性に目を開かせてくれる研究となっている．また，中国の存在の巨大化という 21 世紀の新秩序における日中関係の構築を考えるうえでも示唆的な論文である．

　第 4 論文は喜多文子氏の「エズラ・パウンドと能楽—その翻訳作品の意義について—」である．喜多氏は西洋近代詩，とくにエズラ・パウンドの日本を代表する研究者である．本論で喜多氏は，パウンドが苦心した能の深い精神性の表現を詩文研究者の目から明らかにしている．情報の氾濫によるいわば消化不良の時代における他者理解の難しさと，それゆえの創造的な知的活動の重要性を痛感させられる論文である．

　第 5 論文は大森一三氏の「「もう 1 つの成熟」としての老い—「老い」についての哲学的考察—」である．本論のテーマはまさに現代社会が直面する高齢化社会における「老い」あるいは「死」にたいする新進気鋭の哲学者ならではの斬新な視点が展開されている．

　とくに本論は，自らの御尊父の死をきっかけに老いと死を自らの体験を元に，深い省察を踏まえての考察となっている．しかもカント哲学の研究者の領域を超えてインド哲学や仏教文献にまでその対象を広げ，「老い」あるいは「死」について考究している点で，日本的哲学開拓の意欲溢れる論考となっている．

　第 6 論文は岡嶋裕史氏の「インターネットの構造と，社会との共犯関係について」である．岡嶋氏は，新たに本メンバーに参加してくださった情報分野のエキスパートであり，情報領域における研究はもとより，その啓蒙活動に八面六臂の活躍をされるこの領域を代表する研究者である．本論考は，インターネット社会のパラドクシカルな現実を，自らオタクを宣言し，アニメをこよなく愛するネット時代の寵児でもある岡嶋氏がシビアに論じたものである．表現は平易で読みやすいがその投げかける問題は考えさせられるものである．

　第 7 論文は安藤香織氏の「日本語母語話者の大学生の考える英語授業内の日本語使用について—習熟度別の比較—」である．本論は，安藤氏が協力者

vi

とともにおこなった授業内でのアンケート調査結果の分析である．調査母数は小さいながらも，英語教育のスペシャリストとして高い能力をもつ安藤氏の分析には，グローバル時代の英語教育の現場の苦悩がみて取れる．歴史的・文化的に自己完結傾向の強い日本における外国語習得の困難さは，今にはじまったことではないが，グローバル社会の共通言語的存在となった英語の学習対象者は，過去と比較にならない程に広範で多様となった．それにともない教授法も多様化する必要があるが，現実はその要請に応えるレヴェルには遙かに及ばない．安藤氏の論文は，ニーズに合った多様な英語教授法開発のために貴重な基礎研究である．

　第8論文は，賈威氏の「韓国地方都市における中心商業地形成の歴史的過程」である．賈氏は長く中央大学で経営学を学び，さらに韓国において研鑽を積んだ若手研究者である．賈氏の論考は，東アジアの隣国であり，歴史的，文化的に密接な関係をもつ日韓両国の商業地区の盛衰原因の差異を儒教的な商業観に求めたという点で興味深い．とくに，韓国では伝統的に商業への社会的な評価が低かったゆえに，商人は場所や扱う業種を自由に変えることができ，それがかえって商業地区の再生発展を生む原動力となっている，というのである．一方日本では，商家は家業として先祖代々同じ土地，同じ商品を扱うことが多く，結果的に社会的なニーズに自在に応えられず，淘汰されやすいという仮説である．この仮説は，現在の日本経済の長期停滞の原因を象徴的にあらわしている．つまり，激変する経済状況に，対応しきれない硬直した日本の経済構造的な部分をあらわしている．しかし一方で，一見硬直的にみえる経済制度があるゆえに，長期的な展望が描け，経済や社会の安定性も担保できるわけである．いずれにしても，合わせ鏡のような関係にある日韓の比較は，日本がグローバルな視点を形成するためには，有意義である．

　第9論文は，編著者の「仏教的寛容思想と日本的寛容〔和（やわらぎ）〕思想の意義」である．この論文では人・モノ・資本（カネ）・情報が猛烈な勢いで混じり合う現代社会に不可欠な寛容思想の検討の必要性をまず確認する．その後，寛容思想とは何か，という点を日本思想を中心に，その原点で

ある仏教まで遡り検討する．そのとき，本論文の特徴は，まず日常語となっており，その意味を厳密に検討することの少ない「寛容」という言葉そのものの意味，さらにはその文化的背景について検討する．というのも，寛容という言葉は，漢字熟語であるが，その意味はむしろ英語のトレランスの翻訳語として普及し，さらに近代の日本社会において独自の意味を付与された言葉である点，また，同じ寛容と翻訳される他の文化における寛容思想には，それぞれの文化特有の意味があり，それらの差異を考慮せずには，議論に齟齬が生じるのも当然ともいえることを具体的に検証した後，日本的な寛容をあらわす言葉として，「和（やわらぎ）」を用いて，その寛容思想の背景に自己犠牲があることを明らかにしている．

　以上のような9本の論考でひとまず本プロジェクトの中間報告的な成果を世に送りだすことになった．

　今後とも，本プロジェクトを精力的に遂行し，中央大学発の日本文明学を構築していきたいと考えている．

保　坂　俊　司

目　　次

序　　文

第 1 章　梵天勧請思想と神仏習合
──仏教の平和思想を支えるもの──
.... 1

保 坂 俊 司

はじめに　　1

1．仏教の盛衰研究の問題点　　3

2．梵天勧請と『梵天勧請経』からの検討　　16

3．梵天勧請と神仏習合思想──その拡大と限界　　34

4．梵天勧請理論の限界　　56

おわりに　　67

第 2 章　共生の試みに関する一考察
──インドネシアの宗教と社会──
.... 71

加 藤 久 典

はじめに　　71

1．インドネシアのイスラーム　　73

2．寛容性構築への試みと綻び　　75

3．NU と少数派　　78

4．イスラーム・ヌサンタラの試み　　79

5．イスラーム・ヌサンタラの曖昧さ　　81

x

6．ムスリムの共生の可能性　83

おわりに　84

第3章　長谷川如是閑と老子 …………………………… 89

新　美　貴　英

はじめに　89

1．問題の所在　91

2．如是閑による老子論の概要　93

3．老子論の具体的内容　97

4．「社会の発見」と老子論　104

5．老子の有用性　106

6．日中戦争と老子論　110

おわりに　114

第4章　エズラ・パウンドと能楽
──その翻訳作品の意義について──

………………………………… 125

喜　多　文　子

はじめに　125

1．パウンドとフェノロサの遺稿との出会い　126

2．パウンドの詩論と能翻訳　128

3．パウンドとイェイツと舞踊　130

4．『須磨源氏』──「情緒の統一」と「イメージの統一」　133

5．『杜若』──「暗示の芸術」としての夢幻能　136

おわりに　144

第5章 「もう1つの成熟」としての老い
──「老い」についての哲学的考察──
.... 151

大 森 一 三

はじめに──「老い」を巡る今日の状況　151

1．「老い」にたいして哲学にはなにができるか　152

2．キケロ『老年について』の意義とその問題　155

3．近代哲学における「老い」の「イドラ」　159

4．「もう1つの成熟」の可能性　162

5．原始仏教における「成熟」としての「老い」　165

おわりに──「老い・成熟」の多元的意味へと

向かう哲学　168

第6章 インターネットの構造と，
社会との共犯関係について
.... 171

岡 嶋 裕 史

はじめに　171

1．社会構造とコンテンツ　173

2．ポストモダン時代のコンテンツ作法　177

3．社会から技術へのフィードバック　181

4．聖地巡礼という構造　188

5．ポストモダンの後を嗣ぐ技術とは　200

おわりに　202

第7章　日本語母語話者の大学生の考える
　　　　英語授業内の日本語使用について
　　　　──習熟度別の比較──
　　　　　　　　　　　　……………………………………… 205

　　　　　　　　　　　　　　　　　　安　藤　香　織

　　は じ め に　205
　　1．日本の英語教育を取り巻く環境　206
　　2．言語教室における学習者の母語の使用　207
　　3．調　　　　査　210
　　4．考　　　　察　215
　　お わ り に　216

第8章　韓国地方都市における
　　　　中心商業地形成の歴史的過程
　　　　　　　　　　　　……………………………………… 219

　　　　　　　　　　　　　　　　　　賈　　　　威

　　は じ め に　219
　　1．韓国における中心商業地を取り巻く前提　220
　　2．韓国における中心商業地の空間的展開　222
　　3．韓国の行政区域制度とその変遷　226
　　4．韓国の中心商業地に関する実態把握の難しさ　228
　　お わ り に　231

第9章　仏教的寛容思想と日本的寛容
　　　〔和（やわらぎ）〕思想の意義……………… 233

保　坂　俊　司

　はじめに　233
　1.「寛容」という言葉の検討　237
　2. インドの根本思想としての寛容思想　254
　3. 仏教の寛容思想とその実践　264
　4. 日本における寛容思想の展開　283
　おわりに　293

あ　と　が　き

第1章

梵天勧請思想と神仏習合
──仏教の平和思想を支えるもの──

保 坂 俊 司

は じ め に

本章は，仏教の盛衰を1つの理論，つまり仏教独自の他者認識である梵天勧請理論によって統一的に考察することをめざす，筆者の長年のテーマを解決するための鳥瞰図的試論である．まず，その2つの事象とは，仏教という宗教の発生から世界への拡大の原動力となった根本思想の考察である．つまり，インドで生まれた宗教である仏教が，なぜ平和裏に世界各地に伝播し，それぞれの土地で既存の宗教と相利共生関係を樹立し，定着，拡大できたのであろうか？　またそれゆえに仏教は平和宗教と評価されるようになったのであるが，その原動力となった思想の解明である．そして，今1つは，インドをはじめ，かつて仏教が伝播隆盛した地域における仏教の衰退，あるいは消滅の理由の考察である．

従来の研究では両者は，別々の研究対象であり，かつ別々の要因によって説明されることが多かった．また伝統的に仏教の拡大は，仏教という宗教の合理性や平等主義，人間尊重主義の高い理想が，地域や時代を超えて受け入れられた，というように説明されてきた．もちろん，そのような視点は重要

であるが，しかしそれぞれの宗教は，皆自らを至高な存在，普遍的な教えと位置づける．とくに，世界に伝播したいわゆる普遍宗教と呼ばれる宗教は，そのように主張する．つまり，仏教が普遍的な真理を説いた宗教だから世界に受け入れられたという説明は，仏教独自の拡大の理由，しかも平和的伝播を充分説明していないのである．

また，仏教の衰亡に関する研究においても，後に検討するように，イスラムの暴力とヒンドゥー教への吸収というような大雑把な説明で，以後は久しく放置状態にあった．この状態に一石を投じたのが，筆者の前著作『インド仏教はなぜ亡んだのか』(2003，北樹出版) であった．しかし，筆者自身もイスラム史料の検討から得た結論そのものに完全に納得できたわけではなかった．つまり仏教の衰亡，さらには盛衰を論じるには，もっと広い事例研究をおこなう必要があることはもちろん，さらに仏教独自の思想的な検討が不可欠であると，痛感した．とくに，仏教の盛衰を貫く思想的な背景を探ることが不可欠と考えてきた．

そこで，筆者は，仏教の世界展開に関して，その思想的原動力として，ゴータマ・ブッダ (釈尊) その人の言葉がもっとも正確に伝えられているとされる，原始仏教 (阿含) 教典の教えにある「梵天勧請の教え (思想)」に着目した．なぜなら，この梵天勧請の教え (思想) によって，仏教の世界展開に当たり，平和裏に他の宗教と相利共生関係 (これを日本的にいえば神仏習合関係と表現できる) を築き上げることができたと，考えられるからである[1]．

そして，仏教の衰亡に関しても同様に，この梵天勧請の思想によって，その内的な理由を説明ができると考える．

もちろん，この問題は大きな問題であるので，今回は従来の筆者の研究に，その後の成果を付加し，さらなる研究の充実を見通すための試論という位置づけである．いずれにしても，仏教の他地域への平和的拡大原因の研究と仏教の衰亡原因に関する研究を，仏教の根本的な思想によって，その説明を試みるというのが，筆者の研究の主眼である[2]．

1. 仏教の盛衰研究の問題点

(1) 仏教の衰亡の問題点

　筆者はかつての著作において，イスラム史料『チャチュ・ナーマ』を用いてインド仏教の興亡に関して，従来謎の多かったインド仏教の衰退に関して考察した．とくに，筆者が用いたイスラム史料である『チャチュ・ナーマ』を用いたことで，西インド仏教の衰亡の同時代史料から，この問題を扱うことができた．その結果，仏教の衰滅には，イスラム教の台頭，襲来による国際環境のみならず，民族宗教であるヒンドゥー教との関係が大きく損なわれその結果として，仏教はインド亜大陸における社会的な役割を終え，ヒンドゥー教とイスラム教の両陣営に吸収されていった，という結論であった（前掲書，保坂（2003）参照）．

　ところで従来のこの問題への解釈は，仏教はイスラム軍の暴挙により宗教施設を失い，その結果ヒンドゥー教に吸収合併されたという漠然としたもので，ほとんど放置されていた．そしてこの問題に新たな視点を加えたのが，筆者の先の研究であった．それは，仏教徒はイスラム教に改宗した，というものであった（同書参照）．

　たしかに，現実にかつて仏教が盛んであった現在のパキスタン西北部であるガンダーラやカシミール，さらに東ベンガルなどはイスラム教徒が，圧倒的多数派の地域となっている．また，インド亜大陸から，中央アジアにかけても事情は同様である．それはなぜであろうか？　従来の結論である「仏教はイスラムの暴力によって衰滅した」というような，単純な結論では当然納得のいかない問題である．もちろん，そのことを否定するものではない．事実，インド各地の仏教施設は，イスラム教の軍隊に壊滅的な破壊を被っているのである[3]．

　その点から考えれば，イスラム教徒によって仏教施設は破壊された，ということは事実としていえる．しかし，このときに問題なのは，仏教徒の存在

4

である．かれらの存在はどうしたのであろうか？　皆殺しになった，という
ほどの殺戮は記録にない．しかも，同じように攻撃されたヒンドゥー教は，
未だに栄えている．その差は何か？　ということも考察しつつ，この問題へ
の結論は導かれなければならない．

　さらにいえば，イスラム地域の昨今の状況から，かれらの暴力をも躊躇無
く用いる聖戦思想への恐怖心が強調され，仏教がインドや中央アジアで消滅
したのは「イスラムの軍隊などの破壊行為が原因である」という説が，かな
りの説得力をもって受け入れられる傾向にある．

　しかし，現実はかならずしもそのような単純な理由ではなかったのである．
それをイスラム側の史料などを用いて考察した結果が，拙著で展開した「仏
教徒のイスラム改宗説」ということになる．

　もちろん，すべての仏教徒がイスラム教に改宗したわけではないし，イス
ラム教の暴力で殺戮されたわけでもない．肝心なことは当該地域から仏教が
衰滅した理由は多様であり，またそれに要した時間も数世代，あるいは数百
年を経る場合もあった．また，改宗行為そのものも，多様な形態があり，改
宗したら即，仏教的な要素をすべて切り捨てたというわけでもないようであ
る．従来の通説は，細かな研究の積み上げにより導き出されたものではなく，
その意味でより厳密な史料や現地調査などが求められるレベルのものであっ
た[4]．

　そこにイスラム史料，それも仏教の消滅の当事者であるイスラム史料を用
いての研究は，斬新であった，といえる．しかし，イスラム教への改宗説と
いいうるものに，完全に納得ができたわけではない．

(2)　前著作の結論からの出発

　実は，筆者自身，前著作で考察した結論に誤りはない，と考えているが，
しかし，以前から疑問があった．それは，『チャチュ・ナーマ』の記述にか
ぎらず，仏教徒が無防備，あるいは無節操ともいえるほど簡単に，イスラム
教を受け入れてしまう事例が，インド以外にも中央アジアにおいて見出せる

からである．その事例は，後に検討するバルフ（現在のアフガニスタン）の名門一族のバルマッキッド一族の改宗に象徴される事例である．

　この点に関して筆者は，仏教徒のこのような現代的な視点からみれば節操のないほどの安易な改宗の理由がどこにあるのか？　また，それには何らかの思想的な背景があるのか，あるいは無いのかに関して，思案してきた．つまり，仏教の信仰がたんに，弱いのか，はたまた仏教の戦略なのか，仏教徒の示したイスラムへの安易とも思える改宗の理由は何か，筆者に新たに生じた疑問であった．

　そして，それがインド仏教のみならず他の地域における仏教の衰亡原因と関係があるのか，ということへの疑問が生じたのである．そのときに，筆者が考えたのは，仏教の衰亡原因は，仏教を貫く根本的な何かの要因によるのか，あるいは仏教外の要因にあるのか，という点である．

　もちろん，両者が混交しているのであるが，さらに見方を変えると，基本的に仏教内の原因か，仏教以外の外因か，ということである．さらにいえば，仏教の隆盛と興亡原因は別の要因なのか，あるいは仏教のなかに両者に共通する原因があるのか，という点を明らかにすることが必要なのではないか，と考えるにいたった．そのなかには仏教の非暴力の教えのような独自の教理を想定することもできる．が，しかし，後に多少触れるように，インドの宗教では仏教と姉妹宗教のジャイナ教は，仏教以上に徹底した非暴力，不殺生主義の宗教であるが，インドにおいて少数派ながらも今も存在し，社会的に重要な位置を占めている．つまり，仏教の非暴力思想の重要性は否定しないが，それだけではインド，さらには他地域の仏教の盛衰を説明するには充分ではないのである．

　というのも非暴力という同様な教えを説きながら，仏教はジャイナ教と異なり，インド世界以外にも大きく進展したのである．とすれば，仏教が他地域に積極的に進出した理由は，仏教教理，つまり仏教独自の思想にその原因をもとめることができるのではないか，という発想である．

6

(3) 梵天勧請という仏教の共生戦略

そこで筆者は仏教の世界展開を可能にした教えとして，仏教の独自の思想である梵天勧請に着目した．この梵天勧請という教えは，仏教独自の他者認識であり，原始仏教以来の仏教の根本教理でもある[5]．

この梵天勧請を仏教の他者認識の基本の思想構造と理解すれば，後発宗教である仏教が，インドにおいて伝統宗教であり，民族宗教であるヒンドゥー教と非暴力的に融和し，拡大（本章では，これを相利共生関係と呼ぶ）できた，その根本要因であると説明でき，さらにいえばそもそも相利共生をめざす宗教である仏教においては，非殺生，非暴力，そして他者への積極的なかかわり，いわゆる慈悲の思想が導き出されることになる．さらにいえば，他者との積極的な相利共生関係構築に不可欠な，自我の抑制等仏教特有の無我あるいは空の思想が生まれる要因も統一的に説明できる，と思われる．

いずれにしても，梵天勧請の教えによって生み出された，利他共生（さらに共利共生）思想によって，仏教は首尾良く他の宗教と平和裏に共生できたことになる．そして，両者において相利共生の関係を生み出せたとき，仏教は大きな進展を遂げることができるし，その逆に仏教を拒絶する宗教との遭遇は，非暴力主義の仏教の衰亡ということになる，というのが筆者の仮説である．

また後者の場合は，2つのパターンがあり，1つは他宗教との出会いにおける場合と，いったん相利共生関係を構築した後の，他宗教の変貌である．どちらの場合も，非暴力や不殺生という武力，暴力を否定する仏教は，他者の暴力や武力に無力であるということであり，結果的に衰退，さらには衰亡へと帰着する．

以上のように，本章では仏教という宗教の盛衰を梵天勧請という仏教の根本思想にその原因を求め，統一的に説明しようとする新しい試みである．

いずれにしても，仏教とイスラムの問題だけに限定して考えると，不可解と思われた仏教徒の改宗，あるいは他宗教への接近行為も，仏教による他宗教との関係の構築というかたちで一般化してみると，仏教とヒンドゥー教，

仏教と神道などと具体的に拡大して考えると，異なった視点がみえてくる．つまり，仏教の他宗教との関係構築をパターン化することでみえてくる．これは，仏教の対他者戦略とでもいえる根本姿勢である．

　これを筆者は日本の仏教と神道の関係性をあらわす言葉である「神仏習合」を用いて表現できると考えついた．詳しくは後に検討するが，仏教徒がイスラム教徒に改宗したと思わしめるほどに，簡単にかれらの信仰や儀礼を受け入れたのは，仏教の神仏習合思想の伝統に沿ったごく自然の行為であったのではないか，ということである．以下で，この仏教の対他者戦略ともいえる梵天勧請思想，そしてその展開としての神仏習合に関して検討してみよう．

(4)　梵天勧請と神仏習合

　後に改めて検討するが，仏教とヒンドゥー教の関係も当初は，そうであったし，仏教が伝播した他の地域，とくに中央アジア，東・南・東南アジア，そして今は痕跡すらないが中東地域における仏教と既存宗教との関係は，総じて仏教による既存宗教へ歩み寄り，あるいは無条件の受け入れによる共存関係が築かれていた．仏教のこのような融和的相利共生を可能にしたのが『梵天勧請経』に象徴される仏教の他宗教との共生思想である．

　その点を検討してみると仏教が世界展開した各地において，日本におけるような「神仏習合」と呼べる関係が構築されていることがわかる．もちろん，この神仏習合という言葉は，日本における仏教と神道の関係をあらわした言葉である．しかし仏教と既存宗教の普遍的な相利共生関係の形式をあらわすには，汎用性のある言葉である．

　ちなみに，神仏習合，あるいは仏神習合とは，「神と仏が習なり合う」という字義である．出自を異にする神（複数形もあり）と仏が，相違いなく重なり合うという現象を表現しているのである．そこには各種の相違を超えた一体感が表現されている．同様な思想はインドにおいてはアバターラ（avatāra：化身，日本では権現，本地垂迹）がある．しかし，これらはオリジナルと，その展開という暗黙の前提条件があり，かならずしも両者が平等では

8

ない．その点が習合のような重なり合いを強調する思想とは異なる．ゆえに，日本では逆本地垂迹思想などが，神道側から主張されるようになる．

この神仏習合思想の根源に，梵天勧請という仏教の他者認識の基本型，つまり仏教と他の宗教が軋轢無く相利共生関係を構築できる思想的なバックボーンがある，というのが筆者の考えである．もちろん，それは相手の宗教がその理論を受け入れたとき，あるいはそのような関係を生み出せたときの現象である．

その意味で，厳しい排他性をもつイスラム教では，この仏教の抱え込み，抱き込み現象ともいえる神仏習合関係が構築できなかったということではないか，ということである[6]．一方，相利共生関係，つまり神仏習合関係が構築できても，内的に深く他者を抱え込んだ仏教が，他者の変貌になすすべなく排除されていくようなことも当然考えられる．その典型は，日本の明治初期の廃仏毀釈運動である．両者は現象としては異なるが，どちらも仏教の他宗教との関係性において生まれた事象である，と筆者は考えている．

(5) 神仏習合の広がりとその限界

いずれにしても神仏習合という場合の神とは，日本の神のみならず，各地域の民族宗教，具体的にはそれらの神々と仏教の相利共生関係をあらわす普遍的な現象を表現した言葉ということができる．この現象は，インドをはじめ，中央アジア，中国，日本，チベット，南アジア，東南アジア，そして今はほとんど跡形もない，ペルシャなどのイスラム世界，そしてキリスト教世界にも及んだのではないか，と考えられる．さらにいえば，近現代における欧米地域への仏教の展開，とくに昨今のアメリカにおける科学と融合した仏教のあり方，たとえばマインドフルネスなども，この角度から論じることが可能となる．

とくに仏教研究において重要な，ヘレニズムやペルシャ思想との相関関係に関しては，中村元をはじめ多くの学者が論じている．筆者も仏教の思想的な面を神秘主義思想の典型的な事例として，プロチノス（205-270）やアウ

グスチヌス（354-430）さらには，ペルシャの思想家，中国の思想家との関連で検討したことがある．しかし，それらはいわば個別思想家をそれぞれが属する宗教や思想集団の大表，あるいは象徴として論じたものであり，それぞれの宗教の根本形態として論じたものではない．

しかし，この梵天勧請思想，つまり神仏習合思想は，仏教という宗教の他者認識，あるいは他者との共生のための根本理念をあらわすもので，個別の思想とは別次元の重要性をもつ．

その仏教の根本思想における神仏習合思想が仏教の世界宗教へと成長する原動力となった，と考える．そして同時に，その思想が時として，逆の事象，つまり仏教の衰亡を招くことにもなった，というのが筆者の考えである．

この点は，前にも多少触れたが，仏教は梵天勧請理論により無防備ともいえるほどに他者に接近することになり，他の宗教を内に抱え込むことになる．その意味で，仏教にとっては，すべての宗教と神仏習合の関係を結ぶことが生存戦略ということになる．

しかし，神仏習合関係が成り立たない，許されない相手として，イスラム教というセム族の一神教（筆者はこれを排他的一神教と呼んでいる）があったのである．そしてその宗教との共生関係を構築できなかったゆえに，インド・中央アジア・東南アジアなどかつて仏教が盛んであった地域において，仏教（教団を中心とする，仏教組織）は亡んだ，というのが筆者の考えである．

実は，仏教が滅びないまでも，仏教の弾圧はインド，中国や日本における排仏思想や運動があり，その都度仏教は，壊滅状態に瀕した．しかし，これらの地域の排仏は，政治的なものであったり，不徹底であったりで，結果的に仏教の当該地域における存続を不可能にするまでにはいたっていない．この点は，前著作でも指摘したが，検討が不充分であった．今回は，この点も簡単であるが考察する．

いずれにしても，仏教の衰亡原因の研究では，まず仏教が当該地域に伝播し，発展していなければならない．そのうえで，仏教の衰亡原因が考察されることになるわけである．

10

　以上のように，本章はたんに仏教の衰亡原因を外部の圧力など他者に求めるだけでなく，仏教内のそれも，仏教の隆盛と衰亡（とくに排仏運動）を招いた仏教が内包する根本思想を解明する，という発想である．

　そこで，現象として，梵天勧請の教え，それを普遍的な現象として表現した言葉として神仏習合とし，この仏教特有の，他宗教と関係性構築思想に着目し，仏教の盛衰現象を 1 つの理論で説明を試みる，というのが本章の意図である．

　以下において，梵天勧請理論から，仏教の盛衰について考察するが，その前に現在の仏教研究の問題点に関して，簡単に触れておこう．

(6)　現在の仏教研究との齟齬

　まず，梵天勧請とはいかなるものか，という点であるが，一般的な認識を示す仏教辞典などでは，梵天勧請の項目ではなく，広く勧請の用語説明において「すすめうながし，請い願うこと，仏伝においては，開悟した釈尊に対して梵天が一切衆生のために法を説くように勧請したことが有名である」（中村元監修『仏教辞典』岩波書店）などと，ごく簡単に触れられているのみである．その他，現代的な仏教学を専攻する仏教研究者の間では，実はこの梵天勧請という教えは，神話（作り話的な意味として用いられている）として理解され，あまり関心を払われていないのである[7)]．

　その理由には，以下のような近代仏教学，この近代仏教学というのは，実は明治以降西洋から導入された西洋の研究手法であり，キリスト教の文献考証学が基礎となり，文献中心の文字史料解釈に主眼がおかれている．つまり，キリスト教徒であるが仏教文献の研究者が，仏教文献のテキストクリティークなどを中心とし，キリスト教の聖書学における聖典考証の手法を応用して作られた学問であり，文字によって表現されている信仰領域の宗教的意味のような視点に関しての研究は，あまり重点がおかれていない．というよりも，迷信あるいは非合理，というようなことで，それらへの言及は，学問としての仏教研究という視点，いわゆる客観性の重視という主張のもとで，重視さ

れない傾向にある．この点をきわめて明快に説明しているのが，リチャード・ゴンブリッチほか（2005）（森祖道他訳）の『インド・スリランカ上座仏教史』（春秋社）での，「インドの宗教を研究する学者の主目的は，西洋古典学の考え方，あるいは多分にプロテスタント原理主義の影響を受けて，原典の内容を復元し，その原著者が考えた原意を確認しようとすることにあった．当然これは有意義な目的であるが，しかし何時の場合もそれが成功するとは限らないし，またそれだけを唯一の目的としなければならない理由など，どこにもない」（37頁）という指摘は，傾聴に値する．

　というのも，筆者は，文明と宗教の関係について，つぎのように考えている．つまり文明形成の基本構図（プロトタイプ），いわば文明のシナリオともいうべき存在に，宗教があり，その宗教の時間的継続性や地域的な同一性こそが，文明と呼ばれる時間的，空間的領域を超えて，あるいは貫通する共通性や連続性あるいは統治性を作る核である，と考えているが，その考え方からすると宗教の統合性は，その聖典や儀礼によって維持され，それらを継続的に連続させるために教団組織，さらにはそれを支える人間組織（その典型が国家である）が必要となる[8]．

　そして，現代社会で主流の近代文明のプロトタイプは，キリスト教に認められる．さらにいえば，近代文明はとくに16世紀以来の近代という新しい西洋文明の一部であり，それはプロテスタント派と呼ばれる新しいキリスト教の宗派によって開拓されたといえよう．少なくとも，その多くが革新的なプロテスタント信者によっていたことは決して偶然ではないであろう．

　その意味で西洋近代文明は，西洋近代キリスト教（プロテスタント）文明と呼ぶことができる，と筆者は考える．とすれば，その文明化において生まれた近代科学思想や方法論には，当然キリスト教的，さらにいえばプロテスタント的な発想がその基礎にある，ということになる．ゆえに，現在の宗教研究も，無意識下においてその発想が強く作用しているということは，否定できないであろう[9]．

（7）　現在の仏教研究に必要なものとは

　というのも，現在の宗教研究の基本は，聖書学の伝統に加え，近代の聖書考古学の目を見張らんばかりの成果を模範として，文献（文字化された聖なるもの）最初の形態復元に関して，その正統性をいかに担保するかにあるように思われる．これは，セム的な宗教における聖典の位置づけ，つまり神からの救済の契約書としての「聖典」という根本的な位置づけが，根底にあることを意味する．それゆえに，神から直接与えられた「契約内容をもっとも正確に知る」ことこそその宗教にとってもっとも正確な関心事で，その復元はたんなる学問的な正確さの証明にとどまらず，宗教的な救済におけるもっとも重要な目的である[10]．

　ゆえに，かれらはより古く，つまり原初に近く，さらに正確な聖典の復興の研究に意義を認める．つまり「はじめに言葉ありき」という聖書の言葉が，この文明形成に大きな役割をもっているのである．この宗教では「神による意志が働きこの世界が作られた．そしてその意志は，神からのメッセージである言葉によってあらわされ，表記された．つまり，神のメッセージである言葉は，文字という記号を用い記録され残された．それが救いの基本として文字化され編集された聖書である」，というような解釈となるであろう．

　これは，セム的な宗教の起源が，人類で最初と思われるが文字を発明し，文明化を成し遂げたメソポタミア文明の伝統を基礎にしているからではないだろうか．というのも，このメソポタミアでは，幾多の法典が，石や粘土板に刻まれ編まれたからである．この法典の考えは，現在の法律の考えにも通じているようで，まさに文字記載の正確さが重要であり，書き換えは，命令，あるいは契約である以上タブーである．逆にいえば，文章の正確さこそ重要であり，その正確さを担保するのは，原初の姿，つまり法や契約の原型にどれだけ近いかが重要な要素となる．もともと粘土を焼き固めた粘土板によって記録されているので，途中で改竄できないが，その一方で原本が1つということもあり，書写して流布させることはリスクがともなう．つまり新たに粘土板を製作することになる．誤字脱字あるいは恣意的な改竄などが問題と

なる．それゆえに，原文の復原が重要となる．とくに，契約思想が基本のセム族の宗教においては，一言一句の検証が不可欠で，その意味で古文書の比較研究が重要となる．ゆえに，キリスト教文明下に発達した聖書考古学や聖書文献学は時代の特定や文章の復元が重要な文献研究が中心となる．ちなみに，より厳密なセム族の宗教であるイスラムにおいては『コーラン』の字句検討は，遙か昔に終了しておりキリスト教のような混乱はない．ゆえに，文献研究は，むしろ解釈の正統性を追求するものとなっている．

　一方，インドのように契約思想も文字面へのこだわりも乏しい宗教においては，字句よりも思想全体，教え全体が重要となる．つまり，文字による記述の正確さ，表現形態にこだわるのではなく，思想そのものの意味を問うという発想となり，文字や文章の表記の問題は重要視されない．そもそも，インドにおいて文字は，発明されなかった．なぜならインドでは聖典は，口承伝承が基本であり，皆で唱和して伝える形式であり，むしろそのほうが正確であるとさえいわれている．

　いずれにしても，セム族の宗教では，神の聖なる言葉が書かれた聖典の改変は厳禁である．さらにいえば解釈すら，自由にすることは宗教的に許されていない．それはある意味程度の差でどの宗教でもみられるタブーであるが，セム系の宗教は，とくに厳しく守られている．それは，前述のとおり，その聖典の位置づけが神と人との救済事項の契約だからである．ゆえに，カトリックの異端審問や，カトリックとプロテスタントの悲惨な対立の関係，さらにはイスラムとの熾烈な争いの原因になったことは周知のことである．

　ゆえに，筆者はこれらの聖典を「契約書」的聖典と表現している．しかし，インドの宗教においては，聖典は絶対服従的な存在ではなく，解釈し実践するいわば行動規範の指針，「ガイドブック」のような役割，と考えている．つまりガイドブック的聖典ということになる．

　ゆえに，両者の聖典にたいしては，異なるアプローチの必要性は否定できない．しかし，現今の仏教研究を含めて宗教研究，とくに日本の仏教研究の主眼は，高度な文献研究にあり，文字の背後にある行間に込められた思想や

14

信仰の歴史的な堆積，あるいは思想そのものの吟味などにあまり力点がおかれないように思われる[11]．さらにいえば，日本の宗教研究は，仏教を含めて政治や宗教との関連を正面から研究することに消極的である．この点は，日本の宗教研究の最大の問題点だと筆者は考えている[12]．

(8)　近代日本が抱えた誤った宗教観とその問題

　この点は，近代日本における宗教性悪説ともいえる宗教教育が見事に，仏教研究にも反映している．近代日本においては，神道を非宗教化するために，いわゆる宗教を創唱宗教などに限定し，神道や儒教を宗教としない，という政策ならびに教育を実施してきた．そのなかでいわゆる宗教の悪しき部分を強調し，宗教（仏教，キリスト教，イスラム教，ヒンドゥー教，ユダヤ教など）が果たしたプラス面はほとんど教えないようにしてきた．ゆえに，日本人はきわめて宗教的な文化をもっていながら，それを宗教儀礼と認識せず，自らを無宗教と認識する国民を生み出した．

　つまり，筆者が他の機会に論じたように，近代以降の政治的な仏教弾圧である廃仏毀釈と，近代神道（国家神道）の樹立から，嫌仏排教（仏教を含めていわゆる宗教を嫌悪する政策とその結果としての）文化のうえに，第2次世界大戦の敗戦によるアメリカ式の政教分離政策を過度に意識した宗教研究の姿勢があり，それが宗教，ここでは仏教の政治，経済，あるいは救済などに関する研究への関心を育てない文化を生んだと考えている[13]．ゆえに，いわゆる宗教，ここでは仏教がもつ，というより仏教の基本である人間の宗教的救済，あるいは救いというある種の究極的な主観的世界に踏み込むことは躊躇することとなる．そこで，仏教の救いの体系を近代の翻訳語である「哲学」というあまり意味が明確でないがゆえに，汎用性がある言葉を用いて，その思想（実はこれも翻訳語である）を客観的に検討することを基本とすることとなる．そして，従来の信仰世界を無批判に繰り返す領域を教学，あるいは宗学として区別することとなった．これが19世紀以降キリスト教を批判的に検討するために導き出された近代的な宗教研究である．このキリスト教研究

の手法を基礎としているのが，いわゆる科学としての宗教研究である．そして，ここに新たに，科学として仏教を検討するという道が開かれたわけである．とはいえ，この近代西洋文明発の研究方法が，他の宗教，とくに非セム族の宗教研究に適応しない部分がある．

　この点はある意味わかりきったことであるが，やはり疎かにしてはならない点であろう．しかし，このテーマは本章の趣旨とは異なるテーマであるので，ここでは比較文明論における文明移転の問題として，この問題を改めて検討することの必要性を指摘し，他の機会に本格的に論じてみたい．とはいえ，その趣旨は誰もが実感していながら，その疑問に漸く光が当てられつつある翻訳語研究に象徴される，ということを指摘しておきたい[14]．

　さらにいえば，日本近代の敬神排仏思想によって形成された嫌仏思想と筆者が呼ぶ仏教観も，大きな問題である．いずれにしても，近代日本の仏教研究には非常な偏りと欠落点があり，仏教研究のみならず，自文化の歴史さえも歪める結果となっている．この点を梅原猛の「私は，戦前の日本を支配した皇国史学は排仏史学であったと思う．最近，戦後の歴史学の唯物論的傾向を批判し，戦前の歴史学を見直せというような動きがあるが，戦前の歴史学のこのような排仏史学を批判することがないかぎり，日本人の精神の根底に触れる歴史学は不可能であろう」[15]という指摘は，現在の仏教研究のみならず，日本の歴史全般にまたがるコペルニクス的転換の必要性を指摘したという意味で，非常に重要である．筆者は，この仏教の部分を他の言葉に当てはめて適用することが非常に有益な研究視点になると思っている．というのも，われわれが常識として教え込まれた日本文化，文明論の根本的な問題点を指摘している，と思われるからである．

　ともあれ，近代以降仏教研究は，それ以前と大きな断絶があり，梵天勧請の物語もその流れのなかで，忘れ去られていた．たとえば第9章で検討しているように，日本文化の特徴といわれてきた神仏習合思想が，等閑視され，矮小化された理由もここにある．

　いずれにしても，本章は，仏教の盛衰という現象を仏教の他者認識，つま

り梵天勧請の教えという1つの理論で，説明を試みようとする新しい仏教研究のかたちである．

2. 梵天勧請と『梵天勧請経』からの検討

(1) 原始経典と梵天勧請

　さて梵天勧請の教えは，仏教の根本聖典である『阿含経』に収録されており，仏教の根本聖典中の聖典である．ゆえにこの典型的な宗教体験を表現した聖典は，ブッダの体験をつうじてあらわされる仏教の教えの真髄をあらわしている，あるいは，あらわそうとしているわけである．ゆえに，この体験が事実であるか否かではなく，この体験が宗教的な事実として伝えられてきた，という歴史的な事実が重要であり，そこに注目する必要がある．

　まず，梵天勧請の概要を紹介しよう．ちなみに梵天勧請の教えである『梵天の勧請（懇請；Brahmāyācanasuttṃ）経』には，ゴータマ思想の大成，あるいはゴータマの宗教的な完成，つまりブッダ・ゴータマの完成過程がみごとに描かれており，きわめて興味深い経典であるが，従来の仏教研究では，あまり重視されてこなかった[16]．

　しかし，現代でも仏教徒にとって経典に書かれたことは，宗教的には真実として受け止められているし，開祖ブッダの人生，なかんずく悟り体験から臨終（涅槃）にいたる人生は，ことさら重要であることは論を俟たない．そのなかでも，ブッダの生誕，悟り体験，そしてそれを言語化し説法することを決意する契機となった梵天勧請は，最初の他者への説法である初転法輪，最後にクシナガラにおける臨終同様に，あるいはそれ以上に重要なものではないだろうか．

　ところが，ブッダの生誕と初転法輪，そして臨終（涅槃）に関しては，現在でも折に触れて言及される．ところが，ゴータマ・シッダルタが，インドの伝統的な苦行者としてブッダとなり，さらに，新たな宗教運動の開祖とし

てのブッダとして仏教を開く決意をした契機を説明した梵天勧請に関しては，神話あるいは宗教的な物語として等閑視され，あまり注目されることがない．これは近代（キリスト教）的な合理主義思想からの解釈であるが，必ずしも仏教の思想解釈において的確なものとはいえない，と筆者は考える．というのも，この教えがある意味で抽象的な内容であり，つまり一種の瞑想世界の領域のために，前述の近代的な宗教研究からみると扱い難い，いわゆる純粋な宗教領域，いわゆる神話（事実とはいえない荒唐無稽な話）的な理解となっていたからではないだろうか．

　いずれにしても，この梵天勧請の教えは，『サンユッタ・ニカーヤ』に納められいる．この経典は，ブッダ直説の経典とみなされてきた阿含経典の1つであり，現在でも上座部仏教の聖典群にパーリ語においてとくに重視されている．また，それが中央アジアなどを経て漢訳されいわゆる『阿含経』と呼ばれる経典群に収められている[17]．

　さて本章の立場は，ブッダの悟り後に，本当に梵天勧請という事実があったか，あるいはいつ頃からこの教えが経典に挿入されたのか，という点を検証するのではなく，つまりブッダにこの体験があったか否かではなく，また，それが後代のいわばねつ造であるか否か，というような文献学的な議論をするのではない．しかし，少なくとも二千年以上にわたり，この神話が仏教徒の信仰の中核として語り継がれ，受け入れられ，仏教の思想，宗教構造に大きな影響をもち続けてきた，という点に着目する．

　さて，この梵天勧請の教えは，『サンユッタ・ニカーヤ』の『梵天の勧請（懇請；Brahmāyācanasuttṃ）経』に収録されている．この経典の本文は，散文形式部分と詩形式（詩頌）との2つに分かれており，詩頌の部分は，古い成立であり当然簡潔であるが，わかり難い．一方散文部分は新しいが，詩文のわかり難さを補う構造となっている．そのために文章には多少の齟齬があるが，両者を合わせることで意味が理解できるようになっている．『サンユッタ・ニカーヤ』の本引用文は，『増一阿含』（大正大蔵経19巻）とほぼ同じ内容である．

以下で検討する『梵天の勧請（懇請：Brahmāyācanasuttṃ）経』は，小編ながらもゴータマ・シッダルタが，悟り体験という宗教体験を得た直後の心の動きをあらわしており，仏教思想研究にとってはきわめて重要な経典である．というのも，この短い経典には，ブッダの悟り体験の段階的な変化が色濃くあらわれており，それは，いわゆるインド伝統的な苦行や瞑想修行をつうじて宗教的理想の獲得者，真理の獲得者という段階から，仏教という新しい宗教を開くために充分な，思想的な独創性と宗教確信を獲得し，真の宗教者として出発する，つまり仏教の開祖となる階梯を簡潔にして，力強い調子であらわしている，という意味で仏教にとってもまた仏教思想研究でも根本経典である．詳しい検討の前に，概略を示しておこう．

　この経典には，古代インドの伝統的な苦行者としての宗教体験（悟り）にとどまろうとするゴータマが，そこから離脱し新しい宗教世界を確立し，独自の宗教世界の構築に踏み出すブッダの成長が説かれている．そして，ブッダの革命的な意識転換ともいうべき，説法の開始を決意させたのが，他ならぬバラモン教の主宰神梵天である，という筋である．

　つまり，バラモン教（前期ヒンドゥー教）の苦行者ゴータマから，バラモン教の悟りを得，ブッダとなったゴータマ，そこに安住するゴータマに，さらにもう一歩の飛躍，あるいは大転換を促し，仏教の開祖にして完全な悟り（宗教的理想）の完成者ブッダとなる動機を作ったのが梵天である，という教えである．つまり，仏教がインドの伝統宗教であるバラモン教から独立する契機を作ったのが，他ならぬバラモン教の主宰神である，という構造を示したという点にこの経典の独自性がある，ということである．しかし，従来の解釈ではこの思想的な断絶，隔絶，あるいは成長はあまり強調されなかった．

　しかし，この教えの構造には，仏教の仏教たる所以，仏教思想の独自性がみごとに凝縮している．それが日本的にいえば神仏習合思想構造ということである．

(2) 伝統的出家修行者としてのゴータマ・ブッダ

以下では，梵天勧請思想の検証のために，原典である『梵天の勧請（懇請；Brahmāyācanasuttṃ）経』の本文の一部を具体的に検討する．

その始まりは，以下のようである．

> 私はこのように（以下のように）聞きました．ある時世尊は，ウルヴェラーにおいてニランジャーヤ河の岸部のアジャパーラという名のバニヤ樹の根もとに止まっておられた．その時尊師は，独り静かに座り黙考され，心のうちにこのような思いが起こったことを知った．
> 私の悟った（adhigaccati）この真理（法）は深く，見ることが難しく，（理解するのが）微妙で，賢者のみ感受（感得，直観；paṇḍitavedanīya））するものである．（『梵天の勧請（懇請；Brahmāyācanasuttṃ）経』pts. SS1, 298 頁）

ここで，注目されることは，ブッダが悟り体験，つまり伝統的な修行法によって到達した宗教的悟り体験の後，しばらく自ら感得した，つまり悟ったダルマ（一般には真理，仏教における法）に関して，独りで沈思黙考し，達成感に浸るとともに，自らの宗教体験の意味に関して，深く省察，検証していた，つまり自らの悟りは未完成だとする点にある．

ブッダや，さらにはやや形態は異なるがシク教の開祖ナーナク（1469-1539）のように伝統的な修行に依るにしろ，またはキリスト教の開祖イエス・キリストにしろ，イスラムの開祖ムハンマドのように神からの預言というかたちをとるにしろ（もちろん，これも伝統的ではあるが），新しい教団を開いた創始者たちは，皆自らの宗教体験の意味に，戸惑い，困惑し，そして検証し，徐々に宗教体験の意味に確信を強く意識し，納得し，立教という実際の行動に踏み出していくのである（それができなかった宗教者は，歴史のなかに消えていった．いずれにしろイエスの荒野の 40 日間の彷徨や，山上の垂訓，ムハンマドの初期の当惑，そして，シク教の開祖ナーナクの 15 年に及ぶ巡礼の旅などは，皆自らの宗教体験への検証行為を経て立教した，といえよう．同様な事例は，幕末から明治

20

にかけて多数出現した天理教などの新宗教の教祖にもみられる現象である）.

　とはいえ，ブッダのように，伝統的な宗教の範疇を逸脱した独自の価値体系を感得した修行者は，その正当性の証明，つまり宗教的な確信を堅固なものとするまでに，ある程度の時間，もしくは理由づけを必要とすることになる．しかし，悟りという宗教体験を得た当初は，かなりの動揺，不安定さ，自己満足，そして不安などの心の揺れが決して小さくなかったのである．

　ブッダは，悟り体験を得て，自らの体験を客観化し，言語化することの難しさに関して，じつに否定的な見解を並べていく．とくに，宗教体験を語る際の難しさと，それを説く相手の資質にたいして，一種の絶望にも似た見解を示す．この感覚は，インドの宗教家，とくにサンニャーシン（森林修行者，出家者）には，今でも顕著である．それも当然である．かれらは世俗の世界を嫌い，これを捨てて宗教界に身をおき，苦しい苦行をおこなっているのである．そして，その結果悟りという宗教的な目的を果たすことができたのであれば，それを世俗の人びとに説く，成果を分け与える，つまり説き聴かすということには，当然消極的である．

　これが現在にいたるまでのインドの出家修行の伝統である．当然ながら，ゴータマ・ブッダは，まず，いわゆる仏教的な悟りではなく，伝統的なバラモン教（前期ヒンドゥー教）の修行者として，悟りを完成したのである．つまり，ゴータマは最初から自らの悟り体験を言語化し，人びととの救いに役立てようというような，仏教的な考えは無かったということである．従来はこの点があまり明確に意識されなかったために，以下のブッダの言葉の意味が，明確にならなかったように思われる．つまり，

　　　私が苦労（kiccha）してやっと到達（adigata）した（悟りを）今や説く必要が無い．むさぼりに取りつかれた人々（ragadosaparetehi）に，この法を悟ることは難しい．
　　　これ（私が感得した法：真理）は（世間の常識とは）逆行するもので，微妙で，深遠で見る（理解する）ことが難しく，貪りに耽り，闇に覆われ

た人々には，見ることができない．

　　尊師はこのように深く考えて，（説法することに）無関心（appossukka）
　へ心が傾き説法を行おうとは思わなかった．（299頁）

　この文章は，じつに面白い文章である．この詩形の文の前に，散文で「素
晴らしい（sudhha）詩句が尊師の心に浮かんだ」がある．

　もちろん，この部分は散文形式であるので，中村博士が指摘するように，
後世の挿入である．それにしても，詩形の部分の言葉が，「素晴らしい」内
容であるとはとても思えないのであるが，そこには逆に，この言葉が，ゴー
タマ・ブッダ本人の体験を伝えた言葉であると，散文作者（決して1人ではな
く，僧団全体の総意による創作である）が感じていた，というより，この文章を
伝えていた仏教教団員が，少なくとも最初期からそう考えていたがゆえに，
このような誠に仏教の思想からみれば，利己的な内容であっても「浄い，清
浄な，素晴らしい」と表現したのであろうと，推測される．

(3)　自己完結にとどまるヒンドゥー教の苦行者ゴータマ

　もちろん，バラモン教の伝統のもとの出家修行者，つまりインドの出家修
行者の立場に立てば，このような発想こそが，素晴らしいものであると評価
されるのであろう．なぜならゴータマは，バラモン教徒であり，この時点で
は仏教徒ではなかったのである．ゆえに，バラモン教的な発想が当然出てく
るわけである．

　いずれにせよこのときのゴータマは，伝統的な修行法により6年間の命が
けの苦行を経て，ようやく獲得した悟りの境地，つまり宗教的な境地を得た
ばかりの伝統的な出家修行の完成者であった．

　ゆえに，ゴータマは，悟り体験に満足し，それ以上のことを望まなかった．
つまりバラモン教の伝統的出家修行者としての初期の目的の成就により，そ
れ以上のこと，つまり他者への働きかけ，布教ということに，気持ちが向か
なかったのである．おそらく，そもそも当時のゴータマには，そのような考

えが，存在しなかったのであろう．なぜなら，それが当時の宗教家の伝統だからである．

この点を経典は，「他者への無関心」，あるいは他者との交流をおこなうこと，つまり説法するということに「心が動かない」（appossukka）という言葉で表現している．この言葉は，appa-ussuka の合成語で，appa は，少ない，僅少の，など否定的な意味をもち，ussuka は熱心，努力という意味である．つまり，自らの宗教的な到達点を積極的に言語化する，他者に広めるというような気持ちには，なれなかったということである．この点で面白いのは，同様な思想構造が，インド哲学のサーンキヤ哲学にもあるということである．というのも，自己完結した存在は，動きをもたず，これが展開するためには，他者からの働きかけが不可欠であるという思想構造である（サーンキヤ哲学との思想構造の類似性がある）．

いずれにしても，この状態は，インドのヨーガの思想や後代の経典にいう自受法楽，自受容三昧の境地に沈潜した状態であった．いずれにしても，長年の苦行や瞑想修行を経て，悟りを得て，自己完結していたということである．そのために説法するという，新たな動きにでることに躊躇したわけである．

いずれにしてもこれらの言葉は，この時点では伝統的な修行者であったゴータマの本心であったであろう．インド思想，宗教の行者たちの多くは，高度な宗教体験を得ると，当初の目的の達成という充実感，満足感に浸るという境地を超えることなく，つまり自らの宗教体験に浸りきって，そこから世俗世界に戻ることを拒否，あるいは否定する傾向が多かったようである[18]．

つぎの文章は，こういう自己満足的なバラモン（前期ヒンドゥー）教の宗教者の境地（いわゆる独覚者）をあらわしている文章である．それが，詩文の「貪りに耽り（rāgarata），闇〈tamokkhandhena〉に覆われた人々には，見ることができない」という，人間認識の部分である．ゴータマは，ここでは他者への説法という自己から他者への関心のベクトルをまったくもたず，むしろ冷たく突き放すのである．これをさらに具体的に解説した文章が，散文の「（欲

第1章 梵天勧請思想と神仏習合　23

にまみれて，闇の世界でうごめく庶民への説法は）私には疲労（kilamatha）が残る
だけだ．悩害（vihesā）があるだけだ.」（299頁）という本心をのべる部分で
ある．

　既述のように，この時点では，自らの思想を言語化し，他者への説法，つ
まり伝道をおこなうという視点は生じていない．つまり，伝統的な出家修行
完成者の状態にとどまっているのである．その後原典では，同様な意味の韻
文が続くが，この状態を破るために，登場するのが，伝統的な宗教界の主で
ある梵天である．梵天の登場により，ブッダの思いは大きく動き出す．

(4)　梵天勧請と仏教の誕生

　バラモン教世界における覚者であるブッダとなったゴータマは，前述のよ
うに出家修行者の伝統に則り，世俗世界へのかかわりに関して，無関心で
あった．当然世俗者への言語による自己の体験の開智，つまり説教，すなわ
ち自己の宗教的体験の言語化，客観的な認識とその言語化にたいして関心も
なかった．少なくとも宗教的使命感を以て，他者に説法を開始するという行
動に出ることには逡巡していた．

　しかし，やがてブッダは，インドの苦行者の伝統から決別，離脱をするこ
とになる．つまり，苦行者として捨てた世俗社会へ積極的にかかわっていこ
うとする方向転換である．いわば第2の悟り体験ともいえる大きな飛躍体験
である．この意識の大転換ゆえに，一転して世俗の者たちを救って行こうと
決心することになる．繰り返すが，ここには思想的なベクトルの大転換があ
り，また仏教の宗教としての始まりがある．そしてその境地の変化の説明の
ために，バラモン教の主宰神梵天が担ぎだされてきたのである．

　ちなみに，ゴータマはブッダとなる前に，実は伝統的な出家者集団から離
脱しており，その後悟り体験を得ているので，前述のような，他者へのかか
わりという視点が生まれていた，とも考えられる．だからこそ，一般の出家
修行者（サンニャーシン）には，考えつかない他者への説法という視点が生ま
れ，それへの逡巡の克服となった，とも考えられる．

24

いずれにしても，ブッダの転換，伝統的な修行とその完成に酔いしれていたブッダの心の変化をあらわしたのが，この梵天勧請の神話の核心である，と筆者は考える．

その転機を経典では，これを自己の精神的な満足に耽溺し，自らの体験を言語化し，伝道することを断念しようとするブッダにたいして，バラモン教の主宰神，世界の主である梵天が，ブッダに反意するように懇願する，というかたちで表現する．伝統的なバラモン教の主宰神である梵天が出現し，ブッダの決意を翻させようと働きかける，というのが以下の部分である．

まず，ブッダ大転換は，梵天の危機意識というかたちで準備される．

> その時，世俗世界の主・梵天は，世尊の心（の中）における逡巡を知って，次のように考えた．実にこの世は滅亡する．実にこの世は滅ぶ，実に修行完成者，（未来の修行完成者として）尊敬されるべき人，完全に正しく悟った人の心が何もしたくない〔他者への無関心：のために〕．説法をしないのだ．（300頁）

この場面は，ブッダが自らの悟りに関して，あれこれ考えたり，迷ったりしている姿をみて，梵天が登場するのである．ここで，逡巡と訳した"cetoparivitakkam"という言葉は，仏教の伝統では「心の所念」ということで，「心の中に沸き起こるいろいろな思い」というほどの意味となる．つまり，庶民にたいして無関心な伝統的な出家修行者の立場から，世俗社会へ目が向く最初の状態がここにあらわれている．つまり，のちの慈悲の心といわれる他者への関心がここに生まれたのである．それが悟り体験を言語化する，説法することをためらっているブッダの姿であり，そこから離脱する瞬間の心の動きを表現している，と思われる．

(5) 仏教的ブッダ形成と梵天の役割

さて他者を顧みないブッダに危機意識をもったのが，梵天である，という

写真1 スリランカの寺院内にあるレリーフ．ブッダと諸天

出所：筆者撮影

のが教えのストーリーである．ここで注目すべきことは，わざわざ世俗世界の主である梵天（brahmuno sahampatissa）と表記されたのも，世俗世界とのつながりを意識したブッダの心の内があらわれているのであろう．先にも触れたようにゴータマはこのときすでに，純粋な出家修行者集団から離脱し，自ら生きる世界を模索しなければならない立場にあったのである．そこにはかれの生活を維持する新たな支援者の獲得という思いがあったのかもしれない．ここで，この梵天の出現には，2つの含意があると筆者は考えている．その1つは，梵天が，ゴータマの説得に出向くという設定である．これが梵天勧請のワキ役（実質的には主役であるが）である梵天の出現の場面である．先にも言及したが，ここで「世俗世界の主」とわざわざ梵天を呼んでいることの意味である．一般にインド思想や宗教界においては，梵天を世俗世界の主と呼ぶことは，あまりない．なぜなら梵天は，神々の主宰者であり，人間世界の主神であるからである．またこの名称は数ある梵天の名称の1つでも

ある．それをわざわざ世俗世界と限定して，宗教世界の主宰者である梵天に言及しない，というよりそれを否定してしまっている点に，新しい宗教としての仏教の立ち位置があらわれている．

つまり，ここには真理を悟り，いかなる神をも超越する存在であるブッダとなったゴータマと，インドの地域世界の主宰神である梵天という仏教側からの自己主張があらわれている．つまり，ブッタはもはや梵天の主宰するヒンドゥー教の宗教世界から離脱し，独自の存在となった，ということである．しかし，その一方でブッダの世界は，決して梵天の主宰する世界と無縁ではない，むしろその上位に立って，その危機を救うという位置づけである．しかもそのためには，梵天の働きかけ，協力が不可欠である，ということである．

この思想構造こそ，梵天勧請の神髄であり，世界宗教として仏教が世界各地に伝播し，平和的に当該地域の神々と共存共栄関係を樹立できた精神である，と筆者は考えている．これを日本的にいえば神仏習合思想となる．

どういうことかというと，世俗世界の主宰者たる梵天が，ブッダの教えがなければ，自らの主宰する世俗世界が亡ぶという危機意識をもつ，という設定に，深い意味が込められている．

もちろん，この時点で仏教は世界展開を考えているわけではなく，あくまでも伝統宗教であるバラモン教とは異なる，あるいはそれを超越した存在となったブッダを，象徴的にあらわそうとしたのかもしれない．

が，しかし，伝統宗教を排除せず，その最高の神の働きかけを受け入れる，という受け身的ともいえるかたちで，仏教の活動が，伝統的な宗教世界の救済をめざしてはじまったという設定にこそ，平和宗教と呼ばれ，既存の宗教と相利共生しつつ世界に拡大した仏教の原動力となった考え方ではないか，と筆者は考えている．

ここには，他者の排除も，選民思想もまったくみられない，他者を助け，自らを生かすという仏教特有の相利共生思想，それはのちに慈悲の思想という他者とのつながりを強調する仏教独自の思想の萌芽ともいえるものではな

いだろうか．

(6)　梵天勧請としての神仏習合の構造

　この点を強調すると，この神話の構造の今1つの含意が明らかとなる．つまり，まず，最初にブッダの悟りは，伝統的な修行者としてのゴータマ個人の行の帰結であり，自己完結の世界を基礎にしていたということ．そして，それだけでは仏教は成立せず，仏教の完成には伝統的修行者のゴータマ・ブッダが，他者に自らの思想を伝えることを決意する思想の転換がともなわなければならなかった，という点である．

　そして，そのいわばバラモン教的覚者ゴータマの大転換を促し，仏教の開祖ゴータマ・ブッダへと転換させた，あるいはその切っ掛けを作ったのが，他ならぬバラモン教の主宰神梵天であった，という構図である．

　つまり，ゴータマ・ブッダが，仏教の開祖として，説法という他者への働きかけをするという転換を実現するためには，梵天の協力が不可欠であった，という構造である．つまり，仏教の存在には，他者の存在，そして協力が不可欠であるという仏教の宗教構造である．

　この点は，仏教の思想構造を考えるうえで，きわめて重要であり，また特徴であるが，既述のように従来はあまり注目されなかった．

　この点が仏教の拡大を考えるうえでは，じつに重要である．というのも，インドでの梵天が，他地域に行けば，当該地域の神となり，さまざまに展開できるからである．つまり，仏教が他地域に伝播したときに，既存の宗教形態と対立するのではなく，その協力を得て仏教は，共存のみならず共栄関係を，既存の神々や宗教と構築する，という神仏習合という仏教の基本構造が，すでにここにあらわれている．

　たとえば，宇佐八幡の東大寺大仏建立への支援の申し出，さらには，天照大女神はじめ日本全国の神々の帰依など，日本の神仏習合などがその例であるが，この点は後で検討する．

　いずれにしても，インドの伝統宗教である梵天が，わざわざ出現し，その

主宰神に「世界（loka）は滅びる（vinassati）．この世はまさに消滅（vinassati）する．」と嘆かせるという設定は，伝統宗教であるバラモン教側からすれば，不可解な設定でもある．しかし，一方では，仏教はこれら既存の宗教と敵対しない，という宣言でもある．

さらにこの神話の面白いところは，世界の終わりの理由が，ブッダが他者への無関心（何もしたくないという気持ち）になり，その悟りの真実を他者に説法しようとしない，という設定である．そして，梵天が危機意識をもちブッダに直接働きかけるという設定である．この梵天の登場という設定は，中村博士の指摘するように，ブッダの悟り直後の言葉ではないであろう．仏教が教団として大きくなり，バラモン教との軋轢が生じたか，あるいはその存在との共生をはからねばならなかった，という状況となり，ある意味でその対応策として考え出されたものである，ということはおそらく事実であろう[19]．

しかし，重要なことはおそらくこの教えの構造は，教団成立後何世紀も経てできたものではなく，比較的早い時期に定着したということであろう．おそらく，ブッダ生存の時代さらにいえばブッダの悟り直後からバラモン教との関係として認識されていたのではないだろうか．それゆえに，仏教は他の宗教とほとんど争うことなくインドに根づくことができたのであろう．もちろん，思想的に体系化され，文字化されたのはのちの時代であろうが．

(7) ブッダを助ける梵天の意図

以下では，この点をまず経典で確かめてみよう．伝統的な悟りを得たゴータマの前に梵天が出現し，説法を懇願する場面はつぎのようになっている．

梵天は，尊師に向かって合掌・礼拝して，世尊にこのように言った．「尊い方よ．尊師は教え（dhamma）をお説きください．幸ある方よ教えをお説きください．この世には生まれの良く，汚れの少ない人々が居ります．彼らは教えを聞かなければ退歩しますが，法を聞けば真理を理解

第1章　梵天勧請思想と神仏習合　29

するものとなるでしょう.」

　梵天はこのように述べ，この様に言い終わってから，次のことを説いた.（300頁）

　ところで，ここでもこの経典の独自性があらわれている.つまり，梵天は自らの意志で伝統的なブッダ（覚者）となったゴータマの前にあらわれたのである.この点がまず注目されたのである.つまり梵天の出現は，あくまでゴータマ側からの要請ではない，ということである.これは，仏教の布教が，仏教の側からの発意，つまり他者への善意の押し売り的な布教ではない，ということである.つまり，仏教は，他の世界宗教のように，布教を神からの使命，あるいは絶対的な命令とは考えていない，ということである.それはつまり，相手の都合を考えずに，一方的に押しつけるような方法をとらない，ということである.ここに仏教の他者尊重型伝播形式の原型がみて取れるのである.

　これを表現するかたちとして，梵天はゴータマの前にあらわれ，あたかもゴータマを神のごとくみなし，かれに合掌・敬礼して，教えを説くことを懇願する.つまり勧請する，協力を請うかたちが考えだされたのであろう.その一説が，以下のものである

　　（梵天は，逡巡するブッダに向かい）願わくば，この不死の門をお開きください.（人々は）無垢なる悟った者(vimalenanubuddham)の法を聞け.（以下中略）

　　（ブッダの方を聴く者ども，つまり）戦勝者よ，商隊の主よ，負債無きものよ，（ブッダの教えを聴いて）世界を歩め.

　　世尊よ，真理をお説きください.（真理を知る者(annatara)）もいるでしょう.（300-301頁）

ここで梵天つまり世俗世界の主宰神自らが，ブッダの教えを民衆に説くよ

30

うに要請するのである．しかもその対象が，非常に象徴的である．つまり，
戦勝者，これはおそらくブッダがクシャトリア出身であるから軍人や政治家
など，支配者を意識しているのであろう．さらに注目されるところは，商隊の
主（satthavaha）たちがあえて強調されている点である．これは，ブッダがベ
ナレスへ布教に旅だったときに，最初にかれの信者となり布施した2人の商
人のモチーフと重なる．また，その後も，この新興勢力である商人階級は，仏
教の強力な支援者であることをあらわしているのであろう．ゆえに商人が強
調されているのである．だから「負債無きものよ（anana）」となるわけである．

　以上のような設定を経て，ついに仏教の開祖としてのゴータマ・シッダル
タ・ブッダが動き出すのである．つまり，ブッダは梵天の勧請，梵天の懇
願，働きかけに応じて，悟りの形態を変える，あるいは変化させたのであ
る．そしてこれこそ，真に仏教の開祖としての悟りの完成であり，仏教の創
始者ゴータマ・ブッダが出現した瞬間であろう．これこそ，普遍宗教として
の仏教の始まりなのである．ただし，仏教が普遍宗教と呼ばれる世界的な存
在になるには，当然ながら他者への積極的な働きかけがともなわなければな
らない．この点をつぎに検討しよう．

(8)　ブッダの真の目覚めと慈悲心

　仏教が世界宗教として発展するためには，他者に働きかける必要がある．
しかし，それにはモチベーションが必要となる．自己満足していたブッダが，
真に他者への説法に目覚めたその原動力は，何であったのか？　その答えは
以下の経典には記されている．

　　　尊師は悟った人の目によって世の中には，汚れの少ない人々，汚れの
　　多い人々，精神的資質の鋭利な人々，精神的な資質の弱くて鈍い人々，
　　美しい姿の人々，醜い姿の人々，教え易い人々，教えにくい人々がいた，
　　ある人々は来世と罪過への恐れを知って暮らしていることを見られた．
　　　その時世尊師は，梵天の要請を知り，衆生への憐みの心（kărunana）

により悟った人の目で（悟った人となって，という意味であろうか）世間（loka）を見た．（302頁）

　この文章では，ブッダが完全に世俗世界への接近を決意した思想的な立場の転換，つまり世俗世界へのかかわりの積極的な心の動きをあらわしている．つまり，梵天というインド固有の宗教の主宰神の懇請によって，その働きかけによって，ブッダの心に民衆への関心，思いやりのベクトルが生じたのである．それが「衆生への憐みの心（kārunana）が，現れたのである.」という一文である．

　いずれにしても梵天の要請（ajjhesanā）によって伝統的なブッダであるシッダルタは心を動かされ，あるいは意識の転換，上昇があり，その結果，衆生への憐みの心（kārunana：いわゆる慈悲：正確には他者の痛みを共有する心である．これがのちに慈悲という言葉に展開するが，わかりやすいのでこのように訳した）が生まれたのである．そして，新たに悟った人，真の仏教的な悟りの完成者としての目（境地）で，世間（loka）をみることで，自分を理解してくれる人びとがいることに気づくという筋書きである．つまり，このときにブッダの心は，衆生の救済という視点に，はじめて目覚めたのである．仏教の開祖としてのブッダの開眼である．

　ここでも仏教という宗教の特徴が遺憾なくあらわされている．というより仏教の特徴を説明するための具体的な事例が，ここには示されている．まず仏教は，絶対神を奉じるキリスト教や，イスラム教とは異なり，すべての人に等しく救いを認める，あるいは押しつける宗教ではない，ということである．その構造は，基本的に，自助努力を前提とする救済法の開示である．それは，世の中には汚れの少ないものや，精神的な資質の鋭利な者がいることなどを改めて認識し，ついに開教の決意をする，という構造にあらわれている．つまり，個々人の理解度によって救い（悟り）には差異があり，仏教は一律に信徒の獲得を求めないし，またその必要も感じない，という構造なのである．仏教は画一的な信仰を強制しない宗教ということである．これは，

徹底した個人救済の宗教なのである．なぜなら，ブッタの精神基盤は，イン
ド文化にありそれは輪廻思想を基礎とする無限循環の生命観に立脚してお
り，人びとが一斉に救済される（悟る）必要はなく，徐々に自らの業によっ
て悟りの環境が整えられる，という漸悟主義だからである．もちろんこの時
期にまだ今日知られるような輪廻思想や業思想のかたちが整ってはいなかっ
たのであるが，その核は文化の基底として共有されていた．

　いずれにしても，この文章はじつに重要である．この民衆への憐れみ，つ
まり共感，心を通じることという視点が，仏教の基本であり，のちに慈悲と
いう言葉で表現される形態であることは，ここから充分理解できる．しかも
その働きは，悟った人の目，完全な知恵を獲得した人の目によって，明らか
となったのである．

　さて，この「悟った人の目で（buddhacakkhuna'）世間（loka）を見た．」と
いう言葉がある．インドで「見る」という表現は，視覚的にみるということ
以上に，物事を理解するという意味で用いられる．ゆえに，この意味は，
ブッダに世俗の人びとへの関心が起き，教えを説こうという新たな思いが生
じた，開けた（真の仏教の原点たる悟り）のである．ここでは，その心の働き
が実際の動作として具体化した，ということである．

　以上のように，仏教その発生当初から他者の助けを必要とする宗教構造を
もっていた．この思想構造は，既存の宗教と対立することなく既存の宗教と
共生できるというより，そうしなければ仏教という宗教が存続できない構造
であることを示している．つまり，仏教の拡大は，梵天勧請の教えが示すよ
うに，仏教は他宗教との相利共栄関係の構築無くしては，成立しえない構造
となっている，ということである．

　このように記すと，反発や誤解が生ずるかもしれないが，しばしば触れ
たように，その宗教の拡大という布教活動に，聖戦思想という暴力による自
己絶対化という発想を一切もたなかった理由は，実はここにあると筆者は考
えている．不殺生や非暴力思想では，世界宗教への道は実現できないからで
ある．それは，姉妹宗教であるジャイナ教の存在が示している．

(9) 梵天勧請から神仏習合へ

以上のように，仏教の創始者ゴータマ・ブッダの思想形成は，仏典によって語られ，また伝えられてきた．ところでこの経典の成立がいつごろかは不明であるが，中村元は，紀元前1世紀以降の早い時期には，パーリ語の聖典に明記されたのではないか，と指摘する（『岩波仏教辞典』解説）．しかし，経典になったということは，それ以前にすでにこの神話が形成されていたということである．

筆者は，宗教社会学的にみて，この梵天勧請神話の基本的な思想は，ブッダその人によって説かれ，素朴なかたちで仏教の基本構造として発展してきた，と考えている．というのも，仏教のようないわば新興宗教が，インドの伝統宗教，民族宗教であるヒンドゥー教（当時の形態は，学問的にはバラモン教，あるいは前期ヒンドゥー教）という圧倒的な存在のなかにあって，これと争わず，勢力を拡大できた背景には，かれらと対立することなく，むしろその存在の協力を引き出すことが重要であった，ということは否定できないことであろう．

つまり，仏教という新興の小集団の宗教は，バラモン教との対決ではなく，協力を不可欠としたのである．少なくとも，仏教教団を支える社会との共存を必要としたのである．しかし，さらにいえば，仏教は既存宗教側からの協力を必要とし，かれらとの一体性を思想的にも，現実的にも構築しなければならなかった．

その意味で，仏教は，他の普遍宗教のような聖戦や革命的な社会変化を他者に求めなかった，という意味で暴力的な対立を他者との間に引き起こさなかった．仏教はこの梵天勧請思想のゆえに，キリスト教やイスラム教の開祖や初期に人びとが味わったような，既存宗教，社会からの弾圧はほとんど経験しなかったのである．ここに，仏教が平和的宗教と呼ばれる基本形態を見出すことができるのである．つまり梵天勧請の教えこそ，仏教が平和宗教といわれる源泉である，と筆者は考えるのである．

先にも検討したように，筆者はこの思想を日本的にいえば「神仏習合」と

いう言葉で表現できると考えている．というのも，神仏習合とは「神と仏が習ね合うということで，日本に仏教が伝来して以来，日本の神と仏教の仏が交わり，融合して行った状況をいったもの」（『岩波仏教辞典』）である．つまり異なる宗教同士が，習なり合い，争わずに共存共栄，さらに相利共生的などちらも相互に利益を共有できる関係の構築が，この言葉には秘められているのである．

つまり，仏と神の習り合い，わかりやすい現代語では「重なり合い」は，上下も，前後もない両者の一体感をあらわす言葉である．たとえば習字において書き手は，手本と1つになることをめざして運筆し，手本と作品に差の無い関係を作ろうとするように，もともと異なる宗教の神と仏が，ぴったりと習（重）なり一体化するということがこの関係である．

つぎにこのような関係を基本的にもつ仏教の具体的な展開を，以下において鳥瞰してみよう．

3. 梵天勧請と神仏習合思想——その拡大と限界

(1) 梵天勧請と神仏習合

インドの一地域宗教であった仏教が，インド亜大陸の文化的束縛を超え，ユーラシア各地や島嶼地域に伝播できた理由を文明論的にいえば，仏教は文化剥離しやすい宗教であり，それを可能にした基本的な他者認識の構造が「梵天勧請の教え」である，というのがまず，本章の基本的理解である．そのうえで，文化剥離しやすい仏教の構造が，仏教を世界宗教に成長させたその原動力である，と同時に仏教がかつての伝播地域から衰退，消滅することになった理由もこの梵天勧請思想にある，というのが本章の結論である[20]．

すでに検討したように本章では，この梵天勧請の教えを「神仏習合」といい換え，さらに具体化し，仏教の他宗教との融和共生の基本構造と考える．つまり，仏教がその発生地であるインドから世界に伝播し，各地で定着，発

展した原動力の１つに，仏教の他者との親和性，一般には平和的宗教形態と理解されているものである．筆者は，この仏教の他宗教との親和性，他宗教と争わず融和して相利共生関係を構築する仏教の形態を，日本人にもわかりやすい言葉である「神仏習合」と表現したのである．

神仏習合という言葉を用いると，仏の神としてヒンドゥー教の神々が，仏教教理のなかに，また信仰のなかに積極的に取り入れられた現象がイメージしやすくなる．たとえばインドでは，梵天をはじめ大黒天（シバ神），弁才（財と表現するが，正確には才）天（サラスヴァティー），吉祥天（ラクシュミー）などが，平和裏に仏教の守護神や眷属として取り入れられた現象の理解がしやすくなる．

この関係が，非インド的要素の強かった西北インドや中央アジアにおいて展開すると，現地の宗教の神々，たとえば有翼の光の輪などで描かれる神（アフラマズダ）や永遠の時間を崇拝するゾロアスター教の一派（ズルワーン）教，ゼウス，ヘラクレスなどのギリシャ・ローマの神々が仏教の伝統と神仏習合することとなる．その結果生じたと思われる阿弥陀如来（無量光，あるいは無量寿）や弥勒菩薩以下諸菩薩，さらに諸天と呼ばれる神々との習合現象として説明できる．また，そのために新しい経典さえ編集され，のちに大乗仏教，さらには密教（正式には金剛乗）と呼ばれる新しい仏教のかたちが成立した．

そしてこの形式は，当然ながら中国においても展開され，中国仏教特有の菩薩（地蔵菩薩など）が生まれた．そして，その形態が日本にも導入され，いわゆる神仏習合仏教という日本的な仏教が成立する，という図式がなりたつ．もちろん，仏教のこの融合形態は，南伝（方）仏教と呼ばれるいわゆる仏教の古い形式の地域にも，当然生きていた[21]．

いずれにしてもインドから中国，日本，あるいは，南・東南アジア仏教に広がる仏教を鳥瞰すると，同じ仏教と呼びながら，その形態には少なからず相違が存在する．しかし，それでも仏教という「同一性」は保持しており，まさに多様性の統一を維持し続けている．この多様性を維持しつつ，統一性を可能にする思想の根本に，梵天勧請（神仏習合）思想がある，と本章では

考える.

　本章では，紙幅の関係もあり仏教の拡大の理由に関して，体系的な視点から深く立ち入ることはできない．しかし，日本と関係の深い大乗仏教の世界的な展開について，従来強調された思想的な要因が強調されてきた．その代表的なものに「慈悲」の思想，あるいは「空（その原型である無我）」の思想があげられている[22]．もちろん，これらの思想は仏教の世界展開を可能にした基本思想であるが，しかし，これらの思想は，実は大乗仏教と呼ばれる新しい仏教の形態になって整備された思想であり，仏教の発生当初より明確化された思想ではない．いわば後づけの思想である．

　筆者が問題としたいのは，仏教拡大のモチベーションとなったより基本的な思想である．宗教学的にいえば，その原型は仏教の発生当初から存在したはずである．この点は，先にも検討したように，新興の宗教として生まれた仏教にとって，その当初から他宗教との共生が不可欠であり，そのために必要な思想として，慈悲や空の思想が生み出された，というのが，筆者の考えである．そしてこれらの背景に，梵天勧請思想がある，というのが筆者の考えであることはすでに紹介した．

　実は，この点を踏まえたうえで，筆者はこの仏教の梵天勧請思想がもつ親和性が，一方で仏教の消滅要因として大きく働いてきたと推測している．つまり，仏教の興亡という相反する2つの現象を招いた仏教側の要因には，仏教の根本的な他者認識を決定づけている梵天勧請の教えが大きく作用した，という仮説の検証が本章の目的である．つまり仏教の盛衰，あるいは世界展開とその衰退，消滅という現象を貫く基本的原因を仏教独自の他者認識，つまり梵天勧請の教えにより統一的に理解できるのではないかというわけである．

　つまり，本章では，仏教の盛衰という現象を，梵天勧請の思想構造に着目し1つの理論によって統一的に解明しようとする試みである．

　以下では西北インドから中央アジアにおける仏教の盛衰，そして日本の事例に関して，本章のテーマに沿って極簡単ではあるが検討をおこなう．本章

の検討は，本章のテーマを象徴的に検討することをめざすもので，具体的かつ総合的な検討は，他の機会におこなうことをご了承いただきたい．（とくに，理論の立証に不可欠な資料や文献の紹介は，膨大なものになるので，機会を改めたい，ということである．）

(2) 仏教と西方文明の神仏習合の意義

　まず仏教の当該地域における盛衰に関して以下で簡単に検討する．仏教の拡大はその当初から，ブッダの説法というかたちの布教運動からはじまる．その後，広大なインド国内から，スリランカへの布教が早くも紀元前3世紀には実施された．さらに本章で問題とする，中央アジアへの仏教の拡張運動は，インドと西方世界の窓口的存在である西北インド，いわゆるガンダーラをつうじて主におこなわれた．

　周知のように，現在のパキスタンの西北部からアフガニスタンにかけての地域（その中心がガンダーラであった）は，アレクサンダーの東征以来続くヘレニズム，ローマ，そしてペルシャなどの非インド文明との接触が不可避である地域であり，この地域における仏教の布教，拡大には，インド的な文化的要素を稀薄化し，当該地域の宗教・文化との共生が不可欠であった．つまり，当該地域の人びとに仏教という宗教が受け入れられるためには，インドの土着的な要素を捨て，両者に受け入れられるより汎用性の高い，つまり最終的には普遍的な要素の強調が不可欠であった．そのために宗教や文化，さらには思想などの領域における自己の絶対化は，結果的に他者の反発を受けることとなり，両者の対立は解消できない．ゆえに，セム族の宗教のように選民思想や聖戦思想による武力や暴力による他宗教の排除や，支配を正当化する理論をもたない宗教は，他の方法を求めることとなる．

　その点で仏教は，その当初より梵天勧請の思想，つまり神仏習合思想をもっており，他の宗教との相利共栄思想をもち，宗教間の対立を乗り越える宗教構造をもっていた．この点が，ヒンドゥー教のような民族宗教とも異なり，仏教の姉妹宗教であるジャイナ教も超えられなかった壁を仏教が超えられた

理由であろう,と思われる.

つまり,仏教はインド文明を立地基盤としつつも,梵天勧請の教えをもつがゆえに,高度なギリシャ,ローマ,ペルシャ文明など他の諸文明と,それらの宗教と平和的な融合関係を構築し,大乗仏教という新しい宗教(厳密には宗派,いわゆるキリスト教におけるプロテスタントのような存在)を生み出すことができた,と考えられる.これが文明論でいう文化剝離という現象である.

この新しい仏教である大乗の出現に先立ち,インドとギリシャ両文明の出会いと融和を象徴する事件を扱ったお経がある.それが有名な『ミリンダパンハー(那先比丘経;ミリンダ王問経)』である.この経典では,ギリシャ人王であるメナンドロス(在位前155-130頃)と仏教の長老であるナーガセーナの仏教教理に関するまさに真剣勝負的な議論がなされている.そこには,異なる文明を背負った知的エリート同士による議論の激突があり,また,相互に両者を理解しようとする熱意がある.仏教の経典であるので,結果的にメ

写真2 サーマニー廟

注:この有名な建築物(サーマニー廟にはヘレニズム,インド(仏教),ペルシャ,そしてイスラムなどの多様な文明が融合されていることが見事に現れている).
出所:以下すべて筆者撮影

第1章 梵天勧請思想と神仏習合 39

ナンドロス王が, 仏教の合理的な思想に脱帽し, 仏教を受け入れるという筋
書きになっているが, 歴史的にみても, ギリシャ人の多くが仏教を受け入れ,
また仏教側もギリシャやローマ (いわゆるヘレイズム) 文明を積極的に受け入
れた[23].

　いずれにしても, 西北インドから中央アジアに広く展開していた諸宗教・
文明の要素を積極的に取り入れてできた仏教の形態が大乗仏教ではないか,
と筆者は考える.

　大乗仏教が, 実質的に生まれ, 成長し世界各地に伝播する1つの切っ掛け
を作ったのが, このガンダーラ地域である. この地は仏教がまずインドから
伝播定着した地域であり, また多様な神仏習合信仰が生まれ, それが新しい
仏教として世界各地に広まる, いわば発信源の地域である.

　というのも, この地域はユーラシアの東西貿易の集積地として, またそれ
らとインド亜大陸などの文明交流の交差点であり, 世界中の文化・文明がこ
の地域に集まり, 出会い, 時には反発しつつ混交し, 融和し新しい文明の形
態が生まれる土壌をもっていたからである. ちなみに, 当該地域には, ゾロ
アスター教, ギリシャ, ローマの宗教, ヒンドゥー教, 当該地域の土着宗教,
そして時代ごとに入れ替わる遊牧民の宗教など, 時代的にもまた空間的にも
多様な宗教がモザイク状に存在していた[24].

　もちろん, 文化や文明は出会っただけではかならずしも融合しない. つま
り, 併呑されたり, かき消されたり, 少なくとも仏教文明の成し遂げたよう
な平和的かつ相利共生・共栄型の文明形態を生み出すことは, 他の文明では
なかなか類をみない, と筆者は考えている. そして, それを可能にしたのが,
梵天勧請の教えにもとづく神仏習合思想にあった, というのが筆者の仮説で
ある. もちろん, 神仏習合思想はたんに神格の融和だけを意味しない. それ
ぞれの宗教のもつ文化, さらには文明全般を意味する.

　この点に関しては後に検討するが, インドになかった死者供養の各種儀
礼, たとえば墓地 (焼骨灰を入れる骨壺など. ただしブッダの墓であるストゥーパ
があるが, ショーカ王でさえ墓を残さなかった.) の造営や参拝習慣, さらにイン

ド的な宗教の基本スタンスである出家主義の否定さえも仏教に取り入れられている．また，大乗仏教では聖典（経典）の書写や奉納（携帯）が奨励され，文字教典の神聖化が導入されている．

実はこれらはインド型の宗教である仏教のあり方からいえば，矛盾をはらんでいる．つまり，そもそも文字をもたないインド文明において，聖典は暗記し，朗唱し合いつつ護持するものである．それが文字化されて，記録され，それそのものが崇拝対象になる，という文化のあり方は，口伝を重視するインドの宗教形態ではない．むしろ，これは西アジアの伝統に，今日でも存在するものである（その典型がユダヤ教などである．この点で中国も同様である）．しかし，それらの宗教的な習慣を仏教は取り入れつつも，その本質を維持し，さらに拡大する力としていったのである．これらのインドとは異質な宗教文化を積極的に取り入れつつ，大乗仏教という新しい宗教形態をとる仏教となったとはいえ，仏教としての同一性，アイデンティティを維持できたのか，つまり仏教として成長して行けたのか，という点の宗教学的，さらに文明論的検討は充分なされていない．その意味で，本章が注目する梵天勧請理論は，仏教の世界展開，とくに大乗仏教の成立や発展に関する理論的な理解を可能にするものと，筆者は考える．もちろん，仏教の衰退研究にも同様に応用できる．

さて，従来これらの現象は，個々の研究領域の専門家が，独立して扱う場合が多くきわめて専門的で有益であるが，しかし，総合的な視点が欠けていた．それは，仏教研究に，仏教文明，さらには大乗仏教文明という概念，つまり仏教という宗教の領域にとどまらず，仏教徒経済や，政治さらには文化の領域全般とのかかわりの重要性が，あまり重視されてこなかったからであろう[25]．

以下では，この点を鑑み，仏教の世界展開のいわば原動力となった中央アジア的な神仏習合，その結果生まれた融合仏教としての大乗仏教，その文明の一端を示し，今後の研究の指針としたい．なお，文明の定義などに関しては，本章では扱わないが，本章でいう文明は，いわゆる文化，政治，経済，

科学技術など，別々に論じられる領域を1つのまとまりとして連続的，あるいは相関的に考える考え方であり，従来の領域分断的な思考（いわゆる近代科学思想）と反対のベクトルをもっている．しかし，両者を対立的に捉えるのではなく，いわば従来の思考を基礎としつつ，総合的な視点でそれらを再統合する考え方である[26]．

(3)　世俗仏教としての菩薩信仰

　周知のように大乗仏教は，菩薩という在家信徒を中心とする在家主義仏教とも呼ばれ，いわゆるインド以来の伝統的仏教である上座部仏教とは一線を画す仏教である．その思想的な根拠に，有名な『法華経』がある．

　この『法華経』では，ブッダになる前の修行者，つまり在家者であったゴータマを指す言葉であった菩薩の概念を，大幅に拡大し，新しい理論や信仰対象として，大きく様変わりさせた．

　とくに，厳格な聖俗分離型の宗教形態，つまり出家（脱世俗）形態を基本とすることは，仏教やジャイナ教に共通するインドの出家型宗教の基本形態である．

　ところが新しい仏教は以下に検討するように，この厳格な禁欲・節欲の出家主義仏教を貶め，金銀財宝という資本の増大を肯定する世俗主義仏教のあり方を真のブッダの教え，仏教の正統とし強調した．この宗教運動の起点がどこに見出せるのかは，諸説あり断定できない．しかし，この菩薩思想が，新興の仏教の一派であった大乗仏教徒により，受け入れられ，またおおいに発展した理由は明らかであると考える．

　というのも出家者を尊び，その宗教的な意義を無批判に受け入れる文化をもたない，ギリシャ人をはじめ，ペルシャ，ローマ，スキタイ，サヤカ，ソグド，さらには中国，日本などの異邦人，異民族を相手に当時の仏教徒は布教しなければならなかった，という社会背景が大きな要素としてあったからではないか，と考えられる．もちろん，インドにはバラモン教の祭祀階級であるバラモンの存在がある．かれらは家庭生活を営み，かつ世襲の司祭階級

であり，インドの宗教界の主流である．ただし，仏教はそれを批判して出家主義となった．一方，中央アジアは幾多の民族，王朝が興亡を繰り返し，その都度文化，さらには文明レベルの変化さえ引き起こされた地域である．

そのような民族には，出家主義や祭祀階級の社会的な優位性を認めないものも少なくなかったはずである．仏教が教宣を拡大するためには，そのような文明にむしろ深くかかわる必要があった．そのためには，自らの宗教形態を他者に合わせて，あるいはその要請に即して大きく変える必要があったのみならず，それでも仏教としての同一性が保持できるという思想的な裏づけが不可欠でもあった．

そして，そのような状況への対応を積極的に認める教えが，つまり，仏教が異質なる文化，文明において教宣を拡大させるための自己変容を認め，その原動力の１つとなったのが梵天勧請の教えであったというのが，筆者の考えである．しかも，この地域では，宗教的な融和のみならず，文化・文明レベルでの対話・融和が大規模におこなわれ，その影響は仏教信仰の多様な部分にまで及んだ．いわば世俗レベルまで巻き込んだ文明レベルの神仏習合である．一方で，そのゆえに仏教は，自己同一性を保つことができた．

(4) 『法華経』にみる神仏習合

以下においては，文明対話の結果生まれた仏教内の新宗教運動に関して，典型的な事例を検討する．今回は，神の領域ではなく，より日常的な要素に注目する．たとえば，『妙法蓮華経』（常不軽菩薩品第二十）には，つぎのように記されている．

四衆之中．有生瞋恚．心不浄者．悪口罵詈言．是無知比丘．従何所来．自言我不軽汝．当得作仏．我等不用．如是虚妄授記．如此経歴多年．常被罵詈．不生瞋恚．常作是言．汝等当作仏．説是語時．衆人或以．杖木瓦石．而打擲之．避走遠住．猶高声唱言．我不敢軽於汝等．汝等皆当作仏．以其常作是語故．増上慢．比丘．比丘尼．優婆塞．優婆夷．号之為

第1章　梵天勧請思想と神仏習合　43

常不軽．（https : //www.kosaiji.org/hokke/kaisetsu/hokekyo/7/20.htm　より引用）

四衆（人々）の中に，瞋恚を生し心浄かざる者ありて，悪口し罵詈して言く『この無知の比丘は，何れの所より来るや（どんな理由があって）．自ら，われ汝を軽しめず，と言って，われ等がために，当に仏と作る（完全な悟りが開ける，即ち）仏となれることを得べし，と授記（予告）す．われ等は，かくの如き虚妄の授記を用いざるなり』と．かくの如く，多年を経歴して，常に罵詈せらるるも，瞋恚を生ぜずして，常に是の言を作せり『汝は当に仏と作るべし』と．

　この語を説く時，衆人，或は杖木・瓦石を以て之を打擲れば，避け走り遠く住して，猶，高声に唱えて言わく『われ敢て汝等を軽しめず，汝等は皆当に仏と作る（悟りが開ける）すべし』と．其の常に是の語を作すを以ての故に，増上慢の比丘・比丘尼・優婆塞・優婆夷，之を号して常不軽と為く．（岩波文庫『法華経』（下）134, 135 頁）

　この引用では，冒頭の「四衆」という言葉に注目したい．まず仏教一般で四衆（シシュ）と呼ばれるのは，仏教教団を支える男女の僧と男女の信徒を意味するのであるが，ここではむしろ，仏教を信じない人びととの関係性を表現している，と読むほうが少なくとも，中央アジアや中国，日本などの異境の地における仏教徒の境遇を示しているように思われる．

　しかし，従来の解説では，新興の仏教宗派であった大乗仏教の徒，というより『法華経』を奉じる仏教徒が，既成教団の弾圧に遭遇した苦難をあらわしたものであり，新しい仏教徒の信仰理念を示したものとされる．もちろん，そうなのであるが，ここで重要な点は敵対する人びととも相利共栄関係を築くまで，つまり仏教の協賛者，あるいは信徒になってもらうために，決して怒らず，苦難に耐え忍ぶことを教えている．

　この謙虚さは，もちろん高邁な仏教の理想に負うところが大きいであろうが，しかし，自らの存在，その存続に他者の存在を不可欠とする仏教の梵天勧請の教えが，その根底にあるがゆえに，自らの存在を強力に主張せず，他

者の尊重という思想や行為が生じるのである，という理解も可能となる．

　ところで，この「菩薩」の存在も，文明融合という視点から重要である．というのも先にもやや触れたが，この菩薩という言葉は，伝統仏教における悟りを成就する前のゴータマ・シッダルタ王子をあらわす言葉であったが，大乗仏教になると「悟りを求めて世俗世界で修行（仏教的な精神で生きる）する人々」を意味するようになった．その修行のなかには，前述の他者からの迫害に耐え，それを乗り越えることが求められる．また遠隔地貿易に従事する信徒が多かった大乗仏教徒は，身の危険を回避するためにも，宗教の力を求めていた．

　ところがインド以来の仏教は脱世俗宗教であり，そのような現世利益的な側面を認めていなかった．しかし，中央アジアにおける一般の宗教信徒，つまりギリシャ・ローマの宗教信者，さらにゾロアスター教徒などは，世俗的な利益を宗教に求めていた．いわゆる現世利益である．この点でも，大乗仏教は大幅にインド的合理性を捨象し，呪術性（功徳性）を強調する．ちなみに，当該地域には，インド的な合理性的の強い伝統（いわゆる小乗）仏教も普及していた．しかし，結果として世界に広く伝播したのは，文明のハイブリット型宗教の大乗仏教である．

　その，大乗仏教の代表的な経典『法華経』では，この点を，つぎのように記している．

　　仏告無尽意菩薩．善男子．若有無量百千万億衆生．受諸苦悩．聞是観世
　　音菩薩．一心名称．観世音菩薩．即時観其音声．皆得解脱．若有持是．
　　観世音菩薩名者．設入大火．火不能焼．由是菩薩．威神力故．若為大水
　　所漂．称其名号．即得浅処．

　　　仏は無尽意菩薩に告げたもう「善男子よ，若し無量百千万億衆生あり
　　て，諸の苦難を受けんに，この観世音菩薩を聞きて一心に名を称えれば，
　　観世音菩薩は，即時にその音声を観じて皆，解脱（その苦難から免れる）
　　るることを得せしめん．若しこの観音菩薩の名を持つもの有らば，設い

大火に入るとも，火も焼くこと能ず，この菩薩の威神力に由るが故なり．

若し大水のために漂わされんに，その名号を称えば，即ち浅き処を得ん．

（同書 242，244 頁）

このように，『法華経』の存在は，今や悟りのための指導書的な従来の経典の位置づけから，呪術的な力を付与する聖典へと変貌するのである．

この傾向は『法華経』のみならず，他の大乗経典も同様である．つまり『阿弥陀経』，『十地経』などは，超越的な存在（いわゆる神）の特殊な呪術力への信仰を中心に説かれており，ここでも中央アジアの既存宗教との融合が，積極的になされたことがみて取れる．

この他にも『法華経』のなかには，マジカルな力を保証するような言説に溢れている．それは，裏を返せば仏教という宗教に，前述のような呪術的，現世利益的な効果を望む人びとが信者となっていた，あるいはそういう人びとを対象として布教していた，という証左である．それは同経典の「若し百千万億の衆生ありて，金・銀・瑠璃・蝦蛄・瑪瑙・珊瑚・琥珀・神授の宝を求めんがために大海に入らんに，……（中略）……．この諸々の人等は皆，羅刹の難を解脱（マヌガ）るることを得ん．」（244 頁）にあるように，この経典を奉じる人（既存の信徒），さらにこれから奉じるであろう人（布教対象者）は，一攫千金を求めるような野心家，少なくとも世俗の資本家や商人たちであった．かれは，宗教的な解脱よりも，経済行為の成功を願っているような一般的な人びとである．

かれらの仏教への直接的な要求は，ゴータマ・ブッダの仏教の理想からは，かなり離れた要請であった．しかし当時の，仏教はこれに応えねばならなかった．そして仏教はそれに梵天勧請思想のような他者の尊重という思想をもつがゆえに上手く対応できた，ということである．このような非インド的な仏教への変貌は，他の大乗経典でも同様にみて取れる．

しかし，大乗仏教はだからといって，仏教の核心である衆生の救済（悟り）という目的を放棄したわけではない．なぜなら，この経典の最終目的は，や

46

はり，解脱にあるからである．

　さてでは，このような根源的な相違ともいうべき文化の差を超えて，自己同一性をいかに仏教は維持できたのか，という点をつぎに考えてみよう．

(5)　空という思想の文明論的意義

　前述の『法華経』に代表される大乗仏教が，既存地域の宗教と相利共栄さらには，融和統一関係を築くにいたったかを，思想的に分析してみると従来の研究では,大乗仏教の根本思想といわれる「空」の思想が注目されてきた．

　周知のように「空」思想は，龍樹（150-250 年頃）によって体系化された大乗仏教の根本思想である．その思想は要約すれば「われわれは固定的な『法（この世に存在する様々な観念，法則等々，我々の生活を根本から規定する概念など）』という観念が，永続的であり，普遍であるというような観念を抱いてはいけない」（中村（1994）『空の理論』，15-16 頁）ということになる．そして，一般に空の思想は，「法」を実体化とみなす伝統的な仏教教団への批判である，と理解されている．もちろん，仏教思想史のなかで，この空を説明するときは，仏教有力宗派であった説一切有部（すべては実在すると説く仏教の主流派）を攻撃するための論理であると一般には理解されている．

　しかし，視点を変えて，この中観思想が説かれた時代や地域をみると，仏教を取り巻くさまざまな異質の宗教が，仏教の周りに存在し，仏教はこれらの宗教と相利共栄関係を構築しなければならなかった時代にあった．つまり，仏教は異なる多くの宗教，民族，文明の混在するなかで，仏教が生き残るには，それらの集団を仏教のもとに総合化，体系化していくことが，求められていたのではないだろうか．というのも，現在でも同様であるが，民族や宗教の相違は，根深い対立や紛争，時には深刻な殺戮をも生みかねない厳しいものである．そして，その根源利己的思想，さらには自己の絶対化があり，独善的な宗教教理がある．しかし，各宗教や民族などが，自己の絶対化を主張して譲らなければ，異なる宗教，民族などの社会集団は，対立し，最終的には殺戮の応酬となる．しかし，自己の立場を相対化し，より高い理念のな

かで生かしうる思想や宗教が存在すれば，相互に自己を保ちつつ，より包括的で，統一的な価値観，具体的には1つの宗教のもとで，平和的な共生が可能となる．つまり平和的な相利共栄の関係が構築できる，というわけである．そして，それには体系的な思想が不可欠となる．その意味で，仏教が提示したのが，この空の理論であったと思われる．

この点に関して中村元は「『中観』においては，有部の法有（特定の実態概念を認める）の主張をふくめて，なんらかの意味において多数の実体的原理を想定するもろもろの哲学思想（のみならず宗教思想）を批判し論難している．……．この理法（中観）は，相対的に対立している諸概念（諸宗教思想，文化など）のうち何れが一方に執着しないことである」（中村（1994），16頁）と解説する．たとえば，中観の解説書では，この点を「中観派にとっては，独立の推論（思想）となることは正しくない．なんとなれば［対立した］二つの立論（主義主張）のうちで一方を承認することになるからである」（中村（1994），9頁），さらには，「有と無との（相対立する）二論を排斥することによって，われわれはニルヴァーナの城に赴く不二の道を明らかにする」（中村（1994），319頁）として，相容れない主義主張の一方に偏らない立場，さらには，それらを超える理想や思想を提示することで，両者に偏らない，しかもどちらも排除しない理想的状態に到達できることを教えている．

このような異なる他者の対立を超えて，なおかつどちらかを排除するのではなく，高い理想から双方を生かしつつ統合するという発想には，他者の存在を不可欠とする仏教の伝統的思想，つまり梵天勧請の教え以来の，相利共栄思想の伝統が生きづいていることが明らかとなる．そのためには，双方を仏教の高度な理想により，相対化し融和させる理論が不可欠であり，それが空の思想が生み出された背景ではなかったか，と筆者は考えている．

つぎに，文化的な神仏習合ともいえる仏像や仏画の出現，そして葬送文化について，梵天勧請理論，すなわち神仏習合，さらには文明融合の立場から検討しよう．

(6) 真理の具象化と仏教の変容

　周知のようにセム族の宗教においては，神を具象化すること，具体的には人間の形などであらわすことを禁止している．したがって，その教えを厳格に守るユダヤ教やイスラム教では，神を具象化することすらタブーとされている．もちろん，人間の知恵はそのようななかでも，信仰のよりどころとしての存在を生み出している．たとえば，イスラムでは絵画や彫刻による神聖性の表現にタブーがあるために，イスラム書道が特殊な発達をみた．また，ヘレニズムの影響が強いキリスト教では，事実上絵画によるイエス・キリストや聖人，聖者たちの彫刻や絵画が信仰の対象となっている．

　仏教においては，他の宗教のような超越的な存在である神が存在しないゆえに，信仰の対象はブッダの教え，さらには開祖であるブッダその人が結果的に崇拝対象となっていった．とはいえ，ブッダ自身が自らを神聖視することを戒めたために，初期仏教ではブッダの悟りの内容ともいえる真実の法が信仰の対象となってきた．しかし，この抽象概念は具体性をイメージし難いゆえに，結果として仏教ではゴータマ・ブッダの焼骨・灰が民間信仰として崇拝対象になった．一方で，宗教エリートである僧侶たちには，具体的な修行法（律蔵）が与えられており，「自灯明，法灯明（自らをよりどころとし，法を導きとして修行しなさい）」という最後の教えもあり，仏教では正式にブッダを神格化し，それを具象化し崇拝することはなかった．

　しかし，徐々にブッダの遺骨崇拝が浸透し，いわゆるブッダのお墓にあたるストゥーパ（仏塔）崇拝が生まれ，やがてその装飾から仏教芸術が生まれ，新しい宗教運動へと発展していった，というのが現在のスタンダードな仏教の芸術面における発展史である．一般に，この仏塔崇拝の動きも，アショーカ王の時代を期に大きく推進したようであり，それはブッダの死後 150 年ほどを経過した頃とされる．

　いずれにしても仏教において，仏像が崇拝対象として製作された背景には，ブッダの焼骨・灰崇拝から，その遺骨が納められた仏塔の崇拝，そして仏像崇拝と徐々に変化していく過程があったことは事実である．しかし，ギリシャ

人支配をつうじて神像製作にたいする知見にしろ，技術にしろ，神像を作れる可能性はあったにもかかわらず，仏教徒がそれを必要としなかったその理由は何か，そしてそれを破った要因は何か，という議論は永遠の謎であろう．しかし，仏教の場合は，セム族の宗教のように聖像作成と崇拝への禁止事項が無いゆえに，仏像崇拝のハードルは高くはない．

　つまり，インドの伝統宗教であるヒンドゥー教（古代の場合は，バラモン教ともいう）では，ヴェーダ聖典や儀礼が信仰の中心であり，具象化された神像は製作されなかったし，崇拝もされなかった．仏教も当然その伝統のもとにあった．それが，紀元前後に突如として出現し，瞬く間に一般化した．つまり，神像を作らないという文化が，剝離し，新しい仏像を崇拝する仏教が出現し，新しい仏教の信仰形態を作ったのである．そして最初の仏像出現の地が，ギリシャ・ローマの影響が強く，またアレクサンダー大王以来，ギリシャ人が居住し，西方文明のいわば北インドでの橋渡し的存在であったガンダーラであったことは，文明論的に考えれば，当然というべきものである．

　つまり，ここでは西方文明とインド文明が混じり合い，新しい文明の形態が生まれやすい環境にあったのである．つまり，文化剝離が容易に起きる状況にあった．

　しかし，現実には，この現象はギリシャ支配から数世紀という時間を要した．しかも，その当事者はギリシャ系の民族ではなく，クシャーン族（月氏の一枝族）であり，いわばインド文明からも，ヘレニズム文明からも離れた遊牧民であった．かれらが，それまで守られてきた宗教伝統を容易に超えたのである．おそらく，新しい征服者であったクシャーン族の文化的な要求を受け入れるかたちで，仏教のなかにヘレニズム的な仏の具象化と崇拝という信仰形態が，導入されたのであろう．ここにも，融和的な仏教の根本姿勢が反映されているが，その背後に積極的に他者の宗教思想を含む文化的要素と積極的に融和することを是とする梵天勧請の教えが生きている，といえるであろう．

(7)　葬送儀礼の文化融合

　宗教のなかでも，葬送儀礼は，とくにそれぞれの宗教に独自なものであり，またそれへの拘りも強い領域である．インド生まれの仏教が非インド文明地域に平和裏に進出するためには，他宗教のこの葬送儀礼の取り込みが不可欠となる．とくにインドでは，火葬が一般的であり，それにともなう儀礼や埋葬法の扱いが問題となる可能性があった．しかし，幸いにも，西北インドや中央アジア地域に影響力があったギリシャ・ローマ人には火葬の習慣があったからである．また，同様にペルシャから中央アジアに大きな勢力をもっていたゾロアスター教も，特殊な遺骨崇拝があり，仏教の双方と基本的な深刻な衝突は生まなかったと思われる．というより仏教の伝統では，葬送儀礼に僧侶はかかわってはならない，とされていたのであり，教理においても葬送儀礼は，それぞれの文化様式に従うことが認められていた．その意味で中央アジアの人びとが，仏教を受け入れる場合にも，当該地域の葬送儀礼や世界観との衝突は少なかった，と考えられる．それどころか，仏教徒になった人びとは，当該地域の葬送儀礼やその思想を仏教内に積極的に取り入れた，と考えられる．

　その結果，仏教の抽象的な教えと，既存の宗教との共生は容易であったともいえる．たとえば，日本に伝えられた大乗仏教の世界観，とくに来世観は，徹底したインドの輪廻思想ではなく，西側文明の要素が多く含まれている．たとえばお盆という儀礼に関しても盂蘭盆会（urabonne）を仏教式の辞書で引くと，サンスクリット語の ullambana（倒掛）の訳とあり，その語源と意味が通じ合わない．これは無理に仏教＝インド（中インド）を前提としたものであり，中央アジアにおけるゾロアスター教の祖霊を意味するウルヴァン（urvan）が，融和主義の仏教に取り入れられた，とするほうが自然である，と筆者は考える

　ともあれ，初期の仏教教典には，祖先崇拝，供養などの儀礼は強調されていないが中央アジアで成立したとされる大乗仏教経典やその儀礼には，三途の川や奪衣婆や死後の裁きなど，断片的ながら西方宗教の要素が取り入れら

写真3 中央アジアの骨壺（オッサリオ）

注：中央アジアでは，骨を壺（オッサリオ）に入れて埋葬する文化があった．写真は，衣装を凝らした骨壺であるが，仏像出現との関係も考えられるのではないだろうか．

れている．

　いずれにしても梵天勧請理論をベースとする仏教においては，死後への世界観やその儀礼を導入することは，ほとんど問題ないというより，積極的になされるべきことであった．

　ところが従来の仏教研究では，仏教ナショナリズム的な発想があり，何が何でも仏教関連の文化はインド起源に持ち込みたいという無意識レベルからの解釈があった．しかし仏教，とくに大乗仏教は，融合文明の成果として生まれた新しい仏教のあり方，という解釈のほうが諸要素を考えれば事実に近いであろう．この点は，R. キミノ（Cimino）の『古代ローマとインド』（1994）でも，当該地域の文化的な融和現象が多方面から論じられている．

　以上を総合すると，中央アジアにおいては，仏教の浸透によって，文化的な軋轢，紛争，現代的にいえば，深刻な宗教戦争や宗教対立は起こっていなかった，ということがわかる．ちなみに，仏教が西アジアにも広く布教され，現在のイランやイラクにも広がっていたことが知られている[27]．かれらは多様な文明との融合を積極的に行い，それを仏教文化の形成に何らかのかた

ちで導入したことは，疑いようのないことである[28]．

いずれにしても，仏教徒は，ギリシャの神々や，ペルシャの風習を積極的に仏教に取り入れることで，かれらとの共生関係の構築を実現し，それがみごとに成功した結果，仏教は普遍宗教として世界に伝播定着することとなったのである．

(8)　用明天皇の帰依の意義

つぎに，やや飛躍があるが日本における梵天勧請の関係をみてみよう．周知のように仏教は6世紀に朝鮮半島の百済から導入された宗教である．その導入の経緯もいかにも仏教的である．一般理解では仏教は，政治的な意図のもと朝鮮半島の百済からもたらされた．その年代は諸説あるが，少なくとも6世紀の前半であり，その際の文章には「この方は諸の法の中に最も殊勝^{すぐれ}ています．解り難く入り難し．……譬えば人の，随意宝を抱き手，用べき所に逐ひて，尽に心の依形が如く，この妙法の宝も然りなり．祈り願うこと情の依にして，乏しき所無し．それ遠くは天竺より，爰に三韓に洎る^{いた}までに，教に依ひ奉け持ちて尊び敬わということなし」（岩波『日本書紀』第3巻，298頁）とあった[29]．これにたいして，欽明天皇は「朕，昔より来，未だ嘗て是の如く微妙しき法を聞くこと得ず．しかれども朕自ら決むまじ」（同，300頁）とのべられた．そこで崇仏派とされる蘇我稲目が「西蕃の諸国，一に皆礼ふ．豊秋大和，豈独り背かむや」とするのにたいして，保守派の物部尾輿らは「我が国家の，天下に王とましますは，恒に天地社稷の百八十神を以て，春夏秋冬，祭拝りたまうことを事とす．方に今改めて蕃神を拝みたまはば，恐るらくは国つ神の怒りを致したまはむ」（同，300頁）ということになった．おそらく，この『日本書紀』の記述は，前後が逆で，大臣たちの反対があり，天皇が判断を見送った，ということであろう．

しかし，仏教はそれにたいして力による布教や無理強いはしていない．相手の立場を尊重し，相手が必要とするまで待つのである．とくに，天皇は日本古来の宗教の祭主であり，同時に神でもあるわけである．その天皇の帰依

をおいて仏教は日本社会に基盤を築くことができない．しかし，武力をもたない仏教は，梵天勧請の教えにより相利共生関係の構築まで，その機運を待つことになる．

それが，『日本書記』に「天皇，仏の法を信けたまひ神道（かみのみち）を尊びたまふ．」（第4巻，52頁）と記された用明天皇の仏教への帰依である．

用明天皇は短命な天皇であったが，仏教の日本における平和的定着，つまり神道との相利共生関係を築くその基礎は，用明天皇の存在無くしては語ることができないと筆者は考えている．

仏教と用明天皇の帰依については，天皇の即位直後に，仏教信仰の公的な受け入れを諮ったことが書き記されている．しかし，そのときは決着がつかなかった．しかし，病を得た用明二年の頁には，臨終を迎えた天皇に鞍部多須奈が「天皇の奉為に，出家いて脩道はむ．また丈六の仏像及び寺を作り奉らむ」と進言すると，「天皇，為に悲び慟び給う」（『日本書紀』第4巻，63頁）との記載がある．おそらく渡来系の人びとをバックにもっていた用明天皇は早くから仏教に親しみ，個人的には信仰を受け入れていたのであろう．

その用明天皇が死に直面し，仏教式供養を申し出る鞍部多須奈の言葉に，涙する姿は天皇の存在は，以後の日本宗教のみならず文明史上において大きな意義をもつ，といえよう．しかし，従来の研究はこの点をあまり重視していない．

とはいえ，結果として神道の主祭であり，現神である天皇が信仰を受け入れたという事実は，以後の日本のあり方を大きく変えることになったからである．その後は，物部氏が敗退し，用明帝の皇子であった聖徳太子の活躍により，仏教は神道との共生関係，さらには相利共生関係を作ることができたことは周知のことである．

(9) 天皇の帰依と神仏習合

いずれにしても，仏教は自ら暴力や武力で信仰を強制しなかったが，用明天皇や聖徳太子，さらにはそれ以後の歴代の天皇の帰依を得て，結果として

54

日本を文明国化することに大きな貢献をした．いずれにしても開明派蘇我氏の主導ではじまった仏教化は，天皇という神道の主宰者の帰依によって，まさに日本版梵天勧請関係が成立し，一層の深化をみた．それを支えたのが，現代的にいえば国際交流を担った帰化人層とそれを束ねた蘇我氏，そして，開明派に転じた天皇一族であった．

その最初の主導者が，聖徳太子である．さらに，仏教精神を国家原理として国家運営に努めた天武天皇，そしてその皇后で，後の持統天皇があり，その後の発展は東大寺建立を果たした聖武天皇によって頂点を迎える．そして，神道の主宰者である天皇家自らが仏教興隆の主導者となったのであるから，当然日本の各地の地方神も軌道を一にすることになる．従来の神仏習合研究は，この後の地方神の仏教への帰依が主題であるが，本来は神道の主宰者，神道の梵天的存在であり，現神である天皇の帰依こそが，日本版神仏習合の最大の特徴であることが理解されるべきであろう．

日本の仏教化は，朝鮮からの帰化人を中心に民間信仰レベルと天皇を中心とする為政者レベルの二重構造からはじまったが，聖武天皇の東大寺の大仏建立を契機として，両者は一体化する．その象徴は民間（私度）僧侶の行基の活躍と宇佐八幡の帰依である．

もともと宇佐八幡は大陸系の神であったらしく神仏習合の伝統をもっていたのかとも思われるが，いずれにしても，古代の日本社会における一大イベントであり，日本の国際化，その実は仏教化の1つの到達点である東大寺大仏の建立というイベントにおいてその存在を急遽あらわす．

つまり，国家鎮護の方法として仏教を採用し，その完成形ともいえる国分寺，国分尼寺の建設を進めてきた最後の仕事として，国家の総鎮守であるいわゆる東大寺「四天王護国の寺」の主仏としての毘盧遮那大仏の鋳造という難事業に苦慮する聖武天皇にたいして，

　　聖武天皇が発願し，その建設が困難を極めた毘盧遮那仏の鋳造に際して，
　　地方の神である宇佐八幡に「地祇（てんしんちぎ）を率（ひき）いて必ず（大

写真4 日本最初の神仏習合ともいえる四天王寺の事例

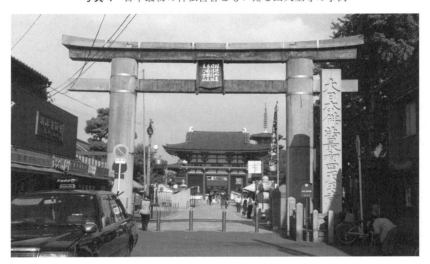

仏建立を）成し奉（たてまつ）る．銅の湯を水となし，わが身を草木土に交（まじ）えて障（さわ）ることなく（大仏鋳造の完成を）なさん」という協力の託宣が下された．この結果「宇佐八幡の勧請は，鋳造技術上の難題解決のための事業の一つであった」（杉山二郎（1968）『大仏建立』学生社）

というように，この八幡神の存在が，東大寺大仏建立という日本の仏教化の初期形態の完成に大きな役割を果たすこととなった．

このエピソードは，インドの梵天勧請の教えを彷彿とさせる．しかも，大仏鋳造直後の天平勝宝元（749）年12月に八幡大神とお供の宇佐宮の女禰宜（めねぎ）・大神杜女（おおがのもりめ）が大仏を拝するため，紫の輿（こし）に乗って東大寺の開眼供養に参列し，その開眼を祝った．その後八幡神は，東大寺の守り神，つまり日本の守り神として手向八幡として，今日にいたっている．ただし，現在は明治以降の廃仏毀釈の結果，従来のような宗教的な関係は強調されていない．

この宇佐八幡神の帰依以後，日本中の地方神は雪崩を打ったように，仏に帰依し仏教の守護者として，相利共生の関係を形成する．いわゆる本地垂迹説といわれる形態が徐々にかたち作られ，代表的な神社には寺院〔神宮司〕が併設され，八幡神は，寺とセットで建立された．このとき，重要なことは，仏教においては，セム族の宗教のように他の宗教を殲滅するかたちで飲み込むことなく，他者を生かしつつ，自らも繁栄したという梵天勧請の教えが生きていたことである．

しかし，つぎに検討するように，共生してきた相手が，独自性をもったり，共生関係を構築することを拒む場合には，仏教の融和的な教えは，かえって仏教そのものの滅亡を導くこととなる．なぜなら，仏教は他者を無防備に自らのうちに招き入れる，あるいは共生しようとするからである．

4. 梵天勧請理論の限界

(1) インドにおける仏教の衰亡とイスラム

かつて，仏教が隆盛した地域で，現在はイスラム化した地域が意外に多いことに，かねてから筆者は疑問をもっていた．つまり，中央アジアやインド西北部 (現在のパキスタンなど) やインド東部 (現在のバングラデシュ) さらには，東南アジアのイスラム化した国々，これらの地域の多くはかつて仏教が隆盛した地域と重なり合うのである．そして現在それらの地域はイスラムの勢力が優勢な地域であり，仏教は遺跡としてその痕跡を残すのみである．

つまり，現在の仏教遺跡の多くは，パキスタンやバングラデシュにあり，インドにおいても有名な仏教遺跡の近くには，ムスリムの村落が多数存在するなど，仏教とイスラム教との何らかの歴史的な関係性が推測される事例が多々見受けられる．

この点に関しては，筆者はすでに保坂 (2003)『インド仏教はなぜ亡んだのか』(北樹出版) において，不充分ながら筆者なりの検討を加えた．

第1章　梵天勧請思想と神仏習合　57

　しかし，両者の関係性を積極的に考察するには，本テーマはあまりにも大きなテーマであり，その研究はいまだに端緒に就いたばかりである．とはいえ，中央アジアをはじめインド亜大陸においても，イスラムの定着とその発展とほとんど期を同じくするように，仏教は当該地域から姿を消していったのであり，歴史的に両者の間に直接的な関係があったことは，充分推測される．もちろんそれはたんなる暴力による改宗の強制とか，あるいは殺戮というようなことでは必ずしもない．

　この点に関しては，なぜそれら当該地域において，仏教が衰退し，その一方でイスラムが大きな勢力を得るようになったのか，その背景について基本的な要因を先の保坂（2003）では，仏教の受け皿となったイスラムという仮説のもとに，イスラム史料である『チャチュ・ナーマ』などを中心に歴史的に考察した．

　その結果，西暦711年にムハンマド・カーシム（693-716）による西インド征服時の仏教とイスラムの関係から，仏教徒によるイスラムへの改宗が，同地域の仏教の消滅に大きな役割を果たしたという事情が明らかになった．もちろん，その背景には，長く続いたインド社会における仏教とヒンドゥー教との対立あるいは対抗関係があった．つまり，仏教とヒンドゥー教との社会的緊張関係は，イスラムの侵攻と定着までの一千数百年近くの長きにわたり，インド社会を貫く大原則であった．とくに，仏教はその教えの基本が人間の絶対平等，つまりヒンドゥー教の根本である，カースト差別の否定，存在の第一原理，つまり不生・不変の神の否定，さらにヒンドゥー教の聖典である『ヴェーダ』の権威の否定などを根本教理としてきた．

　つまり仏教の主張は，インド正統宗教にして多数派宗教であるヒンドゥー教の宗教的・社会的な権威を否定することであった．その意味で仏教は，インドの伝統から生まれた，インドにおける最大の異端宗教であり，その存在は宗教的のみならず社会的に，アンチ・ヒンドゥーの役割を果たしてきた宗教であった，ということができる．しかし，同時に仏教は決して決定的な対立を引き起こさなかった．仏教は，対立的関係をもちながらも，根底では相

58

利共生関係をヒンドゥー教とのあいだに，一千数百年以上形成していたのである．

　とはいえ，この仏教とヒンドゥー教という旧来の共生関係に，新たに強力なイスラムという対抗軸ができ，仏教が担ってきたアンチ・ヒンドゥーの役割は結果として，イスラムが担うこととなり，インド社会において仏教は，その役割を終えたということである．そのときに，仏教がもつアンチ・ヒンドゥー教的な働きを求めた人びとは，イスラムに改宗し，また仏教といえどもインドの精神風土から生まれたインド系の宗教であり，この要素を重視した人びとはヒンドゥー教のなかに新たな活路を見出していった．

(2)　イスラム史料のなかの仏教

　仏教とイスラムの接点を示すイスラム最古の文献に『チャチュ・ナーマ』がある．同書は，622年頃滅んだラーイ王朝の滅亡に関する記述にはじまり，ムハンマド・カーシム率いるイスラム軍の西インド支配達成を記録するインド・イスラム最古の文献である．このイスラム文献は，仏教を信奉ラーイ王朝最後の王サハシ・ラーイ2世（在位610年頃～622年頃）の記述からはじまる．この王については，中国僧玄奘が『大唐西域記』において敬虔な仏教徒であったと伝えるシンド王と同一人物と考えられる．

　そして，このラーイ王朝を倒したのがバラモン階級出身のチャチュ王（在位625年頃-670年頃）であり，この王朝は711年のムハンマド・カーシム（以下カーシム）のシンド征服により滅亡する．『チャチュ・ナーマ』は，このラーイ王朝末期からカーシムによるシンド征服完了までを記録する．

　この『チャチュ・ナーマ』は，ペルシャ語で伝承されているが，アラビア語で書かれたオリジナルは散逸して伝わらず，その翻訳事情が伝えられている．それによればシリア出身のクフィーがイスラム暦613（西暦1216-1217）年頃に，インドにイスラムをもたらした英雄でありながら当時忘れ去られていたカーシムの事績を歴史書にしようとシンドを訪れた．そして当時シンドを統治していたカーシムの10代目の子孫とされるイスマイルから『チャ

第1章　梵天勧請思想と神仏習合　59

チュ・ナーマ』の原本に当たるアラビア語文献を託されこれを翻訳したのである．そしてそのアラビア語文献の成立は753年以前であることが，文中に見出せるいくつかの重要な用語法から証明されている．

　この『チャチュ・ナーマ』は，保坂（2003）において検討したように，玄奘三蔵の『大唐西域記』の記述と地域と時代が重なる部分があり，『大唐西域記』との対比研究も重要である．この『チャチュ・ナーマ』に拠れば，玄奘三蔵が西インドに巡錫する10年以上前の620年代中頃の事件において，仏教と国家の関係を垣間みることができる．つまり，玄奘のいうシュードラ王，つまりサハシ・ラーイ王から王権を奪ったバラモン王朝の創設者チャチュは，かれの国王就任に反対するアクハム王（藩王）討伐のために，ブラフマーバードに出兵した．この事件は，おおよそ620年の中頃と思われる．その後戦いは，籠城戦となり，それは1年の長きにわたり続けられた．チャチュはなぜアクハム王がこのような長きにわたり籠城に耐えることができたのか不思議に思いその理由を探らせた．その結果は

　　　アクハム王には沙門で，苦行者，その名をブッダラクという名のブッダに保護された友人がいた．彼は偶像寺院を持ち，それはブッタ・ナヴィハーラと言い，（その中で）偶像や仲間たちや僧侶たちと，彼は暮らしており，彼は苦行者として有名であり，その地域の人々は皆彼の信奉者であった．彼は自分の弟子と苦行者に名声があり，その地方の人々の全ては彼に従っており，アクハムは彼を信仰し，彼を宗教的な指導者とした．アクハムが要塞にたてこもった時，苦行者もまた，彼に同行したが，しかし，彼は戦いには参加せず，偶像の家（寺院）に於いて宗教の本を読んでいた．（『チャチュ・ナーマ』）

との報告を受けた．

　この記述からは仏教僧は王の護持僧という地位にあり，国王や国家の危機のときには国王と一緒に戦いに参加し，祈祷や呪文などで，国家の護持活動

60

をおこなっていた，と読むことができる．これは明らかに仏教がヒンドゥー教同様の祈祷などをおこなう宗教として機能していたことを意味している．

さらに，『チャチュ・ナーマ』では，密教化とも思われる呪術的な仏教の姿が具体的に紹介されている．

> ブラフマナバードが落城するとチャチュはブラフマナバードに入城した．チャチュがアクハムとその息子が，（護持僧のブッタラクの）魔法（sihr）と奇術（atlbis）魔術（jadu）によって，苦行者に忠誠（絶対的な信頼あるいは信仰）を持っていたこと，（そして）彼のやり繰りによって，戦いが一年も保持されたことを知る．するとチャチュはその僧の殺害を決心し，さらに彼の皮を剥いで太鼓にして，その皮が破れるまで打ってやると敵意を露にする，と激怒する．（『同書』）

この引用において，いわゆる密教的な仏教の有り様を知るという観点で注目されるのは，苦行僧の存在とその行動であろう．つまり，仏教僧が民衆の指導者として大きな影響力をもっていた，ということである．

つまり，仏教はこの時代決して宗教的に衰えてはいなかった，ということである．それどころか仏教はなお大きな社会的な力をもっていた．その仏教が，どうして亡んだのであろうか．

その答えに近づくことが以下に検討する部分である．

(3)　ナショナリズムへの対応としての神仏習合

『チャチュ・ナーマ』の記述のなかには，積極的にムスリム軍に協力する仏教徒たちの存在が描かれている．一般に，イスラム史料は，パターン化されており，また誇張も少なくない．しかし，本書に関しては，その成立は古く，パターン化されている部分は多くないと推定される．ゆえに『チャチュ・ナーマ』に書かれたことがすべて否定されるべきでもない．たとえば現実のインド社会においてかつて仏教が盛んであった地方や地域に，仏教徒が多く

第 1 章　梵天勧請思想と神仏習合　61

居住するということはインド全土にみられる傾向である．いずれにしても，仏教とヒンドゥー教の関係が，政治的な事情から対立的であった事例を『チャチュ・ナーマ』は提示する．たとえば，カーシムがアラビア海沿いの有名な港湾都市ダイバル攻略の後に向かった，ムジャという町の出来事である．

> この町には人々に尊敬される（仏教）僧と，城の王バジャハラがいた．この王はチャチュの息子ダハルの従兄弟で，チャンドラの子，その名をバジャハラといった．（アラブ軍が攻めてきたことを知り）僧たちは集まって，バジャハラに意見書を差し出した．「私たちは苦行者です．私たちの宗教では，平穏を説き，我々の教義では戦うこと，殺すこと，は許されません．また血を流すことも許されません．（中略）．（この会話の後，強行に戦争を主張する王にたいして降伏を進言する．しかし，これが認められないと勝手に，使者をイスラム軍に送り）我々は農民であり，工芸人であり，商人であり，それぞれ取るに足りないものたちです．そして我々はバジャハラを守るものではありません．そして我々は貴方方に刃向かうものではありません．」このように言って城門を開き，彼らを迎え入れたのであった．そして，王は逃避した．（『チャチュ・ナーマ』）

というような記述である．

　これらの記述は，ヒンドゥー教徒の王を追放し，仏教徒が僧侶を中心として一丸となり，支配者と対決し，ムスリム軍を受け入れた過程を象徴的に示したものである．このとき不殺生戒を盾に戦争を回避しようとする点に仏教徒としての特徴をみる．と同時に仏教徒を弾圧してきたヒンドゥー教の権力者への反発もみられる．

　しかし，それだけであろうか？　かれら仏教徒は，異質なる宗教であるイスラム教にむしろ積極的に近づこうとしているのである．『チャチュ・ナーマ』では，イスラム教へと仏教徒が集団改宗したと記述されている．それは現在のパキスタンのハイデラバード近郊に位置したニールンでの出来事である．

その町の長老的存在の仏教僧バンダルカル・サーマニーが率先して，（ブッダの）偶像寺院の中にモスクを建てて，イスラムの祈りを捧げた．そして，イマームの指示で宗教的な行いがなされた．（『チャチュ・ナーマ』）

　この記述は，仏教僧が率先してムスリム軍を寺に受け入れ，しかもそこをモスクにしてしまったという記述である．

　つまり，仏教徒たちがイスラム教に改宗したことをあらわしている．もちろん，このときに仏教徒たちはイスラムの祈りを受け入れるということの意味を理解していなかったと思われるが，イスラム的視点からいえば，この仏教徒たちがイスラムに改宗したと理解したことは間違いない．また，インドでは仏教寺院やヒンドゥー寺院が，モスクに転用されることは珍しいことではないから，この記述はかなり信憑性が高いと思われる．もちろん，このときにはすべての人が仏教を棄てたわけではない．

　この点を筆者は，前著作で社会学的な考察によって説明した．しかし，仏教徒が，なぜ無防備にもイスラム軍に安易に門戸を開いたのか，という点がどうしても疑問であった．つまり，仏教徒が征服者の宗教を簡単に受け入れたかのような行為がのべられているからである．筆者には，この点がどうしても納得いかなかったのである．しかし，この梵天勧請の教えを改めて，ここに引用すると，仏教の普遍的な戦略として，他の宗教との相利共生関係の樹立のために，相手の宗教を積極的に受け入れる，という伝統行為をおこなった，ということで説明がつくように思われた．

　つまり，イスラム世界の爆発的な展開が，インドに迫ってくる過程でインドの正統派的信仰であるヒンドゥー教徒に宗教的，社会的な危機感が起こり，これがいわば現在でいうナショナリズムを巻き起こし，伝統的にばらばらな状態であったヒンドゥー教の統合とそれによる，護教運動，さらに国家護持意識の高揚を生み，インド全体が急速にヒンドゥー教化していった原因である．

　そのような時代にあって少数派，あるいは異端的存在として圧迫あるいは

第1章　梵天勧請思想と神仏習合　63

弾圧され仏教徒に，反ヒンドゥー教的機運が生まれ，それが仏教徒のイスラム教への積極的な協力関係の構築，そしてイスラムのインドにおける展開を結果的に助けたという解釈である．

　しかし，この解釈をとると仏教は，ヒンドゥー教，さらにはインドをイスラムに売った裏切り者的な解釈となる．つまり，きわめて打算的な宗教という評価が生まれてしまう．

　しかし，梵天勧請理論を基礎とすれば，仏教徒は教えに従って，イスラムを受け入れた，ということになる．つまり，神仏習合理論を応用すると，この後のイスラム教の受け入れも，仏教のヒンドゥー教化現象も説明が容易となる．つまり，結果として，イスラムのインド侵攻，定着に結果に協力することとなったイスラムの受け入れも，ヒンドゥー教化とそれに合わせたように進む仏教の密教化現象も，すべて梵天勧請思想による他者との共生を計るという共通した仏教の自然な行動ということができる．

　ここに仏教の強みである他宗教との前提のほとんど無い親和性，受容姿勢の光と影，その可能性と限界がある，ということである．

(4)　ナショナリズムの危機下の神仏習合の限界

　また，中央アジアの仏教の中心として栄えたバルフのバルマキッド族のイスラムへの改宗も，前述のように同様な理由によるものであろう．というのも，このバルマキッド族は，有名な仏教一族で，ナヴァ・ビハーラ（納縛僧伽藍）の所有者的存在であった．玄奘によれば，この寺院は玄奘が同地を訪れた630年頃，先代王が建立したものとされる[30]．この国は大変豊かであり，当該地域の支配者として代々君臨してきたペルシャ系の王族であったとされる（『新イスラム辞典』）．

　この王族は，イスラム史料では，バルマク家出身のハリード（？）が改宗し，アッバス朝の第2代カルのマンスール（在位754-75）の時代に，地方総監を務めた．その息子のヤフーヤは，のちのカリフハルーン・アル・ラシード（786-809）の教育係，その子はラシードの宰相となり，803年に誅殺される

写真 5 焼けただれた観音像と思われるブロンズ像

まで大きな力を振るった中央アジアの名族である．

このバルマキド家は，前述のとおり，バクトリア地域の名刹ナビ・ハールの寺院長を代々務める同地域の名族であり，ナビ・ハールの後ろ盾として君臨した．

かれらは，イスラムの中央アジア侵出程なくして，イスラムに改宗したのであるが，実はかれらはイスラムに改宗する一方で，仏教文化のイスラムへの導入に大きな役割を果たしたともいわれている．具体的には，ブッダ伝をアラビア語に訳すなどの事業を推進し，また，メッカのカーバ神殿の儀礼に仏教的な儀礼を導入したらしいといわれている．つまりかれらは，イスラムに改宗しつつ，なおそれでも仏教の文化を維持し，イスラムのなかにそれを移植しようとしたのではないだろうか．ある意味で，神（アッラー）仏習合の形態をイスラムに持ち込もうとしたとも考えられるのである[31]．

つまり，かれらの改宗が100％仏教を捨ててイスラムに改宗するというあり方ではなく，神仏習合的な改宗だったと考えられる．つまり，現代的な改宗は，排他的な一神教の基準での改宗であるが，多神教的で，神仏習合型の仏教徒の改宗は，他宗教を受け入れるという改宗であったのであろう．しかし，結果的にイスラムとの神仏習合は失敗し，仏教は消滅する．その過程は，イスラムの執拗な圧力があったこともまた事実である．

いずれにしてもこの点も，ある意味で仏教らしい行為であるともいえる．

つまり，積極的にイスラムを受け入れつつ，自らの宗教もそのなかで共存させようと努力した，ということである．かれらの存在は，イスラム文明形成期に大きな足跡を残した，とイスラム学者も認めている（Bazir, Buddhism in Iran）．

しかし，時代が下り，10世紀末になると，イスラム教徒によるインドや中央アジアへの宗教的弾圧は，激しさを増す．とくに，10世紀末以降の中央アジアのイスラム教徒によるインド侵攻は，苛烈であった．そのために，仏教はほとんど消滅するか，東インドのベンガル周辺や，南インドに移動する．しかし，そのときすでに仏教の多くはヒンドゥー教と混交し，仏教の独自性は寺院などの施設に限られていたようである．その根拠地が，イスラム征服軍に破壊されると，仏教は教団としてはほぼ消滅し，仏教徒は，イスラムとヒンドゥー教のなかに埋没していく[32]．

(5)　日本における神仏習合とその破綻

既述のように日本への仏教の伝播は，まず大陸からの渡来人により入った．その後欽明天皇の時代の公式伝播があり，多少の曲折ののち，聖徳太子の17条の憲法に「この法（仏教のこと）は万の国の極（きわめ）の法」（17条憲法第2条）と記されるように，現代流にいえばグローバルスタンダードと認識され，これを受け入れることとなった，というのが一般理解である．

しかし，神仏習合理論の観点からいえば，従来の理解には大きな見過ごしがある．それは，仏教と神道の関係性をつなぐ重要な出来事，つまり神道の現神であり，祭主である天皇が仏教をどのように受け入れたか，という点である．その点で，日本仏教の父ともいわれる聖徳太子の父君である用明天皇が，天皇として，つまり神道の現神，そして祭主でありながら，仏教に入信（「仏法を信（う）け」『日本書紀』）されたことが，日本における神仏習合のスタートであり，大きな一歩であった，ということを既に指摘した．つまり，用明天皇の存在があったからこそ，それ以後の天皇，皇室以下仏教信仰と伝統的な神道との信仰を相利共生的に考えることができたのである．その結

果，聖徳太子の活躍や聖武天皇（在位724-749）の受戒，僧体の天皇であった可能性が高い孝謙・称徳天皇（749-758，764-770）など，日本的な神仏習合が急速に成立する．つまり古代の日本においては，これもグローバルスタンダードであった仏教の国教化が進行する．とくに，その象徴が東大寺（国家総鎮守）をはじめ多数の国立寺院の建立であり，その寺院には，地域神を勧請し寺内社，逆に既存の神社には神宮寺が建設された．

つまり，神道との共存がはかられ，8世紀の中葉以降日本の寺院には，神仏習合形態が，雪崩を打って普及する．

つまり，神々，天皇以下多くの民衆が仏教信仰を受け入れる．しかし，神仏習合理論の仏教では，これらの神々との相利共生関係を維持し，信仰の根絶や，弾圧をすることはなかった．ゆえに神道は，自らの独自性を維持しつつ仏教の高度な思想や儀礼を習得することができ宗教と共存できた．同様に仏教も，日本的な形態に徐々に変化し，ついには檀家制度による国民皆仏教徒と自認するような仏教国家，仏教体制が成立する．

しかし，一方で民族宗教である神道は，新たな宗教形態である儒教，とくに中国のナショナリズムと密接に結びついた朱子学と融合し，仏教の普遍主義と敵対することになる．それが近代初頭に起こった神仏分離政策とその後の廃仏毀釈運動である．

日本近代の危機的な状況において，神道ナショナリズム思想（国学）による暴力的な攻撃に，仏教はなすすべもなく破壊された．しかし，伝統や民衆の心を無視した狂信的なこの政策と運動はやがて破綻し，仏教は壊滅的なダメージを受けながらも，辛うじて存続し，今日にいたる．

とはいえ，明治初期の廃仏毀釈のすさまじさは，日本中の仏教寺院の多く，当時の記録では46万（あるいは26万）の寺が，ほとんどゼロになったといわれている．有名な興福寺などは，明治30年代の復興まで無住という状態で，現在国宝の五重塔は25円で売りに出されたのである．

当時の新聞には，狂信的な神道主義政府といえる明治新政府による神仏分離政策と廃仏毀釈運動による仏教施設の破壊や仏具，什器，さらには民家に

写真 6 地方の毀釈された仏像

おける仏壇仏具，石塔，位牌から仏教儀礼の多くが破棄された．しかし，その最大の損失は，仏教という宗教への信頼であり，それを支える文化の毀損である．この時期を境に日本の仏教は大きく変化したのである．その様子は，『神仏分離資料集』に生々しい記録として記されている．また，筆者の個人的な調査でも明治までの 1000 年以上にも及ぶ仏教と神道との相利共生の関係が，もろくも破れた事情がたくさん記録されている．未だに地方に行くと，その事件そのものはほとんど忘れ去られているが，当時の被害の大きさを示す傷跡は各所に見出せる．

おわりに

筆者はかつて仏教の衰亡という大きなテーマを掲げ研究をおこなった．その目的はわれわれの 3〜4 代前の先祖が，なぜ 1000 年以上にわたり築いてきた仏教と神道との関係をあのように簡単に破壊しえたのか，また仏教はそれをなぜ座視したのか，その点に大きな興味があり，インド仏教の衰亡から

はじめたのである。それは，一般に説明されるような仏教非合理（迷信の類い），僧侶の腐敗というような説明にたいして充分に納得することができなかったからである．

　その点，今回の梵天勧請の教えを中心に，仏教が自己のなかに他の宗教をそのままの状態で抱え込み，相利共生関係を築くことで世界に平和裏に広がり，その結果内包した他者によって内部から破壊される構造をもっていた，ということが根本的に仏教の衰亡に結びつく，ということに考えついたというわけである．

　とはいえ，改めて武力をもたず人間の理性や良心に訴えかける仏教の宗教的な根本姿勢は，人びとの心，階級，民族，国家間の分断が進む21世紀にあってその価値が再び注目されつつある．とくに，アメリカでは科学と親和性の高い仏教が，「マインドフルネス」というかたちで急速に普及しつつあり，また仏教の平和思想への共感が急速に高まっている，といわれている．

　いずれにしても対立と憎悪の関係が再び世界を動かす原動力となりつつある昨今，異なる他者を受け入れ，自己犠牲を厭わず，平和裏に共生関係をもとうとする仏教の教えは，両評価する意義があるのではないだろうか．

1)　詳しくは保坂俊司（2018a）「仏教における平和思想の原型の研究」（『中央大学政策文化研究所年報』第21号）中央大学政策文化研究所，23-40頁.

2)　保坂俊司（2013）「平和思想としての寛容思想の可能性について」（『中央大学政策文化研究所年報第16号）中央大学政策文化研究所，3-23頁参照.

3)　保坂俊司（2013）「イスラームと大乗仏教」高崎直道監修『シリーズ大乗仏教』10巻，春秋社，参照.

4)　前掲書.

5)　保坂　前掲書（2018a）「仏教における平和思想の原型の研究」参照.

6)　ただし，これは教団という社会組織を中心に論じる場合であり，思想的な融合は，その限りではない．詳しくは，保坂俊司（2016a）「仏教とイスラームの連続と非連続―多神教徒との共存可能性をインドのスーフィズム思想に探る」梅村坦編著『中央ユーラシアへの現代的視座』（中央大学政策文化総合研究所研究叢書21）参照.

7)　詳しくは保坂（2018a）「仏教における平和思想の原型の研究」参照.

第 1 章　梵天勧請思想と神仏習合　69

8)　保坂（2018b）『グローバル時代の宗教と情報─文明の祖型と宗教』北樹出版，参照．

9)　ラッセル（1970）（市井三郎訳）『西洋哲学史』みすず書房，など．

10)　保坂　前掲書（2018b）の関連項目参照．

11)　中村元（1995）『仏教美術に生きる理想』（中村元選集）春秋社．

12)　保坂　前掲書（2018b）参照．さらに保坂俊司（2006）『国家と宗教』，同（2006）『宗教の経済思想』（光文社新書）に関連した事項がのべられている．

13)　保坂俊司（2004）『仏教とヨーガ』東京書籍．

14)　柳父章（1982）『翻訳語成立事情』岩波書店，飛田良文他『明治のことば辞典』東京堂出版．

15)　梅原猛（2008）『戦争と仏教』文春文庫，27 頁．

16)　平川彰（2011）『インド仏教史』（春秋社）においても，山口益博士のことが強調されているが，この教えの宗教的な意義には深く触れていない．最近では，佐々木閑・宮崎哲弥（2017）『ごまかさない仏教』（新潮社）で扱われている．ただし，従来の梵天勧請の視点の延長である．本章と近いのは，橋爪大三郎ほか（2013）『ゆかいな仏教』（サンガ新書）の指摘である．

17)　この阿含経典にあらわれる梵天勧請に関しての詳しい文献研究は坂本純子氏（坂本（1992）「梵天勧請の原型」（『印度学仏教学研究』第 41 巻）日本印度学仏教学会，474-469 頁などを参照）が綿密に検討されているので，それらを参考にされたい．

18)　保坂　前掲書（2004）『仏教とヨーガ』．

19)　中村元（1969）『ゴータマ・ブッダ』（中村元選集）旧版，春秋社，192 頁以下）．

20)　なお，文化剥離については比較文明学の考え方であり，詳しくは伊東俊太郎（2008）『比較文明論』Ⅰ，Ⅱ（伊東俊太郎著作集）麗澤大学出版会，保坂俊司『インド仏教はなぜ亡んだのか』北樹出版．

21)　現在の南方仏教の各地は，歴史的には大乗仏教との混交があり，純粋な上座部仏教とはいえないが，かれらはブッダ像を原則認めない．しかし，当該地域の民族信仰とは融合している．

22)　中村元の一連の研究．とくに中村（1994）『原始仏教から大乗仏教へ』（決定版中村元選集第 20 巻）あるいは同（1994）『空の論理』（同 22 巻）春秋社を参照．

23)　文明と文化剥離に関しては，伊東俊太郎（2013）『比較文明』（新版 UP コレクション）を参照．また，ミリンダ王に関しての研究は，今後他の機会に筆者も比較文明論や文明融合の事例研究として研究成果を発表するつもりである．ミリンダ王に関する研究文献は，中村元『インドと西洋の思想交流』（決定版中村元選集 19 巻）春秋社，さらに中村元・早鏡生（1963）『ミリンダ王の問い』（東洋文庫 27）平凡社，参照．とくに第 1 巻には，中村先生の膨大な文面と，

文明論的な考察が加えられている.

24) この点に関しては，文献的には膨大なものがある．中村元（1998）『インドと西洋の思想交流』（決定版中村元選集第 19 巻）春秋社には，多くの文献が，あげられている．これに加えるに新しい文献としては小松久男編（2000）『中央ユーラシア史』（世界各国史）山川出版社．考古学からは加藤九祚（2002）『ウズベキスタン考古学新発見』東方出版．同（2013）『シルクロードの古代都市』（岩波新書）.

25) この傾向を憂いたのが中村元であり，筆者は微才であるが先生の学風を継承している，と考えている.

26) 比較文明に関しては，伊東俊太郎（2009）『比較文明論 I・II』（伊東俊太郎著作集第 7・8 巻）麗澤大学出版会，を参照.

27) 『新イスラム事典』（2002）（平凡社）の仏教の項目（森本公誠）参照.

28) Mostafa Vaziri, "Buddhism in Iran" Palgrave Macmillan, 2012, pp. 89-109.

29) 家永三郎ほか（1967）『日本仏教史 1』法蔵館.

30) 玄奘（1971）（水谷真成訳）『大唐西域記』平凡社.

31) M. Vaziri には，とくにイランのイスラムへの仏教の影響が検討されている．シーアには，仏足石に当たるイマームの足跡石（Qadamgah）信仰などさまざまな文化が紹介されている.

32) ベンガル地域の仏教の最後の姿に関しては保坂俊司（2008）「ベンガル仏教の衰亡報告」『大法輪』大法輪閣，参照．しかし，このあたりの経緯に関しては，未だに不明な点が少なくない.

参 考 文 献

石井米雄（1991）『タイ仏教入門』めこん選書.

ケネス・タナカ（2010）『アメリカ仏教』武蔵野大学出版会.

嶋田襄平ほか（2002）『新イスラム事典』平凡社.

辻善之助・村上専精ほか編（2001）『新編明治維新神仏分離資料集』（名著出版）.

逵日出典（2007）『八幡神と神仏習合』講談社現代新書.

中村元『決定版中村元選集』（全 32 巻）（『仏教美術に生きる理想』，『ヨーガとサーンキヤ』，『空の論理』など）春秋社.

中村元編（1989）『岩波仏教辞典』岩波書店.

森祖道（2015）『スリランカの大乗仏教』大蔵出版.

義江彰夫（1996）『神仏習合』岩波新書.

R. M. Cimino (1994), "Ancient Rome and India", New Delhi: Munshiram Publishers.

第2章

共生の試みに関する一考察
──インドネシアの宗教と社会──

加 藤 久 典

は じ め に

我々は，これ以上グローバリズムという偽りの歌にこの国，この国の人々を明け渡すことはないだろう[1]．（We will no longer surrender this country, or its people to the false song of globalism.）

これは，2016年4月アメリカ合衆国の大統領をめざして選挙戦を戦っていたドナルド・トランプが演説のなかでのべた言葉だ．そしてトランプは高らかに「アメリカニズムはグローバリズムに取って代わらなければならない[2]」と宣言し「アメリカ第一」のスローガンのもと，選挙戦を勝ち抜き2017年1月に世界の超大国であるアメリカ合衆国の大統領に就任した．トランプ大統領に代表される自国中心主義は，世界の潮流になりつつあるといってもよいのかもしれない．

たとえば，難民受け入れに積極的だったドイツのメルケル首相が党首を務めるキリスト教民主同盟は，2018年10月のヘッセン州選挙で敗北を喫し，移民受け入れに反対する極右政党であるドイツのための選択肢は得票率を12％まで伸ばし，はじめて州議会入りを果たした[3]．それに先立ちドイツの

ための選択肢は，2017年のドイツ連邦下院選挙で13％の得票を得て，第3党に躍進した[4]．イギリスでは，2016年にEU離脱の是非を問う国民投票で賛成派が勝利し，イギリス至上主義者が多く存在することが明らかになった．スペインでも2019年4月におこなわれた総選挙で多文化主義に反対し，移民排除を訴える極右政党のボックスがはじめて24の議席を獲得するにいたった[5]．

　こういった政治的な排他主義の台頭と呼応するように，東西冷戦後に目立ってきたのが宗教に根差す人類の分断ではないだろうか．つまり「イスラーム世界対非イスラーム世界」の対立だ．十字軍の歴史を背景にして，そもそも西側諸国ではイスラモフォービア（イスラーム恐怖症）が根強い．イスラームを暴力と結びつけてメディアで報じられることも多い[6]．とくに2001年にアメリカ合衆国で起きた9.11事件後は，アメリカ国内でイスラームが野蛮な宗教であるという印象をもつ者が多くなったという指摘もある[7]．イスラームにたいする恐怖と懐疑はアメリカ合衆国国内にとどまらず世界的に広がりをみせているといってもよいかもしれない．これは，2014年8月にカリフ制を宣言したイスラーム国によっておこわれた多くの殺戮が全世界にメディアを通して報道されたこととも無関係ではないだろう．

　しかしながら，イスラーム国や9.11などのテロリズムからイスラームという宗教を理解しようとすると誤謬を犯すことになる．排他的な暴力主義がイスラームの根本にあると結論づけることは，情報の伝達や人の動きが地球規模でおこなわれるグローバルな時代に，文化や宗教，思想が異なった者たちがこの"グローブ"でどのように存在していくのかという問いを放棄し，人類共存の可能性を検証することなく否定することにもつながる．他の宗教がそうであるように，イスラームのあり方も地域や時代によって異なる．そういったイスラームの多様性に目を向け，イスラームという宗教の包括的な理解に努めることは，偏狭な独善主義を排する有効な手段になりうるのではないだろうか．

　本章では，約2億人という世界でもっとも多いムスリム人口を抱える東南

アジアのインドネシアを例にとりながら，イスラームのあり方について考えてみたい．インドネシアはイスラームの大国として知られているが，宗教的観点からするとむしろ多宗教国家ということができる．イスラーム伝播以前に広く信仰されていたヒンズー教や仏教の影響は，その歴史上インドネシアから完全に排除されることはなかった．7世紀から13世紀頃にスマトラ島を中心に栄えたシュリヴィジャーヤは強大な仏教王国であったし，8世紀に中部ジャワに興ったシャイレンドラ王国は，現存する単体の仏教遺跡としては最古で最大のボロブドゥール寺院を建立した．同じく，中部ジャワに残るプランバナン遺跡群は，ヒンズー教が大きな影響力をもっていたことを物語っている．世界的な観光地として知られているバリ島では，インドネシア独自のヒンズー教が根づき，今日までその宗教的伝統を守っている．

　また，植民者や中国から移り住んだ華僑によってキリスト教のプロテスタント，カトリック，儒教ももたらされ現在までその信仰は絶えることがない．こういったいわゆる既成の宗教のほかに，精霊崇拝などの土着信仰も人びとの間では根強く残っている[8]．このように多くの宗教が共存するインドネシアにおいて，最大宗教であるイスラームは一体どのように存在しているのだろうか．多数派宗教として，少数派宗教とどのような関係を保っているのか，土着文化とどのように折り合いをつけているのか．こういった問にたいする答えを模索することは，イスラームと他宗教，または異文化の共存という問題だけでなく，世界の平和の実現という観点からも重要だろう．

1. インドネシアのイスラーム

　東南アジアのインドネシアにおけるイスラームは，中東のそれと異なった様態を示すという考えはこれまで多く提出されてきた．たとえば，ギアーツはインドネシアのイスラームは多様であり，必ずしも「コーラン的でない」と指摘した[9]．一方，ウッドワードなどの歴史家はジャワにおける宗教的儀

礼であるスラメタンなどは，コーランの伝統に則っておこなわれるものであるとのべているが[10]，多くのインドネシアにおけるムスリムが，イスラーム本来の教義には必ずしも合致しない聖人崇拝や土着的信仰をおこなっていることもまた事実である．13世紀終わりには北スマトラにムスリム住人がいたという説もあるが[11]，イスラームがアラブ商人などによってもたらされインドネシアに広がりをみせるのは15世紀になってからだ．

　しかし，前述のようにインドネシアでは民俗信仰やヒンズー教，仏教が人びとの暮らしに深くかかわり，イスラーム伝播以後もこういった伝統が消え去ることはなかった．むしろ，双方が影響をし合いながら共存の道を歩んできたといってもよい．たとえば，中部ジャワに現存するジョグジャカルタのスルタンは，アッラーと庶民をつなぐ存在として認識されている．また，そのジョグジャカルタの北に位置するムラピ山には聖なる存在が住むと信じられている．

　インドネシアのイスラームはこういった土着の伝統に寛容であるということが1つの特徴ということができるだろう．しかしながら，中東に起源をもつイスラームの教義の純粋性に重きをおいていないという現実もあった．それを指摘し，イスラームの改革運動につなげたのが20世紀初頭にメッカでイスラームを修めたアフマット・ダフランだ．1912年にイスラームの純粋性を取り戻すという目標を掲げアフマット・ダフランはムハマディヤ（「ムハマッドの信奉者」の意）というイスラーム団体を設立する．一般にインドネシアにおいてはムハマディヤをそれまでの土着的なイスラームを改革するという意味で近代派と呼ぶ．

　一方，それまでイスラーム寄宿舎学校（プサントレン）を中心にゆるやかにまとまっていたイスラーム法学者（ウラマ）らは，ハシム・アシャリらが中心になって全国的に組織化した団体を立ち上げる．それがナフダトゥル・ウラマ（「ウラマの覚醒」の意：通称NU）である．これらのウラマの多くは，宗教実践において地域性を重視したことなどからムハマディヤの近代派に対して伝統派と呼ばれている．NUは，現在全国最大のイスラーム団体である．

このムハマディヤと NU は，設立当初はその宗教的姿勢の相違が明確になる
こともあったが，スハルト第 2 代大統領の独裁体制が 1998 年に終焉したの
ちは，両団体とも穏健的イスラームの実現をめざし軋轢はほとんどみられな
くなった．ムハマディヤは病院や大学や高校などの教育機関を全国的に運営
し，NU はプサントレンのネットワークを拡充し，同時に大学教育にも力を
入れている．2014 年にイスラーム国の設立が宣言されたときには，そろっ
てその暴力性を非難しイスラームの穏健性を強調する立場を堅持した．ま
た，テロリズムを厳しく非難し，その抑止にかかわる活動も展開している．

　このように近代派と伝統派が混在するインドネシアのイスラームが大きな
岐路に立たされたのは，日本の統治が終結する 1945 年のことだった．イン
ドネシアは，終戦後に独立国家としてどのような体制をとるのかという大き
な問題に直面した．1945 年にすでに国民の大多数がムスリムであったイン
ドネシアでは，シャリーア（イスラーム法）を導入しイスラームを中心に据
えた体制を取るのか，世俗法に則った国家運営をおこなうのかという選択が
迫られていた．実際に 1945 年 3 月に設立されたスカルノをリーダーとする
独立準備調査会が作成したジャカルタ憲章と呼ばれる独立国家の憲法の草案
には，インドネシア語で 7 語からなる「ムスリムは，シャリーアに従わなけ
ればならない」と記されていた．しかし，その草案が発表された 8 月にはそ
の 7 語が削除されていた[12]．つまり，インドネシアは国民の大多数がムス
リムでありながら，シャリーアを国法としない世俗国家としての道を選択し
たのだった．

2. 寛容性構築への試みと綻び

　イスラーム法に則ったいわゆるイスラーム国家にしないという選択の背景
には，インドネシアがこれまでのべてきたように文化的にきわめて多様であ
り，異なった民族や宗教の信者がいる現実のなかでイスラームを国家的アイ

デンティティにすえる難しさがあった．つまり，多宗教の共存という人類的な理想とは別に，新独立国家の統一と維持という現実的な目的があったということだ．インドネシア初代大統領のスカルノが新国家の指針として提唱したのが，現在インドネシアの憲法に明記されているパンチャシラと呼ばれる国家五原則だ．その最初に謳われているのが「唯一神への信仰」（*Ketuhanan Yang Maha Esa*）だ[13]．イスラームにもとづかない世俗国家体制を選択したインドネシアの国家原則のまず第1に強調されているのが，「神」という概念である．その意味で，インドネシアは厳密な意味での世俗国家ではなく，宗教と世俗のバランスをとった中庸の思想に根差した国家ということもできる．

　パンチャシラが国家の統一と維持というきわめて政治的な目的の産物であったとしても，異なる者の共存という観点からみると，それは多数派と少数派の関係を調和によって構築するという社会的発明ということもできるのではないだろうか．インドネシアはこういった共存の思想を「多様性のなかの統一」（*Bhinneka Tunggal Ika*）として国是にしている．この理念は国民に広く共有され，多民族・多文化・多宗教社会のインドネシアの大きな思想的柱となっている．そもそも，*Bhinnkea Tunggal Ika* は15世紀に栄えたヒンズー・仏教王国のマジャパヒト時代の詩人タントゥラルが使った言葉で，「それらは異なるが，それらは同じである」という意味である．

　もちろんこの言葉は，他者がどうであれそれを受け入れるという寛容な心の発露であることは確かだ．インドネシアという多くの民族，文化，宗教が混在する地においては，きわめて有効な概念となりうるだろう．ただこの「他者を受け入れる」という姿勢が軋轢を避けるということのみに傾注し，従属の歴史を生み出したという指摘もある．スハルト政権時代に政治犯として投獄されていた文豪プラムディア・アナンタ・トゥールはその著書のなかで，他者に対する受動的な態度が従属的な個人を生み出し，結果的に植民地支配を肯定する結果につながったと批判している[14]．時代は異なるが，その思想と作品が共産主義的であるとして投獄されていたプラムディアが，独裁政

治をも受け入れてしまう人びとの思想や態度に疑問を呈していると考えることができる．「異なった者の共存」という社会通念上正しい理念を大義名分として，不条理を正当化してしまう危険性があるということは忘れてはならないだろう．

　このような「多様性のなかの統一」という理念そのものが含有する問題とは別に，異なった者が共存し調和ある社会を構築するという理念が揺さぶられる事件が2016年に起きた．それは，当時ジャカルタの知事を務めていたキリスト教徒（プロテスタント）のバスキ・チャハヤ・プルナマ（通称アホック）が選挙運動においてコーラン「信ずる人々よ，ユダ教徒やキリスト教徒を友としてはならない．……」（第5章51節）を引き「その教えが使われて（誰かに）騙されることがある」と発言したことが，コーランを侮辱したとしてムスリムから大きな批判を浴びた[15]．アホックを糾弾する運動は日増しに激しくなり，2016年12月2日には，ジャカルタの独立記念広場に数十万人が集い反対集会を開催した．アホックは翌年の知事選挙に敗れ，宗教侮辱罪に問われ収監されることになった[16]．

　このアホック事件に関しては宗教以外の政治的，社会的要因も考えられるが[17]，少数派中華系キリスト教徒であるアホックにたいする反発が根強くインドネシア社会に存在することを露呈したといえる．少なくとも，宗教的少数派であるということが反アホック運動の錦の御旗として機能したということができるだろう．異なった者同士が共生するために必要な寛容性は，インドネシアにおいてはパンチャシラや多様性のなかの統一という公式な理念として提出される一方で，現実社会において時としてその脆弱性を露呈することがある．また，他者を盲目的に受け入れるというきわめて従属的な態度を生み出す可能性を秘めているともいえるのだ．こういった現実を踏まえたうえで，共生に関して多数派であるイスラーム，とくに国内最大のイスラーム団体であるNUはどのような態度をこれまで取ってきたのだろうか．また，今後どのような姿勢で多文化・多宗教社会に臨むのだろうか．

3. NU と少数派

　NU は，社会的，政治的にこれまでも大きな影響力をインドネシアに及ぼしてきた．先にのべたインドネシアの憲法の草案作りにスカルノらと加わったのが，NU 設立者のハシム・アシャリの息子であり，のちに宗教大臣となったワヒド・ハシムであった．また，ワヒド・ハシムの息子であるアブドゥルラフマン・ワヒド（通称グス・ドゥル）は NU の議長を 1984 年から 1999 年まで務めたあと，インドネシア共和国第 4 代大統領[18] に就任した．グス・ドゥルは NU 議長時代，大統領時代を通じイスラームと他宗教との融和を優先課題として活動をおこなった．少数派の保護の重要さをつねに強調し，穏健派イスラームの代表として国内外から大きな評価を受けた．イスラームは，ムスリム 1 人 1 人の問題であって国家がシャリーアをもって規定するものではない，との考えから世俗国家体制を支持し，また「インドネシアにはインドネシアのイスラームを」との考えから，イスラームと土着文化のつながりを否定することはなかった．

　インドネシアの歴史をみると，多数派であるムスリムが少数派である他宗教の信者にたいして脅威となった事実もある．たとえばスハルト大統領が辞任した 1998 年にはジャカルタをはじめとして全国各地で，それまでスハルトと経済的に強い関係を保っていた華僑が攻撃の対象となり，多くの非ムスリムが犠牲になった．とくに被害が甚大だったのが，ジャカルタの華僑の居住地区であるグロドックであった．その際に，少数派の保護と宗教の共存を強調し，破壊行為，暴力行為に走るムスリムを強く戒め，インドネシアの多様性を維持するために努力したのがグス・ドゥルだった．

　その後，グス・ドゥルは大統領在任中にそれまでスハルト時代に禁止されていた華僑文化を解放するなどインドネシアの民主化と多宗教社会の発展と維持に貢献したといえるだろう．しかし，その一方で自らが尊敬の対象であるウラマであることから，側近などの意見に耳を傾けないという"非民主的"

な一面もあり政権運営は順風満帆ではなかった．また，イスラエルとの国交正常化を唱えるなど，強硬派ムスリムからの反発も強かった．くわえて大統領としての執務に関しても，当時ほぼ盲目であったことなどから書類などの扱いが不適切であることも多く，資金に関する不明瞭さを追及され任期途中で大統領の座を去ることになる．しかし，2009年の死去に際しては，国葬が執りおこなわれ多くの国民が参列した．東ジャワにあるグス・ドゥルの墓には，それ以来参拝者が絶えることはない．インドネシアの伝統を維持しながらイスラームを他宗教と共存させるというグス・ドゥルの考えは，多文化・多宗教社会のインドネシアに大きな指針を与えたということができる．

　こういったグス・ドゥルの考えを継承するように，NUは2015年に全国的に注目を集める宗教運動をはじめた．いわゆるイスラーム・ヌサンタラである．これは，中東とは文化を異にするインドネシアを含む東南アジア地域のイスラームにこそその教えの本質があるとして，とくに異なった宗教や土着の伝統にたいする寛容性を重要視する宗教運動だ．以下でこのイスラーム・ヌサンタラを例にとりながら，異なった宗教や文化の共生について考えてみたい．

4.　イスラーム・ヌサンタラの試み

　「ヌサンタラ」というのは「ヌサ」と「アンタラ」という古代ジャワ語の合成語で，前者は「島」を後者は「向かい」を意味する．つまり，イスラーム・ヌサンタラとは，「向かい合った島々のイスラーム」という意味である．厳密にいうと，イスラーム・ヌサンタラは，現在インドネシアの領土である島々のみではなく，マレーシア，シンガポール，南フィリピンを含んだ地域を指すことになる[19]．こういった地域の土着性を否定しないというのがイスラーム・ヌサンタラの本質だということができる．

　NUはとくにインドネシア地域の土着文化や伝統に重きをおいている．イ

スラーム・ヌサンタラを推進する NU の指導者は，インドネシア地域に残る
独自の「イスラームの伝統」の重要さを強調している．ファフルディンは，
中東のイスラームにはみられない信者が集って共にコーランを唱和するタフ
リランという儀式は，NU の伝統として長く続いており，また，農村地域で
住民が集って食事をするスラメタンという祝祭もインドネシアのイスラーム
と結びついた伝統として重要であると説明している[20]．NU の議長を務める
サイド・アキル・シラジも「イスラーム・ヌサンタラから発し，インドネシ
ア共和国の統一と伝統文化，そして豊かな自然を維持する」とのべて，イス
ラーム・ヌサンタラとインドネシアの関係の深さを強調している[21]．

　しかしながら，NU はイスラーム・ヌサンタラがインドネシアに生まれた
新しいイスラームであるという立場を取っているわけではない．むしろ，イ
スラームの本質的な価値や伝統とのかかわりが強調されている．インドネシ
アにイスラームを広げたといわれている 9 人の聖人（ワリ・ソンゴ）は，ム
ハンマドの子孫にあたり，このワリ・ソンゴがイスラーム・ヌサンタラの基
礎を築いたとしている[22]．こうしてイスラームの純粋性を強調することで，
イスラーム・ヌサンタラが決してイスラームの亜流ではないと主張している
のだ．

　イスラーム・ヌサンタラの信奉者は，先にのべたスラメタンやタフリアン
のほかにも，スカテンと呼ばれるムハマッドの生誕を祝う行事や，豊穣を祈
るスドゥカ・ブミと呼ばれる儀式をおこない，犠牲祭に山羊ではなく水牛を
供えるなど，イスラーム教義の純粋性という観点からは，逸脱したような行
事や行為を受け入れる．しかし，これらは宗教がそれぞれの地域やその時代
に影響を受けて有機的に展開するということの明らかな事例としてみること
が可能ではないだろうか[23]．イスラーム教義の神学的な純粋性はコーラン
やハディースのなかに求めることが可能だが，イスラームを信仰する者たち，
ムスリムはその地域に伝わる伝統を取り込みながらイスラームを実践してい
るというのが現実だろう．ナイポールは，「宗教的あるいは文化的な純粋性
などというものは原理主義者の幻想にすぎない」[24]とのべているが，イス

ラーム・ヌサンタラは，地域の文化を受け入れることにより，イスラームが時空を超えて発展してきたことの事例とみることもできる．そしてこの発展は，異文化を否定しないという視点から人類の共存に1つの指針を与える宗教のあり方ということもできるだろう．

5. イスラーム・ヌサンタラの曖昧さ

このように，イスラーム・ヌサンタラの特徴の1つが土着文化に寛容で，ムスリムの宗教実践に地域性を取り込んでいることは事実である．しかし，イスラーム・ヌサンタラが社会的少数派を保護する理念となりえているとはいえない．まず，NUはイスラーム・ヌサンタラがスンニー派によるものであることを明確に宣言しており，シーア派を排除するような態度は示していないものの，積極的に受け入れる態度も取っていない．また，イスラームの少数派グループで，往々にして攻撃の対象となるアフマディヤにたいしても，その存在を支持する立場ではない．

シーア派やアフマディヤにたいしては，イスラーム・ヌサンタラを推進するNU内部で物理的な攻撃などは論外であるという考えは共通しているが，統一見解が示されるまでにはいたっていないのだ．アフマディヤをイスラームと認めないとする考えを示しているNU幹部が存在する一方で，アフマディヤの信者をムスリム同胞として受け入れるべきであるとする活動家も存在する．こいうった神学的論争を引き起こす可能性がある繊細な問題については，イスラーム・ヌサンタラの推進者は意識的にその見解を曖昧化している傾向があるようだ．イスラーム・ヌサンタラ運動より以前，イスラーム自由主義運動を展開したNUの活動家ウリル・アブシャー・アブダラらが，アフマディヤやシーア派を積極的に認め，スンニー派ムスリムとの共存を訴えた際に，NU内外から大きな批判を浴びたことがあった．このことを考えれば，イスラーム・ヌサンタラ運動がNUという巨大な組織として最大限妥協でき

る寛容性を提示しているということがいえるのではないだろうか.

また，イスラームと他宗教の関係についてもイスラーム・ヌサンタラの特質をみることができる．イスラームの大前提として，イスラームはすべての宗教のなかでもっとも優れていると考えられている．このことが即他宗教の排斥につながるわけではないが，そこにはつねにイスラーム優越主義ともいえる態度をみることができる．教義として否定することが許されないこのイスラームの至上性について，イスラーム・ヌサンタラの信奉者たちは明確に宣言することをためらう傾向がある．イスラーム・ヌサンタラを信奉するNUの知識人の1人に，イスラームと他宗教の優劣について筆者が尋ねたとき「私はイスラームという妻と結婚した．それが答えだ」と答えた．つまり，自分にとってはイスラームが最適で最上の宗教であり，それが他者にとってはそうでないかもしれないということを，他の宗教を否定することなく示唆したのだ[25].

イスラームにとって，宗教的な少数派との関係も重要だが，共生という観点からは社会的少数派をどう捉えるかということも大きな問題となる．たとえば，LGBTといわれる性的少数派たちに対して，イスラーム・ヌサンタラは，どのような態度を示しているのだろうか．イスラームの教義では同性愛は認められていない．この神学的解釈はイスラーム・ヌサンタラ運動を展開するウラマたちにも共有されている．しかしながら，LGBTにたいして統一した見解が提示されているわけではない．たとえば，NUの女性指導者の1人は男性女装者も等しくムスリムとして認められるべきであるという見解を示す一方で，NUの男性幹部はLGBTの人びとはイスラームの教えから逸脱しており，正しい道に導かれなければならないとしている[26].イスラーム・ヌサンタラを推進する者たちは，性的少数派を容認するのでもなく，またその存在を完全に否定するわけでもない．それは，強硬派ムスリムが強制的な矯正やシャリーアによる処罰を訴えLGBTの人びととの共生を拒否する態度とは異なる．イスラーム・ヌサンタラが現状のなかで最大限妥協して曖昧さを残しつつ，社会的少数派の完全排除を避ける方向性を示していることがわか

る．その意味で，性的少数派の社会的認知を実現することが不可能だとしても，イスラーム・ヌサンタラ運動が少なくとも LGBT に人びとのよりどころになることは可能だろう．

6. ムスリムの共生の可能性

　イスラーム・ヌサンタラは概してインドネシアで好意的に受け止められている．穏健派イスラームの雄を自負するインドネシア政府もジョコウィ大統領が実際にイスラーム・ヌサンタラに言及しながら正式に支持を表明している[27]．しかしながら，イスラーム・ヌサンタラを断固として拒否するムスリムも存在する．政府によりカリフ制を目指す宗教姿勢がパンチャシラの思想と相反するとして 2017 年に活動が禁止されたヒズブット・タフリール・インドネシアのイスマイル・ユサントは，そもそもイスラームは 1 つであるべきであって，ことさらヌサンタラを強調する必要はないとの考えだ．つまり，ヌサンタラにおけるイスラームという表現であれば理解できるが，イスラーム・ヌサンタラと固有名詞化することへ疑問を呈している[28]．

　また，シャリーアの制定を目指し活動を続けているハリス・アミール・ファラも，伝統衣装などの着用などの文化的要素を暮らしに取り入れることは問題ないとするが，スラメタンなどはアッラー以外の神的存在を念頭においた行事であるために認められないという[29]．同じくシャリーアの制定をめざすイスラーム団体幹部のアブドゥル・ロヒムも，文化的要素を否定はしないが，タフリアンなどは NU によって作られたインドネシアの伝統であって，受け入れるべきではないという態度を堅持している．また，タウヒード（神の唯一性）という理念も決してないがしろにされるべきではないと考えている．

　これらのムスリムたちは，イスラーム・ヌサンタラを推進するムスリムが"行き過ぎた解釈"によって，イスラームをゆがめていると感じているのだ．

このように，インドネシアのウマット（ムスリムコミュニティー）内においても，大きな溝があることがわかる．この両者の違いは，しばしば穏健派対強硬派として理解される．これは，先にのべた 1945 年のジャカルタ憲章におけるシャリーアのムスリムへの義務化を放棄した歴史にさかのぼることができる．かれらの宗教解釈と社会における態度が異なっていることは明らかだが，そのことからインドネシアにおけるムスリムの共生が不可能だと結論づけるのは拙速に過ぎるだろう．

　イスラーム・ヌサンタラが正式に宣言されて以来，ウマット内の見解や態度の相違は，両者の物理的な衝突を生み出してはいない．先にのべた強硬派のロヒムやファラ，ユサントは暴力主義を否定しており，今後もイスラーム・ヌサンタラを武器をもって攻撃することは考えにくい．かれらが用いる方法は，神学的なディベートだ．両者が双方の解釈を開示しながら議論を深めていくことが続いていけば，少なくとも最終的な武力衝突は起こらない．議論の過程が続くかぎり，ムスリムの共生の可能性は消えることなく両者の間に存在する．イスラームの歴史はこういった解釈の歴史であるともいえるだろう．シャハダ（信仰告白）をおこなったムスリムは同胞であるという考えが，この両者に働きかけることができれば，この「議論の過程」は継続していくのではないだろうか．

おわりに

　世界全体がそうであるように，インドネシアには"異なった人びと"が存在している．宗教や文化の違い，ムスリム同士のイスラームにたいする態度や考え方の違い，性的アイデンティティーの違いなどを持った人びとが混在している．そのようななか，*Bhinneka Tunggal Ika*（多様性のなかの統一）という国是のもと，すべての国民が共生できる社会を作るための努力はさまざまなかたちでおこなわれている．しかし，これまでみてきたようにそのすべ

てがうまく機能し，人びとの間に軋轢がなく理想的な社会がインドネシアに実現されているわけでもない．多くの場合，「共生の試みの過程」が続いている．

この過程のなかに人類全体に応用できるような人びとの共生の鍵がみえてくる．まず，宗教が時空を超えて存在するとき，宗教そのものが有機的に地域文化に即して展開していくということ．このことを理解し受け入れることは宗教を社会における共存のメカニズムとして機能させることにつながるだろう．インドネシアの場合はそれをイスラーム・ヌサンタラと名づけて，国民に自覚を促そうという努力がおこなわれている．

次に，その宗教の純粋性から逸脱したとみなされる儀礼や習慣にたいして拒否する態度を取る信者も多くいる場合の対処の仕方だ．インドネシアではイスラーム・ヌサンタラを受け入れるムスリムと否定するムスリムの考え方の違いは大きい．しかしながら，暴力による解決を意図しないかぎり，健全な神学的・文化的議論を継続することは可能である．「共生の試みの過程」は消滅することはない．

また，神学的に不可侵で繊細な問題に関しては，究極的な判断を下さずに敢えて議論を深めず社会的共存をめざすということ．これは，イスラーム・ヌサンタラにおける LGBT に対する態度からうかがい知ることができる．シャリーアによって LGBT を処罰するのではなく，神学的な誤謬は認めたうえで，ムスリム本来のあり方を提示していく．その過程を重視することによって，現状において究極的な判断や行動を避けることができる．この判断を先延ばしにするということは，異なった者との共生における1つの英知かもしれない．

LGBT の人権や宗教的少数派の人権が侵されることがないように，社会において保護され，真の平等性が実現されることが理想であると考える者にとっては，そのあり方が時として曖昧だという評価につながることもあるだろうが，少なくともインドネシアでは，こういったあえて決着をつけず，継続していく方法で人びとの共生の道を探っているといえるだろう．

付記　本章は科学研究費基盤研究（C）研究課題番号 16K02004 の助成を受けています.

1) https://www.youtube.com/watch?v=EOyma_8dFm0（2019 年 7 月 13 日最終アクセス）

2) https://www.youtube.com/watch?v=dYgY6QUulP4（2019 年 7 月 13 日最終アクセス）

3) https://www.bbc.com/japanese/46014173（2019 年 7 月 13 日最終アクセス）

4) https://www.newsweekjapan.jp/kimura/2017/09/94.php（2019 年 7 月 13 日最終アクセス）

5) https://www.bbc.com/news/world-europe-48081540（2019 年 7 月 13 日最終アクセス）

6) Gottschalk, P. and Greenberg, G. (2008), *Islamophobia*, p. 10.

7) Ibid, p. 43.

8) インドネシアではイスラーム, プロテスタント, カトリック, 仏教, ヒンズー教, 儒教の 6 つの宗教が政府によって「公式」に認められている. 他の土着宗教は「文化」として捉えられている. しかし, 2017 年には, 憲法裁判所は上記以外の土着宗教も正式に宗教として国民の ID カードに明記されるべきであるとの判断を下した. Jakarta Post 7th November: https://www.thejakartapost.com/news/2017/11/07/constitutional-court-rules-indigenous-faiths-acknowledged-by-state.html（2019 年 7 月 13 日最終アクセス）

9) Geertz, Clifford (1971), *Islam Observed*, p. 12.

10) Woodward, Mark (2011), *Java, Indonesia and Islam*, p. 136 .

11) Legg J. D. (1964), *Indonesia*, p. 44.

12) 永井重信（1986）『インドネシア現代政治史』, 23-25 頁.

13) イスラームやキリスト教などの一神教においては,「唯一神への信仰」はその教義と合致するが, ヒンズー教や仏教は多神教であり, 唯一という概念と齟齬が生じてしまう. しかしながら, 仏教であれば開祖のゴータマ・ブッダやヒンズー教における最高神などをそれぞれの宗教の唯一神として理解している.

14) プラムディア・アナンタ・トゥール　押川典昭訳（2007）『ガラスの家』めこん　参照.

15) Kato, Hisanori (2017), "The Challenge to Religious Tolerance?", *Comparative Civilizations Review, No. 77*, pp. 77-89 参照.

16) 2019 年 1 月に刑期を終えて釈放された.

17) Kato, Hisanori (2017), pp. 84-85.

18) 在任期間は 1999 年 10 月から 2001 年 7 月まで.

19) Baso, Ahmad (2017), *The Intellectual Origins of Islam Nusantara*, pp. 2-3.

20) Jakarta Post, 24 July, 2015; Kato, Hisanori (2018), "Religion and Locality", in

Filedwork in Religion Vol. 13 No.2, pp. 151−168 参照.

21) Ibid., p.157.

22) Baso, op. cit., p. 10.

23) Kato, Hisanori (2002), *Agama dan Peradaban*, p. 306; Kato, Hisanori (2011), "Social Demand and the "Clash of Ijtihad", in Kato, Hisanori (ed.), *The Clash of Ijtihad*, p. xv.

24) ナイポール, V. S. (2001) 斉藤兆史訳『イスラム再訪〈上〉』, 86頁.

25) Kato, Hisanori (2018), p. 166.

26) Ibid.

27) Ibid., p. 158.

28) Ibid., p. 160.

29) Ibid., pp. 159−160.

参 考 文 献

ナイポール, V. S. (2001) 斉藤兆史訳『イスラム再訪〈上〉』岩波書店.

永井重信 (1986)『インドネシア現代政治史』勁草書房.

Baso, Ahmad (2017), *The Intellectual Origins of Islam Nusantara*, Jakarta: Pustaka Afid Jakarta.

Geertz, Clifford (1971), *Islam Observed*, Chicago; The University of Chicago Press.

Gottschalk, P. and Greenberg, G. (2008), *Islamophobia*, Maryland: Roman & Littlefield Publishers.

Kato, Hisanori (2002), *Agama dan Peradaban*, Jakarta: PT. Dian Rakyat (ed.), *The Clash of Ijtihad*, Delhi: ISPCK, 2011.

―――― (2011), "Social Demand and the "Clash of Ijtihad", in Kato, Hisanori (ed.), *The Clash of Ijtihad*, Delhi: ISPCK, pp. xi−xxxvi.

―――― (2017), "The Challenge to Religious Tolerance?", Comparative Civilizations Review, No. 77, pp. 77−89.

Legg J. D. (1964), Indonesia, Englewood Cliffs: Prentice-Hall.

Woodward, Mark (2011), *Java, Indonesia and Islam*, London: Springer.

〈新聞〉

Jakarta Post.

第3章

長谷川如是閑と老子

新 美 貴 英

は じ め に

　本章では，ジャーナリスト・長谷川如是閑（1875-1969年）による老子論
を取り上げる．取り上げる理由は2つある．1つは，今後到来が予想される「ア
ジアの世紀」において，中国古典思想がますます重要になると思われるから
である．もう1つは，長谷川如是閑の中国古典思想研究，なかでも老子論が，
アジアにおけるリベラルな秩序構築に向けての手がかりになる可能性を秘め
ているからである．西洋で発達した自由主義や民主主義といった普遍的な価
値観をアジアで根づかせるうえで，如是閑の老子論は，有用な資料になりう
ると考えられる．

　21世紀は，「アジアの世紀」になるといわれている．たとえばアジア開発
銀行が2011年に発表したリポートでは，2050年までに世界のGDPに占め
るアジアの構成比は52%にも達し，産業革命以前の支配的な経済的地位を
アジアが取り戻すと予想されている[1]．そのアジアの国々のなかでも，とり
わけ力をもつのは中国であろう．現在の傾向が続けば，中国は経済・軍事・
政治において圧倒的な力をもつ東アジアの覇権国になる可能性が高い．少な
くとも当面の間，中国の影響力が急減することは無さそうである．

その中国で，今日でも重視されているのは，中国古典思想である．現代中国の政治指導者も，中国古典思想に度々言及している．たとえば習近平国家主席は，演説や著作のなかで，中国古典を頻繁に引用することで知られている．中国の政治指導者たちのあいだでは，現在でも中国古典思想は教養として重視されており，その姿勢は今後も変わることはないであろう．そうであるならば，中国古典思想は，今後の国際秩序に少なからず影響を及ぼしていくことになる．現代政治の観点からも，中国古典思想は注目されるべきである．

中国古典思想のなかでも，今回は老子を取り上げる．老子は，二千数百年前に書かれたといわれている．しかし，今日においてもその影響力は大きい．たとえば，習近平国家主席は2014年3月28日におこなわれたドイツでの講演で，老子第61章を引用し，大国が小国の利益を損なってはいけない旨の発言をしている[2]．孔子をはじめとする他の中国古典思想と同様，老子もまた中国の政治指導者が念頭におく思想の1つなのである．

老子に関する研究はこれまで数多あるが，なかでも長谷川如是閑の老子論は注目に値する．如是閑は，明治から昭和半ばにかけて活躍したジャーナリストである．東京法学院（のちの中央大学）を卒業した後，陸羯南の日本新聞社，大阪朝日新聞社を経て独立し，雑誌『我等』（のちの『批判』）を創刊した．大正時代には，自由主義・民主主義の立場から言論活動をおこなっていた．そのかれが昭和時代に入って没頭したのが，老子研究だった．後述するように，如是閑の老子論は，政治思想としての側面を重視し，為政者に「積極的不作為」を求めることを説くものだった．如是閑は，自由主義，民主主義の価値を充分に評価した言論人だったが，その西洋思想から学んだ普遍的価値を，老子のなかに見出したのである．如是閑による老子論の今日的価値もそこにある．

次節からは，如是閑の老子論を取り上げ，その特徴と，意義および問題点を考察していく．とくに政治思想の視座から，如是閑の老子論に考察を加えていく．他の老子研究者との比較もおこなうことで，如是閑の老子解釈の特

徴に光を当てたい.

　具体的には，つぎの構成をとる．第1節では，如是閑の老子論をめぐるこれ
までの先行研究を紹介し，問題の所在を明らかにする．第2節で，如是閑の
老子解釈の概要を示す．つづく第3節で如是閑による老子研究を，文献を引
用しながら詳細にみていく．そして第4，5，6節で，「社会の発見」との関係，
老子の有用性，日中戦争との関係，という3つの側面から，如是閑の老子解
釈の特徴と意義および問題点を考える．なお，他の中国哲学の専門家たち（津
田左右吉，小柳司気太[3]，鵜澤総明，森三樹三郎，小川環樹，福永光司，浅野裕一，
楠山春樹，池田知久ら）との比較も通して，如是閑の老子解釈の特徴をより鮮
明にしたい.

1. 問題の所在

　長谷川如是閑は，東京法学院（現・中央大学）を卒業したのち，ジャーナ
リストとして活躍した．大正デモクラシー期には，国家主義やファシズムを
鋭く批判する言論活動をおこなった．しかし昭和時代，如是閑は言論人とし
て試練の時を迎えた．満州事変（1931年）以降，日本において自由主義思潮
は後退し，代わりに軍国主義が台頭していった．如是閑自身も，1933年11
月には共産党への資金提供の容疑で中野署に召喚され，特高の取調べを受け
た（共産党シンパ事件）．そして，創刊した雑誌『批判』も終刊を余儀なくさ
れた．この言論人としての試練の時期に，如是閑は老子研究を本格化させて
いくこととなった．その1930年代における如是閑の言論活動にたいしては，
これまで評価が低かった．政治批判から文化評論への転換を，ジャーナリス
トとしての後退とみなされることが多かったからであろう．その結果，如是
閑の老子論についても，重視されてこなかった．代表的な如是閑研究者であ
る田中浩の『長谷川如是閑研究序説』（1989年，未來社）でも，近年の研究者
である古川江里子の『大衆社会化と知識人—長谷川如是閑とその時代—』

（2004 年，芙蓉書房出版）でも，如是閑の老子論は扱われていない．

　しかし，如是閑の老子論は，彼の政治思想を考察するうえで重要である．如是閑の老子論は，老子を「政治学」と定義し，政治的主張を抽出するものであった．その政治的主張の内容は，国家主義的な統治から，人びとの日常生活などを軸とする「社会」を中心とした統治への変革を求めるものであった．すなわち，統治者の側に，社会の再認識を迫るものであった．「無為自化」や「積極的不作為」といった表現を駆使しつつ，国家権力による生活社会への不当な介入を抑制しようとするものだったのである．如是閑による老子論は，大正時代からつづく国家主義批判の延長線上に位置づけることができる．

　如是閑が執筆した老子論の内容は，今日においても多くの示唆に富んでいる．西洋で確立した政治思想を，東洋においてどう受容していくかは，非西洋圏の人びとが直面した大きな課題だった．如是閑の老子論は，その課題を解く手がかりの 1 つとして，重要な資料である．その価値は，今後のアジアにとっても変わらない．くわえて，如是閑の老子研究は，今日の老子研究の専門家からも「尋常のものではない」[4]，「老子解釈の王道であると信じる」[5]といった高い評価を受けている．如是閑の老子解釈は，老子研究の分野にも新たな視点を提供しうると思われる．

　そこで本章では，ほとんどこれまで関心が払われてこなかった，如是閑の老子論を素材とし，如是閑の老子論の独創性と，その具体的内容である政治的主張に光を当てていく．古典研究という体裁をとりつつ，「社会」を主体とした世界秩序への構造改革，帝国秩序の再構築をはかった如是閑の思想的営みを明らかにしていきたい．

　なお，これまで研究蓄積が乏しかった分野であるが，数少ない如是閑の老子論に着目した研究成果として，池田元『長谷川如是閑「国家思想」の研究』（1981 年，雄山閣出版）がある．本書は，如是閑の老子研究における政治的主張を，時代批判，国家主義批判であると解している．たとえば「『村落自治体』への外在的介入によって，『生活』のリズムを乱すことをせず，『生活』その

ものをそのままに生かす政治のあり方を示したものである」[6] と指摘している．この結論に異論はない．本章は，池田元の研究成果をふまえて論を進めていく．

2. 如是閑による老子論の概要

如是閑の老子への関心は，若い頃から高かった．東京法学院時代には，老荘思想と儒教思想を比較し，老子を「社会」の側の思想と規定した論文を山田喜之助（1859-1913年．官僚，政治家．中央大学設立発起人の1人）に提出している[7]．その老子への興味は，1936年出版の著書『老子』に結実していった[8]．

如是閑の老子解釈は，つぎのような特徴をもっていた．

① 老子を「政治学」と定義
② 「社会」に対する不干渉を要求（無為自化主義）
③ 「衆望」政治の重視
④ 政策目標としての「均分平等」の強調
⑤ 小国併合の肯定

如是閑の老子解釈は，上記①，②であげたように，老子を「政治学」（すなわち政治思想）とし，人びとの日常生活などを軸とする「社会」を中心とした政治秩序への変革を迫る点に大きな特徴がある．「無為自化主義」あるいは「積極的不作為」という如是閑の造語に象徴されるように，「国家」の絶対性を否定し，「社会」への最大限の不干渉を原則とする政治を要求しているのである．こうした老子解釈の萌芽は，1920年代初頭の著作でも確認することができる．著書『現代国家批判』（1921年）において，「数千年前の支那人が，『無為にして化する』を政治の極致とした思想は，近くトマス・ジェファーソンが，"The government is best which governs least,"（もっとも少な

94

く政治する政府は最良の政府である）といった思想と共通してゐる」[9] と記し，トマス・ジェファーソンの政治思想と老子の共通点を指摘している．つまり老子が政治思想であり，しかも不干渉を原則とする（自治的な秩序を求める）政治思想だとの見解がこの時期すでにできあがっていたことがわかる．

　ところで，こうしたトマス・ジェファーソンと老子を結びつける如是閑の解釈は妥当なのであろうか．トマス・ジェファーソン研究の清水忠重は，トマス・ジェファーソンが理性と道徳感覚を分けて考え，後者を普遍的かつ社会の原理とみなすことで，人為的な強制や政治的権力を否定的に考える政治思想を導き出したとしている[10]．清水によると，トマス・ジェファーソンは理性と道徳感覚を各々自立した性格のものと捉えていた．理性を打算的，利己的なもの，道徳感覚を利他的，協調的なものと考えたトマス・ジェファーソンは，後者を基礎とした社会を理想とした．その結果生じる社会観の特徴は，「第一に……（中略）……個人主義的なものの見方は出てきにくいということ，つまり共同体的な（あるいは有機体的な）発想になるということ，第二はあらゆる強制力や政治権力に対して否定的な態度がとられやすい傾向をもっているということ，そして第三は多元的な価値観が出てきにくいということ」[11] であったと清水は説明している．とくに第2の特徴については，「人為的な強制力や政治権力を否定して，最小の政治こそが最良の政治であるとする考え方が出てきやすいということである．もし人間本性の中に社会規範が植え込まれているとするならば，そしてこの論議をさらに押し進めて，もしこの社会規範が完璧に機能するものだとするならば，ちょうど蟻や蜂が本能的に調和のとれた集団生活をしているのと同じように，人間の場合もわざわざ人為的な制度をこしらえる必要はなくなってしまうわけで，ホッブスの場合とは逆に制度を作為するという考え方がどうしても希薄になってこざるをえない」[12] と清水は論じている．したがって，作為を排する政治をめざした老子の政治思想とトマス・ジェファーソンの政治思想の共通性を如是閑が指摘したのも，誤った解釈ではないと思われる．なおトマス・ジェファーソンは，共和国の地理的拡張を支持しながらも，区（ウォード）と呼ばれる

小さな地理的範囲での直接民主制による自治的な政治のあり方を理想とした．大国家を想定しながらも，より小さな単位の自治的な社会を基礎とした政治を理想とした老子との思想的共通点も指摘できるかもしれない．

このように，如是閑は老子の政治思想的側面に注目していた．老子論の執筆動機を探るうえでもこの点は見逃すことはできない．如是閑の老子論は，たんなる懐古趣味や古典研究にとどまるものではなかった．現実の政治・外交への強い危機意識のもと，如是閑は老子を論じていたのである．村落自治体（＝「社会」）側の自主，自律，自治的なあり方を理想とし，それを保障する政治体制への変革こそが，如是閑の老子論の核心であった．またその主張には，対中政策を適正化したいという意図も含まれていたのである．

なお，老子を「政治学」と定義し，その政治思想的側面に着目する解釈は，はたして妥当なのであろうか．たしかに後述するように老子の実践的な価値を否定する論者も多いが，政治思想としての価値を見出す研究者も少なくない．たとえば小川環樹は「老子が『天』より『道』を上位におくのは，政治論としては，君主の『無為』を最上の美徳とするためではなかったろうか．つまり，人民に損害を与えることが少なければ少ないほどよい君主だ，と老子はいおうとした．『無為』とは，君主にあっては不干渉を意味する」[13]とのべ，不干渉の政治思想を老子が語っている点を指摘している．浅野裕一もまた，老子の「道」が「無」に帰る法則を忘れない創造主であると定義したうえで，「『老子』の思想はその全体が，道の在り方を体して国家を統治するよう君主に求める，政治思想となっている．道の在り方に則る統治とは，すなわち『無為の治』である」[14]と，老子が無為の治をめざす政治思想であるとのべている[15]．福永光司も，「見落とされてはならない重要な性格は，この書物に全体として顕著な政治的性格である．老子はしばしば政治的人格としての『聖人』や『侯王』について語り，被治者としての『百姓』や『民』について語る．また，聖人の君臨する『天下』について語り，侯王の統治する『大国』や『小国』について語る」[16]とのべ，老子の政治思想に光を当てている．「彼は力を原理とする有為の支配を否定し，さまざまな制度規範

を設けて人民を束縛する作為の政治を否定するのである．彼にとって政治とは，現実の社会に道の無為を実現することであり，生きとし生ける一切のものを，争うことなく害なうことなき上徳の世に安らがせる"無為の為"にほかならなかった」[17]と，老子の政治思想の根本について如是閑同様の解釈を福永は採用している[18]．楠山春樹もまた，老子を政治思想と捉えていた．『中国思想辞典』の解説のなかでは「老子の思想の中心は，むしろ政治処世の術としての無為を説くにあり，形而上の道は，その根拠づけとしての意味をもつものであった」とのべているし[19]，楠山自身の著書のなかでも，「老子は世の為政者に対して権力政治の危険を強く警告している」[20]と記している．そして老子の政治思想の本質は「無為の治」であると定義し，「無為の治とは，まず権力によって拘束せず，恩恵を施すこともない政治を志向するものである．一言でいえば，放任無干渉の統治ということになろう」[21]，と解説している．如是閑が到達した結論ときわめて近い結論を，楠山も採用していたのだった．このように，多くの研究者が如是閑同様，老子の政治思想的側面に注目しているのである．

　上記③，④でもあげたように，村落自治体のそのままの自然的なあり方を保障する政府は，たんに「無為」であればよいとは如是閑はしていない．如是閑は，「衆望」によって成立した政府が，まったく存在感を民衆に感じさせないよう存在しつつ，経済的平等を目的として事業をおこなうべきだとした．生活社会への干渉を排しつつ，所得再分配機能のような政府の一定の役割は肯定したのだった．衆望すなわち民主的に選ばれた政治機構が，強権的な圧迫を国民に感じさせることなく経済的平等実現のために尽力する，という理想社会の青写真は，如是閑が期待した帝国秩序そのものだった．

　ただ，管見のかぎりこれまでの先行研究では言及されてきていないが，如是閑が老子第61章を根拠に，大国による小国併合を肯定していたことにも注目すべきである（上記⑤に該当）．1920年代に如是閑は日本の大陸進出を厳しく批判していた．しかし，1930年代から第2次世界大戦終結までの外交論説では，日本軍の大陸進出を容認した．そのうえで，占領政策の適正化に

注力していったのである．つまり，帝国秩序に小国が組み入れられていくことを肯定したうえで，その帝国秩序を理想的な秩序に変えることを企図したのである．如是閑が言論内容を変えたことは，老子論とも無縁ではない．老子論においては，小国併合の容認を説いていた．老子論において示された小国併合の容認は，現実の対外政策への提言内容と通底しているものだったと考えられる．

次節からは，如是閑の著作『老子』（1936 年）を引用しつつ，如是閑の老子論の具体的内容をみていくこととする．

3. 老子論の具体的内容

1936 年に出版された著書『老子』（大東出版社）は，如是閑の老子に関する研究成果の集大成といえる．

本書のなかで如是閑は，老子に関してはその実在が疑われ，成立過程にもさまざまな議論があるが[22]，老子の思想には「一定の傾向」[23]があり，「出鱈目の混線はない」[24]とする．つまり，老子思想の体系的な理解は可能だとみている．

老子を「政治学」（すなわち政治思想）だと明確に規定している点が，如是閑による老子論の大きな特徴であろう．まず，老子が「政治学」である根拠についてみていく．春秋戦国時代という乱世から秩序を回復するため，「原始的農業社会の自然状態に返ること」[25]が必要であるとした．「村落社会の，自然の秩序の持続を主張したのであるが，……（中略）……それがためには，国家の支配者が，いかに観念し，いかに行動すべきかといふことを説いた」[26]のが，老子だと如是閑はのべる．あくまで対象者は「国家の支配者」というのである．その根拠となる章として，如是閑は老子第 5 章，第 10 章，第 60 章をあげた．

天地に不仁ある，万物をもって芻狗となす．聖人は不仁なり．百姓を以て芻狗となす（老子第5章）

民を愛し国を治め，能く為す無からんか（老子第10章）

大国を治むるは小鮮（小魚）を烹るが如し（老子第60章）

　これらの文言から，政治家の心構えを老子が説いていると，如是閑は判断した．そして，老子を「政治学」[27]（すなわち政治思想）だと定義したのである[28]．如是閑は，老子をアナーキズムと捉えてはいない．上述のように，政治のあり方を老子は熱心に語っている．「老子を虚心平気で読めば，決して国家形態を否定もしてゐなければ，政治を否定しても居ないことは，常識的にも疑へない」[29]と如是閑は考えたのである．

　老子が「政治学」すなわち政治思想であったとして，ではその政治思想は実践可能なものであろうか．後述するように，老子の思想は非現実的であるとみなされることも多い，しかし，老子が非現実的であるとの批判も，如是閑は一蹴している．ユートピア描写とみられがちな老子の「小国寡民」の章（第80章）について，実在する村落の様子を描写したものであり，政治の"規範"を示したものだと解釈した．

小国寡民，什伯の器ありといへども用いざらしめ，民をして死を重んじて遠く移らざらしめ，舟車ありといへども之れに乗る所なく，甲兵ありといへども之を陳る所なく，民をして復た縄を結びて之れを用いしめ，その食を甘しとし，その眼を美とし，その居に安んじ，その俗を楽しみ，隣国相望み，鶏犬の声相聞こゆるも，民老い死に至るまで相往来せず（老子第80章）

　この老子の描いた「小国寡民」の社会は，「支那の社会形態そのものに客

観的根底をもつたもので，全くの現実的の模写」[30] だというのである．そして中国は，元来「この小国寡民的の村落自治体の生活形態をそのままとして，その上に大きい政治形態を形作つてゐる」[31] とし，この実在する「村落自治体」を保存・尊重する政治体制のあり方を老子は語っているのだとのべたのだった．「村落自治体」すなわち「小社会の生活形態」[32] に規範を見出すことで，「社会」中心の政治秩序を老子は求めていると，如是閑は考えたのである．

では，「村落自治体」を規範とする政治とは，具体的にはどのようなものなのだろうか．如是閑は，老子の説く理想的な統治者が「百姓のためにこの生活そのまゝの生活を持ち来すために努力するもの」[33] だとし，その政治のあり方を「無為の政治形態」[34] と表現した．そして，この老子の思想を「無為自化主義」[35] といいあらわしたのだった．

老子の政治思想が「無為自化主義」であることは，老子の「道」論にも反映されているという．老子の「道」について，個人道徳ではなく，「政治規範」[36] であると如是閑は説いた．老子第25章の文言「故に道大なり，天大なり，地大なり，王もまた大なり，域中に四大あり，王その一に居る．人は地に法り，地は天に法り，天は道に法り，道は自然に法る」を引用し，政治主体の「王」の則るものが「道」であり，「道」とは「自然」であるとの筋道を立てた．そして，以下のように，老子の説く「道」＝「自然」は，「無」であると定義し，「無」から生じ「無」に帰る法則に従うことこそが，老子の「道」すなわち「政治規範」だと結論づけた．

　　（第25章の——引用者注）最後の句は，『道』にも亦それに先住する『自然』といふものがあるやうだが，これは『自から然る』という意味で，ギリシヤ哲学初期の『自然』（Phusis）の意味に近いものである．即ち本体又は本質の意味であるが，ギリシヤでは，それは多く万有の元素たる物理的の本体をいつてゐるのである，老子の『自然』は，さういふ物素ではなく，『独立して改めず，周行して殆うからず』（老子第25章——引用者注）

といつたやうな，自律自存の性質をいつてゐるのである．而して自律自
存のものは『無』だけで，『有』は何ものかによつて有らしめられてゐ
るもの故，自存とも自律ともいへない．即ち老子の『自然』は究極する
所，『無』に外ならない[37)]

万有の生命は畢竟仮相に過ぎないもので，その始めと終わりとの『無』
のみが実在であるとすれば，『無』には規範も約束もない筈だが，『無』
から起つて『無』に終るといふ必然性そのものは，万有の生命を絶対的
に支配する理法である[38)]

　この「無」の原理を政治規範とした老子であるが，老子の語る理想の為政
者には，その原則を意識し続けるという高度な"行為"が強いられていると
如是閑は考えた．老子の理想とする政治は，「『無』又は『自然』に則らねば
ならぬ命令」[39)] に従う「要求された一定の態度」[40)] をとる政治だとする．
その政治は，「積極的不作為」[41)] が要求されていると如是閑は表現した．そ
うした「積極的不作為」を老子が求めているとする根拠について，如是閑は
老子第 28 章もあげている．以下は老子第 28 章の引用である．

　　その雄を知り，その雌を守れば，天下の谿となれば，常徳離れず．嬰児
　　に復帰す．その白を知り，その黒を守れば，天下の式となる．天下の式
　　と為れば，常徳忒はず，無極に復帰す．その栄を知り，その辱を守れば，
　　天下の谷となり，天下の谷となれば，常徳及ち足りて，樸に復帰す（老
　　子第 28 章）

　この老子第 28 章を引用しながら，老子のいう「自然」の政治は，為政者
が意識的におこなうことで実現されるべきものだということを，つぎのよう
に記している．

嬰児に帰り，無極に復帰することが『常徳』であるといふのだが，ここで聊か問題になるのは，老子の道徳は，『道』に則つて，『無』を実現することであるといひながら，この章では，『その雄を知りて，雌を守る』とか『その白を知りて，その黒を守る』とかいつてゐる．ここに雄といつたのは，強とか動とかいふことを男性に譬へたのであり，雌とは弱とか静とかいふものを女性に譬へたのであり，白とは智を指し，黒とは無智を指したものと解されてゐる[42]．されば，『雄を知って雌を守る』とは強に徹した弱，動に徹した静といふ意味で，ただの弱でもただの静でもない．嬰児は嬰児でも大人に徹した嬰児である……（中略）……老子の『無』の思想は，彼れの理想的社会形態の非文化的若しく無文化的本質から出た観念であるが，老子の『徳』は，さうした始めからの『無』の徳ではなく，『その雄を知り』『その白を知り』『その榮を知って』然もそれの正反対の『雌を守り』『黒を守り』『辱を守る』といふ，馬鹿見たいな聖人といつたやうなものである[43]

　如是閑は，老子の教えを「聖人が愚に返る道徳」[44]とも表現している．村落自治体の自然状態を規範化し，その保護のための政治の実現を企図した思想だと解釈したのだった．
　こうした，無為の外観を作出するような政治組織のあり方は，老子第17章にも象徴されているという．

　　太上は下これをあるを知るのみ．その次ぎはこれに親しみこれを誉め，
　　その次ぎはこれを畏れ，その次ぎはこれを侮る（老子第17章）

　この老子第17章の一節を根拠に，「その存在が殆んど人民に意識されない」[45]政治の理想化を老子が意図していると如是閑は論じた．「政治組織の存在が顕著になればなるほど，人民は却つて焦慮し，不平不満を感じ，その所在の感じられないほど人民は太平無事に淳樸に安んずることが出来

る」[46] という認識のもと,「政治の組織の無為といふのも,実は大に為しながら,その有為の政府の所在すら不明であるといふやうなものでなければならない」[47] とした.それを如是閑は「政治組織のないやうな政治組織」[48] と表現した.(別の箇所では,「あるかなきかの存在」[49] とも表現している.)そして,老子の「功成り事遂げて,百姓皆我が自然と謂ふ」(老子第17章)で象徴されるように,政策の結果「大に功を奏しても,人民は彼等自からがおのずから然るのであると思ふ」[50] ような政治を老子は求めているとした.たんなる無策の結果の無為ではなく,作為をしつつその存在を感じさせないような,民衆の生活に干渉しない"有為な"政府を老子は求めていると,如是閑は解釈したのだった.「為すことなくして為さざる所のない,有為有能」[51] な政治組織を理想とした老子は,「『無政府』どころか,たいした政府を要求」[52] していると如是閑は考えたのである.

なお政治組織の成立に関しては,「天下を取るには,常に事なきを以てす」(老子第18章)という老子の文言を引用し,「事無くして自然に出来た中心から大国家が成立するといふ見地」[53] であり,「会長も無理やり運動でなつた会長はいけない,衆望の帰する所でおのづから押し上げられた会長がいゝ」[54] という常識的な考えに老子はもとづいていたと如是閑は指摘している.直接的な表現は避けられているが,民主主義の価値を説いたものと解することができる.また同時に,この箇所は軍事力を用いた他国への侵略を非難する根拠にもなっていくのである.

> 老子はもとより軍隊の存在理由は認めてゐるのであつて,小国寡民の小社会さへそれがあることを承認して『甲兵ありと雖も』[55] といつてゐるのである.たゞ兵は大に不祥のもの故これを使ふに絶大の注意を有するといふ,極めて常識的の立場である[56]

老子は軍事力の存在を認めている.しかしその軍事力の行使に最大限の抑止をかけていると,如是閑は解釈したのである.軍事力の不行使は,「衆望」

政治の原則からの当然の帰結でもあった.

　では，民主的に成立した政府は，不作為の外観をとり，民衆の生活に干渉をしないように配慮しつつ,何を目的とすべきだと老子は説いたのだろうか.老子の政策目標は，経済的平等の実現だったと如是閑は解釈している．老子第77章の一文「天の道は余りあるを損して足らざるを補う」に着目し，老子の政治組織の目的を「均分平等」[57]の実現にあったと解釈したのだった.「村落自治体」（＝「社会」）への不必要な干渉を避けつつ，経済的平等の実現を達成するための政策を実現していく政治体制という老子の理想像を，如是閑は提示していたのである.

　最後に，小国併合についての老子解釈についてみていく.

　如是閑は，老子が大国による小国の併合を肯定していると指摘している.根拠は，老子第61章である.

　　大国は下流なり．天下の交,天下の牝なり．牝は常に静を以て牡に勝つ.
　　静を以て下ることを為すなり．故に大国以て小国に下れば，則ち小国を
　　取り,小国以て大国に下れば,則ち大国を取る．故に或いは下りて取り，或
　　いは下りて而して取る．大国は兼ねて人を畜わんと欲するに過ぎず，小
　　国は入りて入りて人に事えんと欲するに過ぎず．夫れ両者，各々其の浴
　　する所を得んとせば，大なる者宜しく下ることを為すべし（老子第61章）

　この老子第61章を引用しながら，「小国はおのづから大国に併合される運命にあると老子はいふ」[58]と如是閑は解釈した．ただ，老子の「大が小に下る」（第61章）という文言に解釈上の力点をおき，「大国はもつと襟度を大にして」[59]小国に下ることが「小国をして大国に帰順せしめる道である」[60]と，大国の統治に釘を刺している．そうした姿勢は，「大国を治めるは小鮮を烹るが如し」（老子第60章）という言葉にも象徴されるという.

　老子の大国とは，その首府たる城下の大都市を指すのではなく，村落自

104

治体の集合体をいふのである．だからその大国を治めるには，この村落
自治体といふ小魚を煮るのであつて，国家は出来るだけこの村落自治体
の生活に触れないがいゝ，といふのである[61]

　このように，小国を併合していくものの，あくまで「村落自治体」すなわ
ち「社会」の側を尊重し，不干渉を貫く「大国」が必要であるとの論を，如
是閑は展開したのである．ただし，「生活に触れない」とはいっても，大国
による小国の併合を容認したことは，如是閑の思想を読み解くうえで注意し
たい箇所である．小国併合の容認は，彼の外交論説にも反映されていくこと
となる．如是閑は，もともと民族自決より世界主義に近い立場をとる言論人
だった．それゆえ，日中戦争以後，老子論でのべられている「大国」の位置
に日本がおさまるのを，容認してくこととなった．日中戦争における如是閑
の論説と，老子論との関係については，また後に詳しく論じることとする．

　次節からは，如是閑による老子論の特徴について，考察を加えていく．具
体的には，つぎの3つの観点から如是閑の老子論について考えていく．まず，
国家を相対化する「社会の発見」という観点から考察する．つぎに，老子の
有用性の観点から考察する．最後に，日中戦争と老子論との関係から考察す
る．

4. 「社会の発見」と老子論

　如是閑の座右の書は，江戸時代の儒学者・佐藤一斎によって書かれた『言
志四録』だった．「佐藤一斎の『言志四録』だけは，いはば修養書で……（中
略）……六十年来の伴侶になつてゐる」[62]と晩年語っているとおりである．
ではその佐藤一斎は，老子をどのように評価していたのであろうか．『言志
四録』のなかの1冊『言志後録』のなかで，老子への言及が確認できる．『言

志後録』の第50条には，「老荘は固（も）と儒と同じからず，渠（か）れは只だ是れ一箇の智字を了するのみ」とある．『言志四録』の訳注にあたった川上正光はこの箇所について，「（老荘は——引用者注）智慧があるだけで実行力がないということであろうか」[63] と付記している．川上の解釈に従えば，佐藤一斎は老子にたいしてきわめて低い評価しか与えていないことになる．したがって，如是閑は老子解釈に関して，『言志四録』を参考にはしなかったことになる．

　佐藤一斎にみられる老子への低い評価を退け，独自の老子解釈を展開できたのは，如是閑が大正期におけるいわゆる「社会の発見」の一翼を担った言論人だったからだと思われる．1920年代は，国家を相対化する思潮が流行した．国家を社会の一部とみなし，社会を重視する思潮が流行したのである．この思潮は「社会の発見」と呼ばれている．この「社会の発見」という思潮をリードしたのが，如是閑だった．如是閑は著書『現代国家批判』（1921年）で，国家と社会を分ける多元的国家論の立場をうちだしている．多元的国家論とは，国家も社会集団の1つにすぎないという考え方である．この考え方に立てば，国家権力の絶対的な優位性は否定される．この多元的国家論をベースとして，如是閑は老子を読み解いていると推測される．たとえば，1938年に発表された論説「支那民族性の成立」では，つぎのように書かれている．

　　下層の支那民族は古代からいろゝゝの民族が混淆して，平和な農耕生活をつゞけて来て，しかも頭の上の国家は上述のやうな，異民族的な存在だから，下層の民族はそれと何の交渉もない，——たゞ苛斂誅求をうけるだけの関係に止まる——自治的の社会をもつて根強い生存をつゞけて来たのである．従つてこの側の支那民族の間には頗る社会的性質が発達してゐて，老子の云つたやうに，全然放任されても，又された方が，彼等自身の最も堅実の生活をつゞけて行けるといつたやうな民族なのである．英国の社会学者がステートとコーミユニテイーといふ区分を立てゝいるが，支那ほどこの二つのものが，互に別々の存在として，別々の性

106

格をもつて対立してゐるところは世界に少ない[64]

　この記述からも，如是閑が中国を論じる際に，国家と社会を区別する多元的国家論に立っていたことがわかる．そして，「農村社会の自治に放任すれば平和と安固とが護られる」[65]のであり，「無為自化の絶対放任主義の国家に改造しろといふのが老子の教」[66]であると説いたのである．国家と社会の存在を前提としたうえで，老子が国家に「絶対放任」を要求するとした如是閑の考えは，中国思想研究で知られる池田知久の解釈にも通じるところがある．池田知久は，「『老子』の政治思想には，相互に矛盾・対立する二つの側面が含まれる．一つは，天子・皇帝の君主権力を中央集権の方向で強化する一君万民の政治思想であり，もう一つは，天子・皇帝権力を弱化・無化して民衆の自主性・自律性を尊重する民本主義である」[67]と老子の二面性を指摘したうえで，「以上の矛盾・対立する両者を曲がりなりにも何とか統一しているところに，『老子』の政治思想の本質がある」[68]とのべている．如是閑もまた，国家と社会の両者を肯定した老子の思想を読み解いたのだった．国家と社会（生活）の両者を区別し，国家に対する社会（生活）の優位性を強調する姿勢，そして社会重視の立場から国家のあり方そのものの変革を求める如是閑の姿勢は，1920年代の言論活動から老子論まで一貫していたと考えられる．

5.　老子の有用性

　老子を政治思想とみる研究者も多いが，そこに有用性を見出すかどうかは，意見が分かれるところである．如是閑は，老子に有用性を認めた．そして，近代の政治思想と関連づけて，老子の政治思想を解読したのである．たとえば，晩年に近い1954年におこなわれた三枝博音（1892–1963年，哲学者）との対談のなかで，如是閑は「私は『老子』という本も書いたが，あれは実は

今までの老子の解釈を修正する意味です．老子というと虚無思想というが，虚無でもなんでもない．非常に具体的な思想だ．現に老子は，政治のない国家なんてものは考えてない．老子の道教は，孔子の儒教と対立しているにしても，非常に中国的な，シナ民族的な具体性を持っている」[69]とのべ，「老子は決して虚無主義でも，無政府主義でもなく，いって見れば（原文ママ）近代のレセ・フエール（自由放任）の古代版だね」[70]と語っている．

　冒頭にものべたが，これまで如是閑の老子論はあまり重視されてこなかった．池田元は「昭和一〇年代初頭における『窮乏化する国民』と，作為性＝支配性に基くストレートな干渉主義を内外にエスカレートさせる『ファシズム的大国家』との対蹠関係をにらんだ，如是閑の鋭い支配・知識階級批判が潜在している」[71]と，如是閑の政治批判が老子論に込められていることを指摘しているが，その他の如是閑研究において老子論は言及されることが少なかった．如是閑の老子論の内容は，池田元も指摘するとおり，国家主義と対峙する自由主義者としての政治的主張が内包されている．国家にたいして「村落自治体」（＝「社会」）を対立概念として用い，後者を最大限に尊重する政治思想を老子から抽出した．「村落自治体」（＝「社会」）の尊重と，為政者側への「積極的不作為」の要求こそは，個人の自由や生活を犠牲としたうえで成立する国家主義への批判であったと考えられる．同時に，“無為”を“作為”する「大国家」の建設は，戦後にとなえた世界連邦構想の具体像ともつながってくる[72]．如是閑の老子論は，かれの国家観や世界秩序構想と密接にむすびついているのである．如是閑の老子解釈における不干渉政治の強調は，全体主義・国家主義が台頭してきた 1930 年代の時代状況への批判だったと捉えるべきであろう．如是閑の老子研究は，全体主義・国家主義にたいする危機意識の産物であった．生活圏内の自治を基礎とした，生活そのものを生かす政治体制（大国家）の実現という如是閑の主張は，個人や庶民の生活を犠牲とする体制への批判であり，また後述するように中国大陸における日本による占領政策の適正化を企図したものだったのである．

　如是閑と同時代の中国哲学者である小柳司気太もまた，老子を政治思想と

定義した[73]．しかし，「老子や荘子の説を以て天下を治めようとか，これが実践躬行の模範になるとか云ふやうなことは，私は毛頭考へて居りませぬ．さう云ふ説が行はれては国が治まらぬ，人間が堕落するであろう」[74]と，政治思想としての価値を低く評価した．老子の有用性を否定しているのである．

　歴史学者・津田左右吉も，老子への評価は低い．老子が，"自然"の状態に還元するための"作為"を要求しているとする点では如是閑と同じ解釈をとるが，津田は，たんなる「矛盾」だと評価していた．

　　無為を主張しながら仁義の名を棄てることを説くのも，古に復帰させようといふのも，みな矛盾である．仁義を棄てようとすることは即ち為すことあるのではないか．古は無為の状態であったといふから，それに復帰することはよし望ましいにしても，ことさら復帰させようとする態度は決して無為ではない．それと同じく，無欲はよいことであるにしても，無欲たらんと欲するのはやはり欲求ではないか．天地の無欲は天地の本質であるが，人が天地の如く無欲ならんとするのは意志であり欲求でなければならぬ．或はまた，智を斥け名を斥けながら大道といひ上徳といふ名を作つているのも，矛盾である．『知者不言，言者不知』（五十六章）といひながら言を立てるに至つては，矛盾のもつとも甚だしきものである．道の道とすべきは道にあらず名の名とすべきは名にあらずとしながら，やはり一流の道を立て名を立ててゐるではないか[75]

　津田は老子の（無為を追求しつつ作為を求める）姿勢をたんに「反抗的態度」[76]から出てきたものにすぎないとして，その態度を「誇張と奇僻」，「一種の退廃的気分」，「一種のひねくれた調子」[77]と非難し，それゆえ「実践的に空疎なものであることは当然である」[78]と断じている．津田は，「治めんとせず為すこともなくしてはじめて天下が治まる，といふのであるが，事実として，かかる政治もその効果もあるべきはずがなく」[79]と老子を否定

していた.

　当時文部省によって配布された『国体の本義』でも,「我が国に輸入せられたる支那思想は,主として儒教と老荘思想であった……(中略)……老荘は,人為を捨てて自然に帰り,無為を以て化する境涯を理想とし,結局その道は文化を否定する抽象的なものとなり,具体的な歴史的基礎の上に立たずして個人主義に陥つた.その末流は所謂竹林の七賢の如く,世間を離れて孤独を守ろうとする傾向を示し,清談独善の徒となつた」[80]と,その価値を否定的に描いている.

　当時のこのような通説的見解とは異なり,如是閑は,老子の"無為"を"作為"する姿勢に有用性をくみ取った.老子が政治思想であったとの視点から,老子の"無為"を「積極的不作為」と定義し,「レセ・フエール(自由放任)の古代版」といった表現を用いたり,トマス・ジェファーソンの政治思想にもたとえたりしながら,その現代的意義を見出した.如是閑は,老子の実践的側面を捉えたのだった.如是閑の老子解釈は,同時代では鵜澤総明の解釈に近い[81].鵜澤は,役人の試験科目に老子が入っていたこと,また宋の太宗が老子を重んじていたことなどを示しながら,老子の実践的な価値に言及している[82].ただし,老子第49章の「聖人は常の心無し,百姓の心を以て心と為す」について,鵜澤は「百姓の心を以て心と為すと云ふことは究極する所は法則性に向ふのである.自然に則り,民をして之に依らしめるのである.専制に基かず,妄為に依らず,無為に至るの時に民心に表はれて来るものは法則である.即ち民は上に倣ふのである」[83]とのべているように,あくまで人民が聖人に「倣う」という側面を強調しているのにたいし,如是閑は村落自治体を中心に据えているので,この点如是閑の老子解釈とは多少の異なりがあると思われる.

　如是閑の老子解釈は,先述のとおり,老子の政治思想としての価値を捉えた浅野裕一や小川環樹,福永光司,楠山春樹の見解と共通している.なかでもとくに如是閑の老子論から影響を受けた研究者は,森三樹三郎であろう.森は著書『老荘と仏教』で冒頭数ページにわたって如是閑の『老子』を紹介

し，自らの「老子解釈の『原点』」[84]とまで表現している．森の老子解釈は，本人自ら告白しているとおり，如是閑の老子解釈と多くの点で一致している．森は著書『老子・荘子』のなかで，「無知無欲で無道徳という，徹底した自然状態に近い社会が実在し，それが老子のイメージの原型になったのではないか」[85]と記し，村落自治体を実在の農村であるとした[86]．また，老子が政治否定ではなく，むしろ中央政府（大国）の役割に言及し，第60章や第61章を例にしながら，「老子は無政府どころか，無為のままで治めるという，たいした政府の実現を待望しているのだともいえよう」[87]と，如是閑と近い表現を用いつつ老子の政治思想に言及している[88]．さらに，「老子の理想とする政治では，民衆の教育や訓練もなく，いっさいの干渉をしない自由放任を原理とする．いわば『政治のない政治が，いちばんよい政治だ』ということになる」[89]とのべている点も，トマス・ジェファーソンと老子の共通性について如是閑が指摘した箇所に通じるものがある[90]．森の老子論は，経済的平等実現についての政治の役割の言及がなく，また老子の人生論的側面にも光を当てている点では，如是閑と異なっている．しかし，自由で自治的な社会をめざした老子の政治思想としての有用性を評価するという点で，両者は共通しているといえよう[91]．

6. 日中戦争と老子論

　如是閑の老子解釈における小国併合の肯定にも留意したい．1920年代，如是閑は日本の対中政策を批判し，満州権益放棄を唱えていた．しかし，満州事変以後，対外政策に関する意見を徐々に変えていった．日本軍の大陸進出を容認しつつ，その占領政策の適正化に注力していったのである．民族自決原理や主権国家を否定し，大東亜共栄圏という地域主義を肯定していくこととなったのである．如是閑の老子論は，この外交論説の変化と無関係ではない．老子論における小国併合の容認と，その大帝国内の秩序のあり方を論

じていくという如是閑の姿勢は，如是閑の外交論説と軌を一にしたものと捉えることができる．如是閑の小国併合容認論は，現実には日本の大陸進出の容認にもつながり，1940 年代の大東亜共栄圏にたいする積極的な姿勢にも発展していったのだった．本節では，日中戦争がはじまった 1937 年頃からの論説や，座談会・対談を読み解いて，如是閑の思惑を明らかにしていきたい．

　盧溝橋事件（1937 年）をうけての座談会「事変の前途を語る」の席上で，如是閑はまず中国の（伝統的な）性質を踏まえたうえで，日本が方針を立てなくてはならないと発言している．「支那はかういふ形式の国家でなければならぬといふことを考へて，その国家の性質を支持したら宜いと思ふ」[92]とのべたうえで，「支那を攪乱せしめて，ガラガラにするか，或は支那の文明，支那の国家的性質を考へて中央に統制政府が出来ることを希望するか，どつちから方針を決めなければならぬと思ふ」[93] と語り，「その意味から日支事変は対外問題ぢやなく対内問題だ」[94] と発言した．前年発表した著書『老子』を念頭におきつつ，中国の伝統・国柄を日本側が把握すべきであるとの提言であろう．

　論説「老子教の支那的根底」は，日中戦争勃発の翌年にあたる 1938 年に発表された．ここで如是閑は，繁栄する都市と，その都市を支える農村という，中国の現状に触れながら，「かゝる現在の支那的形勢は，今を去ること三千年前の老子の時代のそれと同じ性質のものである」[95] とのべている．この指摘は，如是閑がこれまで研究してきた老子が，現代でも有効であることを示すための記述であろう．そしてこの論説の最後の部分に，「この両者（孔子と老子を指す――引用者注）の底を流れてゐる常識とニュアンスとを会得することは，支那的国家に対し，支那人民に対する場合の第一条件である．昔からの支那の優れた国家者（原文ママ――引用者注）は，何れもこの両者を呑み込んでゐたのである」[96] との記述があることに着目したい．中国統治への強い意欲を感じさせる記述である．如是閑の老子論は，国家主義批判を主眼としていたとこれまで捉えられてきた．たとえば池田元の研究も，国家主

義批判であるとの見解を示している．その解釈は妥当ではある．しかし，如是閑のもう1つの意図も見逃すべきではない．如是閑は，当時中国大陸に進出していた日本による中国統治の適正化をはかったのである．

同年発表された論説「大陸と日本」でも，再び日本側の姿勢を如是閑は批判している．「日本人の伝統的の視覚から見て彼等（中国人のこと——引用者注）を判断し日本人自身の性格を彼れ等に期待して，その性格に基いて彼れを取扱ふことは，大陸に日本民族を進出せしめるに適した道ではない」[97]とのべ，「もつと､､､『大陸的』となり得ることが，日本人にとつて必要となつた時代が来たのである」[98]と説いた．中国の「性格」を学んだうえで，対外政策の方針を立てるべきだと記している．日本の中国進出を容認したうえで，その中国における占領政策の適正化を試みる姿勢がここでも明瞭にあらわれている．

その後おこなわれた座談会「いかに革新すべきか」の席上では，「（中国民衆について——引用者注）代々異民族の朝廷の支配をうけ，色々の政治を受けて，結局奴等の立場から言ふと，自分達の生活を良くして呉れるのが一番善い政治だと考へるやうになつた」[99]と指摘し，「モウ斯うなつた以上は日本に占領されたことが支那国民の最大幸福だといふ観念を，具体的に彼等を幸福にすることによつて彼等に与へなければいかぬ」[100]，「斯うなつた以上，何うして吾々の道を開くかと言へば，やはり支那の国民層のために，よりよい生活を与へてやるより外仕様がないのだ」[101]とのべるにいたっている．つまり大陸へ進出してしまった以上は，中国国民に受け入れられる政治をおこなっていくしかなく，そのために手を尽くすべきだというのである．そしてここでも，「兎に角日本人がもう少し支那を知らなければいかぬ，餘り支那に対して知らな過ぎる」[102]と話し，日本側の認識不足を指摘したのだった．

日本による中国大陸進出を容認しながら，一方でその占領政策の適正化をはかるため，日本側の中国認識の甘さを指摘する如是閑の姿勢は，1940年代に入っても変わらなかった．1940年に発表された論説「日支文化交流の

基点」では，「近代文明の建設に於ても，苟くも支那の新しい国家形態に個性をもたしめるためには，数千年来の漢人文明の伝統を，内在的にも形態的にも中断させることは不可である」[103]と指摘し，中国に根づく伝統を尊重するよう呼びかけた．そして，「支那の現代国民の伝統持続の要求に応じた経営をするにしても，一応大陸固有の文明の性格を，再認識して，その大陸的の精神的及び物質的の特性に現代的の形態を與へる力量を日本人自からもたねばならぬ」[104]とのべ，「性格的の理解や尊敬や信用が，相互の間に成り立たない限り，文化的交通の路も広められ深められ得ない」[105]と釘を刺している．従来どおり，日本側の中国認識不足を批判したのだった．翌1941年におこなわれた橘樸との対談でも，「国民一般の支那に対する理解といふものは，どうも欠乏してゐたやうに思はれるんですね」[106]と語り，再び日本側の中国認識不足を批判している．如是閑はつぎのように，漢学教養の衰退が中国との融和を妨げていると語った．

　　支那的のものの考へ方，学問の系統の立て方，従つて政治，道徳の学問
　　が実践の状態といふやうなものに，どれだけ影響してゐるか，又いまそ
　　れが支那人に対してどういふ力を持つてゐるかといふやうなことを，具
　　体的に考へて貰はなくちやならないと思ふんですけれども，どうもそれ
　　が支那で仕事をする人も，あなたのお話ぢやないけれども，西洋的な考
　　へをもつてきてゐるといふことで，アメリカ人とかイギリス人といふ連
　　中が支那に対するのと大差がない状態ぢやないかと思ひますがね．日本
　　人には古来儒教が主もであつたとしても，道教にしろ何にしろ，文献の
　　上で常識として多少とも知識階級の人々は持つてゐたものですね，維新
　　前までは……．（中略）それだけの認識をもつてゐたならば，非常に有
　　利であつた．精神的にも融解協和の道に頼りがあつたと思ひますが
　　ね[107]

　このように如是閑は，維新後の漢学教育の衰退，それにともなう中国認識

114

の欠如が，現実の日本の対外政策にも支障をきたしていると考えていたのである．如是閑はこの対談のなかで，「日本人が，支那の古典思想を支那に対する工作に際して，根柢としてもつといふことに努めなかつたのかといふことが，甚だ疑問なんですがね」[108] とも語っている．如是閑の老子研究が，古典の紹介のみを目的としたものでないことは，この発言からも明瞭である．如是閑の老子論は，国家主義的風潮への批判が主眼であったが，くわえて日本による中国統治の適正化の材料としても考えられるようになっていったのである．如是閑は，日本の大陸進出そのものを批判することをやめた．軍事力による他国への介入を容認していったのだった．そして，日本の中国統治を前提としながら，統治のあり方を糾す方向に言論活動の軸足を移していったのである．

お わ り に

　これまで，如是閑の老子論をみてきた．如是閑は，老子を「政治学」（すなわち政治思想）だと捉え，その政治的主張の抽出に努めた．老子の政治思想の核心は，「社会」に対する不干渉を要求する点であった．できるかぎりの権力支配の否定と，自由で自治的な「社会」のあり方を求めていたのである．如是閑は，「国家」と「社会」を区別し，「国家」の絶対性を否定していた．すなわち，如是閑は多元的国家論者だった．この多元的国家論を，老子解釈に応用していたのだった．その結果，老子が「村落自治体」すなわち「社会」そのままの保存を唱えていたと，如是閑は読み解いた．こうした老子の政治思想を，「無為自化主義」や「積極的不作為」という造語を使いながら，如是閑は論じていった．そして，トマス・ジェファーソンの政治思想や，レッセフェール（自由放任思想）との近似性を指摘したのだった．そのうえで，政治組織の「衆望」による成立，軍事力行使の抑制，経済的平等の実現といった老子の特徴も紹介していったのである．

如是閑は，老子の有用性を肯定した．この如是閑の姿勢は，当時の通説的見解とは異なるものだった．これまでみてきたように，小柳司気太も，津田左右吉も，老子の有用性を否定していた．文部省によって配布された『国体の本義』でも，老子の価値は否定的に記されていた．これら老子を否定的に捉える当時の見解と異なっていたのが，如是閑の老子解釈だったのである．

「無為自化」という老子の政治原則を如是閑が強調したのは，当時の時代状況と無縁ではないと考えられる．国家の肥大化，軍国主義や全体主義の流行といった昭和初期の状況への危機意識が，老子論の背景に存在していたに違いない．国家主義にたいする厳しい批判の眼が，如是閑の老子論の底流にある．為政者に対して意識改革を求めているのである．政治の痕跡すら残さないような政治を，如是閑は求めていた．「村落自治体」に象徴される「社会」を軸とした，非権力的な世界を建設するための理論構築を目的として執筆されたのが，老子論だったのである．

如是閑の老子論は，今日においてもその重要性を失っていない．現在，中国の大国化が，多くの人びとに不安を与えている．ペンス米国副大統領が2018 年 10 月 4 日にハドソン研究所でおこなった演説は，その不安を充分象徴するものだった．米政権はこれまで中国が政治的にも自由主義や人権尊重を進めることを期待したが，その希望は達成されなかったとし，中国が自国民にたいして統制と抑圧を強化していると批判したのだった．中国が大国化していけば，自由主義，民主主義，人権の尊重，法の支配を理念として掲げてきたこれまでのリベラルな国際秩序が崩壊するのではないかと懸念する人も多い．西洋で発達した自由主義，民主主義といった普遍的価値が，中国においていまだ充分には浸透していないということであろう．こうした問題を解決していく手がかりに，如是閑の老子論はなりうる．西洋で発達した自由主義，民主主義といった普遍的価値を，老子から読み取ることに如是閑は成功している．如是閑の老子解釈が今後注目されていけば，中国が普遍的価値を認めていくきっかけになるかもしれない．その結果，アジアにおけるリベラルな秩序が構築されていくことにつながる可能性もあるのである．

ただ同時に，如是閑の老子論が，中国大陸における日本による占領統治のための理論に供されていったことにも留意しておきたい．如是閑自身は1920年代までは日本の大陸進出そのものを強く批判していた．老子論のなかでも，「衆望」という言葉を使い，武断的な権力の成立を批判していた．しかし日中戦争以降は，大陸進出それ自体は容認する姿勢に変わっていった．確かに，力まかせの統治ではなく，中国人民による自治的な社会を回復することで，安定した統治を追求したものではあった．しかしそれは一方で，軍事力による大陸進出を容認していったことも意味していた．結果を重視するあまり，手段や手続きの問題から眼を背けてしまったと批判されてもやむをえないであろう．

今後の課題は，如是閑の孔子解釈の研究である．中国古典思想の中で，老子と同様か，それ以上に影響力を有しているのが，孔子である．如是閑は，孔子の思想に関してもたびたび言及している．如是閑の孔子解釈についても，今後は研究を進めていきたい．

　付記　本章は，博士学位論文『長谷川如是閑研究—政治・外交論を中心に—』の一部（第6章）に加筆修正をおこなったものである．なお本章は，早稲田大学特定課題研究助成費（課題番号 2019C-300 および 2019E-064）による研究成果の一部である．

1)　アジア開発銀行（2011）「ASIA 2050 —Realizing the Asian Century—」https://www.adb.org/sites/default/files/publication/28608/asia2050-executive-summary.pdf（アクセス日時 2019 年 4 月 20 日）．
2)　石井明（2016）「中ロ関係— "同盟" の崩壊から新型国際関係モデルを求めて—」（『社会システム研究』32 号）参照．
3)　小柳司気太（1870-1940）は，明治から昭和にかけての中国哲学者．帝国大学卒業後，学習院，国学院，慶應義塾の教授を経て大東文化学院学長．文学博士．著書に『詳解漢和大辞典』（共著，1926 年，冨山房），『宋学概論』（1894 年，哲学書院），『東洋思想の研究』（1934 年，関書院）などがある．
4)　森三樹三郎（2003）『老荘と仏教』講談社，10 頁．
5)　前掲書，24 頁．
6)　池田元（1981）『長谷川如是閑「国家思想」の研究』雄山閣出版，344 頁．

第 3 章　長谷川如是閑と老子　117

7)　長谷川如是閑著作目録編集委員会編（1985）『中央大学創立百周年記念　長谷川如是閑―人・時代・思想と著作目録』，70 頁参照.

8)　初版は 1935 年 8 月に出版され，改訂版が 1936 年 12 月に出版された.

9)　長谷川如是閑（1969）『長谷川如是閑選集第 2 巻』栗田出版会，193 頁.

10)　トマス・ジェファーソンの政治制度に関する考えについては，清水忠重（1994）「トマス・ジェファソンと道徳感覚」（『論集』41 巻 1 号）を参照.

11)　清水忠重（1994）「トマス・ジェファソンと道徳感覚」（『論集』41 巻 1 号），12 頁.

12)　前掲書，12-13 頁.

13)　小川環樹責任編集（1968）『世界の名著 4　老子荘子』中央公論社，22 頁.

14)　浅野裕一（2004）『諸子百家』講談社，61 頁.

15)　浅野裕一は，老子の「道」概念を以下のように定義している.「『老子』の場合は，道は天地・万物を生み出す創造主」（前掲書，59 頁），「道は，宇宙の始原，万物の生成者であるとともに，その後も自分が生み出した森羅万象の有象世界を制御し，支配し続ける主宰者でもある. 形象を備えた万物は，自己の意志を押し通し，欲望を遂げようと，互いに競い合う. 道はこうした今の世に適合したやり方で万物の相手をしながらも，万物など存在しなかった始原を忘れはしない. お前たちがどんなに激しく自己主張をくり返し，いかに競い合おうとも，やがて一切は無に帰し，始原の状態に戻っていくのだぞと，冷めた眼で万物の面倒を見続ける」（前掲書，61 頁）.

16)　福永光司著，吉川幸次郎監修（1978）『老子』（上）朝日新聞社，23 頁.

17)　前掲書，23-24 頁.

18)　福永光司は，老子第 61 章について，「『小国寡民』の政治思想と大国中心のそれとの関係の問題とも関連して，この章の後次的な成立（老子の非本来的な思想叙述）を推測させるに十分であろう」（福永光司著，吉川幸次郎監修（1978）『老子』（下）朝日新聞社，126 頁）と記し，老子本来の思想ではないとの見解を示している. また老子第 77 章について，「現実社会の貴賤そのものの存在をまで根本的に否定する者ではないが，有り余る者が足らざる者を補わないばかりか，足らざる者からなお惜しみなく奪う富者・貴者の“奢”と“甚”とを天の道に反するものとして厳しく糾弾するのである」（前掲書，186 頁）と，権力者や富豪による過度の収奪を禁ずる徳目であるとし，必ずしも政治による経済的平等の実現を訴えたものではないと解釈している. なお，老子の「無為」については，つぎのようにも言及している.「老子において，道の無為が単なる無為ではなくて“為さざること無き”無為であり，聖人の無為がまた単なる無為ではなくて“為さざること無き”無為として考えられているところに，我々は老子の思想の柔軟な現実性と強靭な積極性とに括目すべきであろう. 老子の“無為”は論理的には為→無為→無不為と展開し，『無不為』は『為』の否定としての『無為』から導かれる. しかし，実際的に彼の思考を跡づければ，その“無

為"は天地造化のいとなみの為さざることなき偉大さへの憧憬から出発し，その為さざること無き偉大さを道の在り方の無為に本づけ，その無為をさらに聖人の無為として一体化し，そこから聖人の無作為を帰結しているのである．天地造化のいとなみの無不為から道の無為へ，その無為を己の在り方とする聖人の無為からさらに聖人の無不為へと展開するのが，老子の思索の実際的プロセスであり，具体的な姿でもあったと見られるのである」（福永光司著，吉川幸次郎監修（1978）『老子』（上）朝日新聞社，258-259頁）．

19） 日原利国編（1984）『中国思想辞典』研文出版，446頁．

20） 楠山春樹（2002）『老子入門』講談社，35頁．

21） 前掲書，35頁．

22） 成立年代について，如是閑は一般の理解とは異なり，孔子のほうが年代的に先だったと推測している．その理由を要約するとつぎの3つである．①老子は孔子の教えを棄てることを訴えているため，②「道の道とすべきは常の道にあらず」（老子第1章）というのも，「道」という観念ができていなければ意味をなさないため，③「大道廃れて仁義あり」（老子第18章）という文言も，儒教における徳目「仁義」を意識したうえでの文言と考えられるため．なお，老子は孔子よりも後の時代に成立したとする説は，津田左右吉の見解とも一致している．津田は「道家思想とその展開」という論文において，老子の用語にふれ，「かういふことは仁義といふ熟語の既に存在し，もしくは仁と義とを連称してそれを同じやうに取り扱ふことの行はれてゐる時代において，初めて生じ得べきものである」（津田左右吉（1964）『津田左右吉全集　13』岩波書店，12頁），「仁義が儒家の標語となつたのは孔子よりも後であるとしなければならず，従つて『老子』は孔子時代の製作として認め難いことになる」（前掲書，12頁）とのべている．また，武内義雄も，「中国思想史」という論文のなかで，史記の記述に注目し，「孔子の子孫は漢の武帝のころまでに十三代を数えているが，老子の子孫は景帝のことまでにわずか八代しかない．これによって考えても老子は孔子より少なくとも百年くらいは後の人でなければならぬ．従って老子の年代は孔子の孫子思や墨子とほぼ同じころでそれよりもやや後輩であったろう」（武内義雄（1978）『武内義雄全集　第八巻』角川書店，40頁）と記している．

23） 長谷川如是閑（1936）『老子』大東出版社，9頁．

24） 前掲書，9頁．

25） 前掲書，17頁．

26） 前掲書，17頁．

27） 前掲書，22頁．

28） 老子の「聖人像」も，従って個人道徳の完成をめざすものではなく，政治家としての理想的なあり方を語っているのだと如是閑は記している．「老子教は元来，儒教流の道徳の否定者でもあるからだが，然しそれにはまた『無為自化，清静自正』の道徳といふものがあるのだが，それは個人としての人間の道徳で

はなく，社会としての道徳であり，又は治者としての道徳である．老子教の対象としている人格たる『聖人』でも，又『民』といふのでも，個人としての人間ではなく，治者，又は被治者としての人格である」（前掲書，35頁）．

29）　前掲書，20頁．

30）　前掲書，25頁．

31）　前掲書，25頁．

32）　前掲書，24頁．

33）　前掲書，60頁．

34）　前掲書，60頁．

35）　前掲書，71頁．

36）　前掲書，129頁．

37）　前掲書，130頁．

38）　前掲書，138頁．

39）　前掲書，139頁．

40）　前掲書，139頁．

41）　前掲書，139頁．

42）　白を智，黒を無智とする解釈であるが，小川環樹編集による書では，白を「輝かしいもの」（小川環樹責任編集（1968）『世界の名著4　老子荘子』中央公論社，102頁），黒を「人の目につかないもの」（前掲書，102頁）と解している．福永光司は，「光と闇，賢と愚，文明と野性の対比と見てもよく，ロゴスの明晰とカーオスの混濁，理知的なるものと情念的なるもの，真昼の活動的な時間と夜の制止的な時間の対比と見てもよい」（福永光司著，吉川幸次郎監修（1978）『老子』（上）朝日新聞社，211頁）と解釈している．

43）　長谷川如是閑（1936）『老子』大東出版社，144-146頁．

44）　前掲書，146頁．

45）　前掲書，181頁．

46）　前掲書，182頁．

47）　前掲書，182頁．

48）　前掲書，184頁．

49）　前掲書，217頁．

50）　前掲書，183頁．

51）　前掲書，186頁．

52）　前掲書，184頁．

53）　前掲書，187頁．

54）　前掲書，188頁．

55）　老子第80章に出てくる文言である．

56）　前掲書，189頁．

57）　前掲書，197頁．

58) 前掲書, 196 頁.

59) 前掲書, 195 頁.

60) 前掲書, 195 頁.

61) 前掲書, 196 頁.

62) 長谷川如是閑 (1952)「『土蔵学校』の万年学生」(『中央公論』67 巻 8 号), 276 頁.

63) 佐藤一斎著・川上正光全訳注 (1979)『言志四録 (二) ―言志後録―』講談社 学術文庫, 70 頁.

64) 長谷川如是閑 (1938)「支那民族性の成立」(『文芸春秋』16 巻 2 号), 62 頁.

65) 前掲書, 65 頁.

66) 前掲書, 65 頁.

67) 池田知久 (2017)『老子―その思想を読み尽くす―』講談社, 526 頁.

68) 前掲書, 694 頁.

69) 福鎌達夫編 (1967)『如是閑・八旬荘対談』総合図書, 110-111 頁.

70) 前掲書, 112 頁.

71) 池田元 (1981)『長谷川如是閑「国家思想」の研究』雄山閣出版, 346 頁.

72) 如是閑の世界連邦構想について, 詳しくは新美貴英 (2018)「戦後日本における世界連邦の構想―長谷川如是閑と石橋湛山の言論を中心に―」(『経済社会学会年報 No.40, 117-128 頁) 参照.

73)「老子の書物を読んでみますれば, 矢張り国を治め, 天下を泰平にすると云ふやうな政治に関係することも随分論じて居ります」(小柳司気太 (1934)『老子講話』章華社, 132 頁).「世間ではよく老子は無政府主義者として論ぜられて居るが, 然し所謂無政府主義とは大いに其趣を異にして居ることを注意せねばならぬ. 第一に王の存在を否定する者ではない. 治める王があり, 治められる人民が肯定され乍ら, そこに虚無の道が行はれ, 無為の政治が行れることを云うて居る」(小柳司気太 (1929)『老子新釈』弘道館, 54 頁).

74) 小柳司気太 (1939)『老荘思想の現代的意義』啓明会, 31 頁.

75) 津田左右吉 (1964)『津田左右吉全集　13』岩波書店, 98-99 頁.

76) 前掲書, 99 頁.

77) 前掲書, 100 頁.

78) 前掲書, 103 頁.

79) 津田左右吉 (1964)『津田左右吉全集　14』岩波書店, 347 頁.

80) 文部省 (1937)『国体の本義』文部省, 146 頁.

81) 老子を論じた鵜澤総明の代表的な著作は, 『老子の政治思想に就いて』(1926年, 大東文化協会) および『老子の研究』(1935 年, 春陽堂) である.

82) 鵜澤総明は, 老子が役人の試験科目に入っていたこと, また宋の太宗が老子を重んじていたことをつぎのように紹介している.「唐六典尚書禮部に, 五経に通ずるもの大小並に通ぜよ, 孝経論語老子並に須く兼ね習ふべしとあるに依

つても，役人として学試せらるには論語や孝経と相並んで老子を兼習しなけれ
ばならぬと云ふやうになつたことが分明である．之に依つても老子道徳経が政
治に関係を有つて来た所の経路を知ることが出来るのである．次に宋の太宗は
老子に重きを置いて政治を為されたやうである……（中略）……宋の太宗は太
平興国七年冬十月近臣に，朕老子を読んで佳兵は不祥の器，聖人已むを得ずし
て之を用うと云ふに至つて，未だ曾つて三復以て規戒となさずむばあらず．と
申されたとのことである」（鵜澤総明（1926）『老子の政治思想に就いて』大東
文化協会，16-17頁）．また，次のように，老子の政治思想の実際的側面を強調
している．「老子は一面に於ては小国寡民を説いて居りますが，之が為めに人或
は老子は唯消極的に世間離れをした政治だけを考へたので，天下大国の政治に
就ては何等考へた所が無いと見る人もあるが，之は事実では無い．天下を治め
ることも説いて居るのである．消極と云ふのでは無く自然である．……（中略）
……自然の法則に従ひ小国を治むるには自ら小国を治むるの法があり，大国を
治むるには自ら大国を治むるの法があることを説いてあります．治大国若烹小
鮮．余り干渉をしないと云ふが即ちその法である」（前掲書，91頁）．

83）　鵜澤総明（1926）『老子の政治思想に就いて』大東文化協会，61頁．

84）　森三樹三郎（2003）『老荘と仏教』講談社，11頁．

85）　森三樹三郎（1994）『老子・荘子』講談社，28頁．

86）　森は続けて，「それは確かに実在した．ほかならぬ中国の農村である．中国で
　　は昔から大帝国の統一が持続されることが多く，この点ではインドなどとは対
　　照的であるが，それにもかかわらず地方の農村は太古いらいの生活形態を頑固
　　に保持した．1つには地域があまりにも広大であるために，政府の支配力が農
　　村にまで浸透せず，農村の自治のままに放任されていたからである」（前掲書，
　　29頁）と記している．

87）　前掲書，31頁．

88）　「老子は小国寡民という，農村の生活を理想とするのであるから，その政治的
　　な理想も，現在の大国家の形態を破壊して，小さな村落共同体に分解してしま
　　うことにあるように見える．しかし実はそうではない．なるほど老子は，孔子
　　の説くような中央集権的な文化国家の建設ということには猛烈な反対をするの
　　であるが，しかしそうかといって中央政府の存在を否定するような，いわゆる
　　無政府主義ではない……（中略）……大国の存在理由を否定しないばかりか，
　　時には大国となるための心得を説くことさえあるのである」（前掲書，30頁），
　　「老子が考えたのは，国家がこのような（老子第80章小国寡民のイメージを指
　　す——引用者注）農村の素朴な自然さを破壊することなく，かえってこれを保
　　護し，育ててゆくことであった．そのためには国家自身が，君主みずからが，
　　人為の文化をすてて，自然の道に帰る必要がある．したがって老子の理想とし
　　たのは文化国家ではなく，自然国家であった．自然に帰ることを目標とする国
　　家であった」（前掲書，32頁）．

89) 前掲書，34 頁.

90) つづけて森は，「このように無為の政治は自由放任の政治であり，無為無策の政治であるから，いかにも無責任であり，民衆にたいしては冷酷であるように見える．……（中略）……だが，この不仁や非情にみえる仕打ちが，じつは最大の慈愛のあらわれなのである．世の常の愛は，いかにも人間をいつくしみ，いとおしむように見えるが，結果においては深くこれを傷つけ，これを毒することになる．これが老子の信念である」（前掲書，34-35 頁）と記している.

91) 森は，老子の人生論的側面にも注目している．「老子は小国寡民の理想郷の実現という政治の問題から出発し，ついで無為自然の政治，無為自然の人生の生き方の問題に発展し，最後には無の形而上学に到達した．その到着点から出発点をふりかえってみれば，はるけくも幾山河を越えきたるという思いを禁ずることができないであろう」（前掲書，65 頁），「もし老子が無為自然の政治だけを説いていたとするならば，それは儒教に対立する政治思想のひとつとして数えられるにすぎなかったかもしれない．ところが老子は，政治に関心をもつと同時に，現実を越えた永遠の世界に強く心をひかれるという一面ももっていた．このことが老子を中国最初の哲学者にした．その哲学は，歴史の波を越えて，あらゆる時代の中国人の心の糧となったばかりでなく，今日の世界の思想界においても特異な位置を占めることとになった」（前掲書，65-66 頁）.

92) 座談会（1937）「事変の前途を語る（座談会）」（『改造』19 巻 13 号），41 頁.

93) 前掲書，41 頁.

94) 前掲書，41 頁.

95) 長谷川如是閑（1938）「老子教の支那的根柢」（『日本評論』13 巻 7 号），2 頁.

96) 前掲書，14 頁.

97) 長谷川如是閑（1938）「大陸と日本」（『日本評論』13 巻 8 号），43 頁.

98) 前掲書，43 頁.

99) 座談会（1938）「いかに革新すべきか」（『日本評論』13 巻 11 号），275 頁.

100) 前掲書，276 頁.

101) 前掲書，276 頁.

102) 前掲書，284 頁.

103) 長谷川如是閑（1940）「日支文化交流の基点」（『大陸』3 巻 7 号），9 頁.

104) 前掲書，9 頁.

105) 前掲書，10 頁.

106) 橘樸・長谷川如是閑対談（1941）「橘樸・長谷川如是閑対談　東洋に於ける民族と思想」（『中央公論』56 巻 3 号），356 頁.

107) 前掲書，357 頁.

108) 前掲書，358 頁.

引 用 文 献

浅野裕一（2004）『諸子百家』講談社.

アジア開発銀行（2011）「ASIA 2050 ― Realizing the Asian Century ―」.

池田知久（2017）『老子―その思想を読み尽くす―』講談社.

池田元（1981）『長谷川如是閑「国家思想」の研究』雄山閣出版.

石井明（2016）「中ロ関係― "同盟" の崩壊から新型国際関係モデルを求めて―」（『社会システム研究』32 号）175-205 頁.

鵜澤総明（1926）『老子の政治思想に就いて』大東文化協会.

小川環樹責任編集（1968）『世界の名著 4　老子荘子』中央公論社.

小柳司気太（1929）『老子新釈』弘道館.

小柳司気太（1934）『老子講話』章華社.

小柳司気太（1939）『老荘思想の現代的意義』啓明会.

楠山春樹（2002）『老子入門』講談社.

座談会（1937）「事変の前途を語る（座談会）」（『改造』19 巻 13 号），18-41 頁.

座談会（1938）「いかに革新すべきか」（『日本評論』13 巻 11 号），258-284 頁.

佐藤一斎著・川上正光全訳注（1979）『言志四録（二）―言志後録―』講談社学術文庫.

清水忠重（1994）「トマス・ジェファソンと道徳感覚」（『論集』41 巻 1 号），1-23 頁.

武内義雄（1978）『武内義雄全集　第八巻』角川書店.

橘樸・長谷川如是閑対談（1941）「橘樸・長谷川如是閑対談　東洋に於ける民族と思想」（『中央公論』56 巻 3 号），346-369 頁.

田中浩（1989）『長谷川如是閑研究序説』未來社.

津田左右吉（1964）『津田左右吉全集　13』岩波書店.

津田左右吉（1964）『津田左右吉全集　14』岩波書店.

長谷川如是閑（1936）『老子』大東出版社.

長谷川如是閑（1938）「支那民族性の成立」（『文芸春秋』16 巻 2 号），58-65 頁.

長谷川如是閑（1938）「老子教の支那的根柢」（『日本評論』13 巻 7 号），2-14 頁.

長谷川如是閑（1938）「大陸と日本」（『日本評論』13 巻 8 号），39-43 頁.

長谷川如是閑（1940）「日支文化交流の基点」（『大陸』3 巻 7 号），2-10 頁.

長谷川如是閑（1952）「『土蔵学校』の万年学生」（『中央公論』67 巻 8 号），272-276 頁.

長谷川如是閑（1969）「長谷川如是閑選集第 2 巻」栗田出版会.

長谷川如是閑著作目録編集委員会編（1985）『中央大学創立百周年記念　長谷川如是閑―人・時代・思想と著作目録』中央大学.

日原利国編（1984）『中国思想辞典』研文出版.

福鎌達夫編（1967）『如是閑・八旬荘対談』総合図書.

福永光司著，吉川幸次郎監修（1978）『老子』（上）・（下）朝日新聞社.

古川江里子（2004）『大衆社会化と知識人―長谷川如是閑とその時代―』芙蓉書房出

版.

森三樹三郎 (1994)『老子・荘子』講談社.

森三樹三郎 (2003)『老荘と仏教』講談社.

文部省 (1937)『国体の本義』文部省.

第 4 章

エズラ・パウンドと能楽
──その翻訳作品の意義について──

喜 多 文 子

は じ め に

　19世紀から20世紀前半にかけての西洋世界の激動期に，いわゆるジャポ
ニスムとして浮世絵などの日本美術が西洋文化圏の芸術に広く受容されたこ
とはよく知られている．たとえば，葛飾北斎（1760-1849）は，西洋美術には
ない多様な意匠と独自のスタイルがルネサンス以来の形骸化した表現から脱
却して新しい時代を切り開こうとしていたモネ，マネ，ゴッホなど当時の画
家たちに衝撃をもって受け止められ，西洋世界におけるのとはまったく異な
る絵画の表現方法としてその作風や構成に大きな影響を与えたといわれてい
る[1]．

　実は文学の世界でも，これと同様のことが19世紀末から20世紀初頭にか
けて起こったのだが，絵画などの視覚表現と比べて，俳句をはじめとする日
本文学がジャポニスム期の西洋で高く評価され大きな影響を与えたというこ
とは，あまり認識されてこなかったのではないだろうか．ことに能楽となる
と，謡や舞といった芸能としての愛好者を除けば，日本人にとっても一般に
はあまり馴染みのないものと思われがちかもしれない．だがしかし，西洋に

126

おける能にたいする興味は意外に深く広がりがある[2].

　近年,実作においても,2016年1月にホメロスの叙事詩『オデュッセイア』第11歌にもとづく新作能『冥府行―ネキア』[3]が,梅若玄祥をシテとして国立能楽堂で上演されている.これは,前年(2015年)にギリシャのエピダウロス古代円形劇場で上演され好評を得たという.このように,西洋の文学と能との創造的往還は現在にいたるまで脈々と続いているのだが,そもそも能がどのようにして西洋にもたらされたのか,その出発点については,北斎と西洋の出会いほどには着目されてこなかったように思う.しかしながら,ジャポニスムにおいて,なぜ北斎があれほど熱狂的に西洋に受容されたのかを考えることによって,西洋と日本における異なる文化,芸術の双方にたいする理解が深まったのと同じように,ほぼ同時期にどのようにして能が西洋文学,とくに英語圏の詩文学に紹介されたのかについて考えることは,能と英米詩の双方に内在する本質の一端を,異なる見地から再確認する機会となるのではないか.そこで,本章では,アメリカ詩人,エズラ・パウンド(Ezra Pound, 1885-1972)によって英語に翻訳されたもっとも初期の能翻訳の特徴を,おもに20世紀初頭の現代英米詩の枠組みにおいて詳しく検証することにより,その翻訳の意義について考察したいと思う.

1. パウンドとフェノロサの遺稿との出会い

　エズラ・パウンドは,1885年10月30日にアメリカ合衆国アイダホ州,ヘイリーという小さな町に生まれた.ペンシルヴェニア大学,そしてハミルトン・カレッジに学び,インディアナ州にあるウォバッシュ・カレッジでフランス語およびスペイン語を短期間教えたのち,1908年に詩人を志してニューヨークからヴェニスに渡る.この時,23歳であった.パウンドは,いわゆるヨーロッパを放浪するアメリカ人(expatriate)として,ヴェニスからロンドンへ,そしてパリに渡り,1924年にイタリアに居を移して最期は

1972 年に 87 歳でヴェニスで亡くなっている．パウンドの詩人としての生涯
は，時に激烈で過酷なものだったが，かれはあくまでも自己の信念を曲げる
ことなく最後まで自ら信じるところの詩人として生きた．パウンドの代表作
『詩篇』（The Cantos）は，生涯を通して書き続けられた 117 の詩篇から成り，
20 世紀における英語で書かれたもっとも重要な叙事詩の 1 つであるといわれ
ている．

　詩人としての活動を本格的にはじめた 1908 年からパリに移る 1920 年まで
のロンドンにおいて，パウンドは，すでに偉大な詩人としての名声を得てい
た W. B. イェイツ（W. B. Yeats, 1865-1939）の知遇を受けるなど，さまざまな
出会いを通し瞬く間に革新の嵐が吹き荒れていた当時の詩壇の風雲児とな
る．このロンドン時代にかれは，英米詩における芸術前衛運動ともいうべき
イマジズムとヴォーティシズムとをとくに理論面において主導する．今日，
パウンドを抜きにしてアメリカ現代詩の文脈における詩的言語の革命として
のモダニズムを語ることはできないであろう[4]．

　パウンドが，アーネスト・フェノロサ（Ernest Fenollosa, 1853-1908）の未亡
人メアリーから，フェノロサの未発表の東洋の文学関連の遺稿を受け取った
のは，一般には 1913 年の暮れのころだとされている．1913 年 12 月にパウ
ンドは，ウィリアム・カーロス・ウィリアムズ（William Carlos Williams, 1883-
1963）に宛てた手紙のなかで，「故フェノロサの宝物の草稿を入手した」[5] と
のべているが，それ以前にはフェノロサの遺稿をパウンドが入手したという
明確な記述が，これまでのところとくに見当たらないからである．だが，パ
ウンドとともにイマジズム運動に参加していたジョン・グールド・フレッ
チャー（John Gould Fletcher, 1886-1950）は，1937 年に出版された自伝のなかで，
1913 年 7 月にロンドンのバークレーホテルで，エイミー・ローウェル（Amy
Lowell, 1874-1925）によって催されたイマジストたちの夕食会の席において，
パウンドがフェノロサの遺稿に含まれていた漢字論に言及しつつ自らのイマ
ジズムの詩論を説明し，最後に実例として自分自身が書いた「メトロの駅で」
を披露したと述懐している[6]．このフレッチャーの記述は，パウンドの新し

い詩論の展開とフェノロサの遺稿との関係の重要性を示唆している. かれが, 1913年の夏頃までにフェノロサの遺稿を部分的にせよ目にしていたのであれば, 旧来の定型を重んじるスタイルの詩ではなく, 絵画のようにイメージを重視するパウンド独自の新しい詩論を形成するかなり早い段階でフェノロサの遺稿に出会い, そこに見出したものを自らの詩論を発展させるのに活用したと推察できるからである.

2. パウンドの詩論と能翻訳

事実, この時期のパウンドの詩の革新についての批評活動には目ざましいものがある. まずは, 1913年3月の詩誌『ポエトリー』(*Poetry*) にイマジズム詩の要諦をのべたエッセー「べからず集」("A Few Don'ts") を発表している. このなかで「イメージとは一瞬のうちに知性と情緒の複合体を呈示するものである」[7] という表現で20世紀初頭における新しいアメリカ詩の概念を打ちたてたことはよく知られている. そして, 翌1914年6月20日に, ウィンダム・ルイス (Wyndham Lewis, 1884-1957) らと立ち上げた『ブラースト』(*Blast*) の創刊号に, ヴォーティシズムについてのエッセー「ヴォルテックス」("Vortex") を掲げ, さらには, 9月の『フォートナイトリー・レヴュー』(*The Fortnightly Review*) にヴォーティシズム論としてよく知られたエッセー「ヴォーティシズム」("Vorticism") を発表しているのである.

このエッセーには, イマジズムの実例としてパウンドが披露したとフレッチャーが記している「メトロの駅で」("In a Station of the Metro") が引用されている. パウンドによれば, それは, パリのラ・コンコルドの地下鉄の駅で美しい女性や子どもの顔を眼にした情景を表現したという. パウンド自身が, その創作の過程を明らかにしたつぎのエピソードはあまりにも有名である.

私は，30 行の詩を書いたが破棄した．それは，我々が「二流の強度」
と呼ぶ類の作品だったからだ．半年後にその半分の長さの詩を書き，そ
して 1 年後につぎのような「発句」に似た文を作った．

人込みのなかのこれらの顔の亡霊

濡れた黒い枝の上の花びら

"The apparition of these faces in the crowd :

Petals, on a wet, black bough." [8]

ここでの 1 行目の「これらの顔」と 2 行目の「花びら」とはメタファー（暗喩）
の関係にあり，このような「単一のイメージから成る詩」（"one image poem"）
を，パウンドは「1 つの観念の上に別の観念を重ねる」として「重置法」（"a
form of super-position"）と呼んだ．そして，このエッセーの末尾の註において，
パウンドは能についてつぎのように言及している．

　　私は，しばしば，長いイマジズム，あるいはヴォーティシズムの詩は
　ありうるのかと尋ねられる．俳句を発展させた日本人は，能もまた発展
　させている．もっともすぐれた能の作品においては，劇全体が単一のイ
　メージから成り立っているであろう．つまりは，劇が 1 つのイメージに
　集束するのだ．その統一は，体の動きや音楽によって強調された 1 つの
　イメージにあるので．私は長いヴォーティシズムの詩にたいしてまった
　く反対するつもりはない．[9]

このように，パウンドのイマジズムの詩論の展開が，フェノロサの草稿を通
しての能にたいする理解の深まりと密接に交錯していることは見逃せない．

3. パウンドとイェイツと舞踊

　フェノロサの遺稿には，中国詩の英訳の草稿と研究ノートおよび漢字論，そして梅若実や平田禿木（本名喜一）の助力によって英語に訳された謡曲の草稿と研究ノートが含まれていた[10]．当時，やがて結婚することになるドロシー・シェイクスピア（Dorothy Shakespear）をはじめとする詩人仲間たちと取り交わした手紙などから，パウンドはフェノロサの遺稿に，ほぼ同時進行で目を通していたらしいと推測できる．そのなかでも，フェノロサ未亡人の意向により，パウンドが最初に取りかかったのは能の翻訳であったといわれている．パウンドの能の翻訳作品は，まず1914年の『クウォーターリー・レヴュー』（*Quarterly Review*）の10月号に，『砧』と『羽衣』の訳を含むパウンドによって編集されたフェノロサの能楽論「日本の古典劇」（"The Classical Drama of Japan"）が掲載される．同時に，その5月の『ポエトリー』には『錦木』が，翌1915年の5月の『ドラマ』（*The Drama*）には『通小町』，『田村』，『経正』，『熊坂』，『須磨源氏』などの翻訳が掲載される．この雑誌には『杜若』も1916年に掲載されている．こうした文芸雑誌に発表されたのち，『錦木』，『羽衣』，『熊坂』，『景清』の4編の訳が，イェイツの序文とともに『日本の貴族演劇』（*Certain Noble Plays of Japan*）としてクアラ・プレスから1916年に出版される．同年に，これらすべての翻訳に，さらに『卒塔婆小町』の抄訳，『猩々』，『葵上』，『張良』，『絃上』の翻訳とフェノロサの能楽論およびパウンドの序文が加えられて，マクミランから出版された『能，すなわち達成：日本の古典劇研究』（*'Noh' or Accomplishment, a Study of the Classical Stage of Japan*）が，今日フェノロサの遺稿をもとにパウンドによって完成された能の翻訳集として知られるものである[11]．

　フェノロサの遺稿を入手した1913年から14年にかけての冬を，パウンドがサセックス州のストーン・コテッジでイェイツの秘書を務めながら能の翻訳に取り組んだことはよく知られている．その後も，パウンドは連続して

14 年から 15 年にかけて，そして 15 年から 16 年にかけての全部で 3 回の冬を能の翻訳作業を進めながらイェイツと過ごしている．このことから，パウンドとイェイツが能の翻訳を媒介として，互いの創作活動にどのような影響をおよぼし合ったかについて論じられることは多い．

　たとえば，ジェイムズ・ロンゲンバック（James Longenback）は，パウンドとイェイツの両者にとって，能の翻訳から得たものを具体的な作品にするには，日本人舞踏家，伊藤道郎の存在が欠かせなかったとしている．伊藤は，ドイツのドレスデン近郊へレウラに開かれたジャック・ダルクローズのリトミック教育施設で舞踊を学んでいたが，1914 年に第一世界大戦が勃発すると戦火を避けてロンドンに渡った．そして，ピカデリー・サーカスを少し入ったところにあるカフェ・ロイヤルという「芸術家たちの巣窟」でパウンドに出会ったという[12]．パウンドが伊藤をイェイツに紹介したことから，能の影響が色濃いとされる新しい形式の詩劇『鷹の井戸』（*At the Hawk's Well*）を，イェイツは舞踏劇として創作した．1916 年 4 月にキュナード夫人の客間で『鷹の井戸』が初演されたときに，伊藤は「井戸守の女」が鷹に変身した鷹の精の舞を踊っている．デュラックの奇抜な衣装を身につけた伊藤の舞は非常に好評を博し，東洋とも西洋とも名状しがたい独特の前衛的な舞台空間を創出して T. S. エリオット（T. S. Eliot, 1888–1965）をはじめとする同時代の詩人たちに鮮烈な印象を残した．この『鷹の井戸』により，イェイツは 19 世紀末のロマン派詩人からパウンドやエリオットと同時代人，つまり 20 世紀モダニズムの劇作家へと変貌をとげたといわれている．両者の密接な交流を通して，パウンドの詩の革新にたいする鋭い感性がはるかに年長のイェイツを同時代人に変貌させるのに貢献したというのは，よく指摘されることである．そして同時に，パウンドにとっても能を翻訳するうえで，そしてさらには詩人として成長するうえでも，演劇人として豊かな経験のあるイェイツの演劇活動を間近にみたことは大きかったのではないか．能を翻訳する際に，謡曲を詩劇として読むことと同時に，実際に舞台で上演する演劇芸術のためのいわば脚本であることを，イェイツはパウンドに示唆したであろうと

思われるからだ.

　いうまでもなく, 能とは舞台芸術であり, そのテクストである謡本は基本的には詩作品というよりは謡本としての意味合いが濃い. そこに書かれた詞章は, 実際に人が謡い, 舞うことによって補完されてはじめて舞台上にある特定の情景を立ち上げ情緒を表現することができるという独特な性質をもつ. この能の特性を, パウンドが西洋のリアリズム演劇とは異なるものとしてよく理解していたことは, 『能』の序文におけるかれの言葉から明らかである.

　　　もし, 戯曲を読みその舞台場面を想像する習慣がある人なら, 能舞台
　　　──それは, われわれのものとも西洋の中世劇のそれとも異なるのだが
　　　──それを想像し, 未完成の台詞が音楽や動きによってふくらんでゆく
　　　様を感じ取ることは困難ではないだろう. それは象徴的舞台であり仮面
　　　劇である──ともかく亡霊や神や若い女は仮面をつけるのである.[13]

さらに続けてパウンドは, 「イェイツ氏とクレイグ氏なら」このような舞台に賛成するだろうとのべている[14]. この言葉について長谷川年光氏は, イェイツが1900年頃からイギリスの演出家で演劇改革の旗手であったゴードン・クレイグ (Gordon Craig, 1872-1966) の演劇理念と実践に強い関心を抱き, 演劇の実験において影響を受けたことをふまえつつ, 「パウンドの能にたいする取組みの背後には, つねに演劇人イェイツの存在があったことを強く感じることばである」とのべるとともに, 「パウンドは, イェイツの演劇の理念が, 能という特殊な舞台芸術とぴったり一致すること, いいかえれば, イェイツの演劇の理念の確証が能の中にあることを見てとっている」と指摘している[15]. 伊藤の舞によって『鷹の井戸』が初演されたのは, パウンドがイェイツとともにストーン・コテッジでの最後の冬を過ごした翌春, 1916年4月2日のことであった. しかし, ロンゲンバックによると, すでにそれ以前の1915年10月に5つの舞踏詩を訳したパウンドは実験的な公演をおこない,

ジョイス（James Joyce, 1882-1941）に，近々伊藤が正式の装束で能を舞う予定であると告げている[16]．このようにイェイツと同じくパウンドも，伊藤の舞の重要性を認識していたのである．

4. 『須磨源氏』——「情緒の統一」と「イメージの統一」[17]

　『能』に収められた謡曲のなかでも，『須磨源氏』（*Suma Genji*）は舞踊が重要な意味をもつ作品である．この能の作者は世阿弥，形式は複式夢幻能である[18]．観世流の謡本では，この作品の前場のあらすじは「日向国宮崎の社官藤原興範が，伊勢参宮の途中，須磨の浦に着くと，柴を負うた老翁が来て，ある櫻の木陰に立ち寄り，花を眺めるので，それは由緒のある木かと尋ねると，これは昔光源氏の住居にあつた櫻であると答へ，問われるまゝに，光源氏の生涯に就いて色々語つた後，自分がその源氏である事をほのめかして消え失せた」[19]とある．そして中入り後の後場は，「そこでなほも奇特を拝まんものと，興範がこの処で旅寝をしていると，青鈍の狩衣をたをやかに著なした源氏の君が，兜率天から降つて来て，夜もすがら，この浦の邊で，舞を舞ひ，夜の明けかゝる頃，その姿を消すのである」[20]．ここでの主人公，シテは光源氏である．ワキの神官に問われ，『源氏物語』の主要な巻名を巧みに取り入れてその生涯を語ったのち，かつての貴公子の姿を現して舞いを舞う．『須磨源氏』の曲趣は早舞で，これは高貴の男性や成仏した女性が舞うとされる．したがって，今は天上界に住む光源氏が菩薩に姿を変え衆生済度を願う様がこの舞によって表現される．

　パウンドの英訳では，前場が終わり中入りののち，変身した光源氏が登場する後場を第二場（SCENE II）として，「第二場は，後シテ，つまり天上界における姿をした輝く源氏の亡霊の登場で始まる」というト書きのような解説が加えられている．その直後のパウンドによる光源氏の詞は，「ここ須磨の海辺の闇のなか，私は月を謡う．さあ，青海波を踊ろう．海の波の青い舞を．」

134

("I sing of the moon in this shadow, here on this sea-marge of Suma. Here I will dance Sei-kai-ha, the blue dance of the sea waves")[21] というフレーズで結ばれ、「それから彼は舞い始める」というト書きが再び入り、地謡の詞章がつぎのように続く．

波の花が映る	The flower of waves-reflected
彼の白い衣のうえに	Is on his white garment;
模様は袖を覆う	That pattern covers the sleeve.
天は笛の調べや	The air is alive with flute-sounds,
様々な笙の歌に満ち	With the song of various pipes
地に鳴り響く	The land is a-quiver,
そして須磨の荒海にさえ	And even the wild sea of Suma
静寂のこだまが渡る	Is filled with resonant quiet.
雲のなか雨のなかをゆれ動き	Moving in clouds and in rain,
夢は現実と重なり合う	The dream overlaps with the real;
天上から光がさし	There was a light out of heaven,
舞を舞う若者がいた	There was a young man at the dance here;
それはまさしく光源氏	Surely it was Genji Hikaru,
光源氏の尊霊であった	It was Genji Hikaru in spirit.[22]

１行目から３行目にかけての英訳は，原文の「波の花散る白衣乃袖」にあたるが，華麗で優雅とされる「青海波」が舞われる際に，その袖模様がちょうど波のようにみえることを念頭においたものであろう．ここでの２連目あたりからシテ光源氏の早舞となり，この後，劇は後半部の舞によるクライマックスへと急展開する．

　最終部のパウンドの英訳は，原文の流れをほぼ辿っているが，とくに目を

第4章 エズラ・パウンドと能楽　135

引くのは舞を舞う光源氏の「衣の袖」と「海の波」のイメージが連結され意
図的に拡大された表現となっている点である．原文の「青鈍の狩衣たをやか
に召されて．須磨の嵐に飜し．たもとも青き海の波」にあたる部分は，パウ
ンドの翻訳では「青灰色が彼らの衣（Blue-grey is the garb they wear here,)/ 青灰
色を彼は須磨で翻す（Blue-grey he fluttered in Suma;)/ その袖は灰色の海の波の
ようだ（His sleeves were like the grey sea-waves;)」となる[23]．衣の袖を海の波
の色と結びつけて反復する表現方法は，光源氏の舞そのものが，風にのって
海の波の動きと一体化するかのような可視的な効果をあげていないだろう
か．そして，このわずかな言語の操作は，『須磨源氏』のクライマックスに
おける舞によって展開される情緒を英詩として表現することを可能にしてい
るのではないだろうか．

　能においては，この『須磨源氏』にかぎらず，舞が非常に重要な要素であ
るのは周知のことであり，このことを理解していたパウンドには，その翻訳
が詩作品として読まれた場合の舞の欠落を懸念していた様子がうかがわれ
る．とくにストーリー展開に乏しく，登場人物の心理的葛藤が描かれている
わけでもない『須磨源氏』においては，菩薩となった光源氏が天降りて衆生
のために舞う舞にこそ意味がある．これについて，『須磨源氏』の註のなか
でパウンドはのべている．

　　おそらく，『須磨源氏』という劇をはじめて読む人のなかには，あま
　りドラマティックではないと思う人もいることだろう．
　　　　　　　　　……（中略）……
　　読者は，「仮に幻影であろうと」長い年月のうちに失われた美，つまり，
　「輝く形の過去の幻」をみたいと切望する僧に共感できないのであれば，
　これから何かが起こるという緊張感を感じることはできないだろう．
　　　　　　　　　……（中略）……
　　作品が最後まで「何も起こらなかった」ようにみえるときには，読者
　は，「言葉の空虚さあるいは弱々しさは，最後に舞の醸し出す情緒によっ

て埋め合わせがなされる」ということを思い出さねばならない．という
のも，能には情緒の統一があるからである．それはまた，イメージの統
一とわれわれが呼ぶであろうものを備えている．[24]

　フェノロサは，その能楽論において，「能の美と力は集中（concentration）
にある」[25] として，能の構造的な本質は，ある特定の情緒を表現するため
に1曲のあらゆる要素を統一させることにあると捉えた．これは，ある特定
の情緒に作品全体を収斂させるということであろう．パウンドは，このフェ
ノロサの考えを彼自身の詩論にひきつけて，具体的に可視化された「イメー
ジの統一」と定義し，『須磨源氏』においては「青灰色の波と波模様（the
blue-grey waves and wave pattern）」がこれにあたるとしている[26]．

5. 『杜若』——「暗示の芸術」としての夢幻能

　それでは，パウンドにとっての「情緒の集中」，いいかえれば「情緒の統
一」と「イメージの統一」との関係性はどのようなものなのだろうか．これ
については先に引用したヴォーティシズム論におけるパウンドの俳句のよう
な短詩「メトロの駅で」についてのパウンドの解説のなかに手がかりを探る
ことができよう．パウンドはいう．「この種の詩において，詩人は外部にあ
る客観的事物がそれ自体自ら変容する，あるいは内面的で主観的なものへと
飛翔する，まさにその瞬間を記録しようとしている．」[27] この理論をメトロ
の詩にあてはめるなら，「人ごみのなかのさまざまな顔のまぼろし」と「濡
れた黒い枝の上の花びら」は，各々客観的な事物だが，これらが重置された
瞬間に，そのイメージは，ある特定の情緒つまり内面的なものへと変容する
ということであろう．俳句のような短詩においては，こうした隠喩が必要欠
くべからざる詩的技法であることは明らかである[28]．では，能においてそ
れはどのように機能するのだろう．

第4章　エズラ・パウンドと能楽　137

　ドナルド・キーン（Donald Keene, 1922-2019）は，世阿弥が考案したとされる能の形式である複式夢幻能と俳句の類似点について，つぎのようにのべている．

　　複式夢幻能は現在と過去という二つの時間層から構成されていて，現実主義的な一場だけの現在能より複雑な表現ができる．……（中略）……夢幻能の前場と後場のあいだの緊張感は，優れた俳句に見る永遠と瞬間のあいだの緊張感に似ている．俳句もまた，あるかなきかの暗示から一つの完全な世界を作り出す芸術である．[29]

　キーンは，能，とりわけ複式夢幻能と俳句の構造にかかわる本質的な類似点を，詩的言語としての暗示という手法から生じる緊張感であると指摘している．このことは，『能』の序文でパウンドがのべている「暗示の芸術あるいは芸術における暗示へのこのような強い愛着が能の根本にある」[30]という言葉と共鳴する．さらに，パウンドは，いくつかの能の種類に言及した後，「舞台の愛好家や劇や詩の愛好家は，心理的な戯曲，あるいは亡霊の劇に主たる興味を見出すだろう」[31]としているが，これはパウンド自身が，夢幻能という形式にもっとも興味を抱いたということでもあろう．

　パウンドによって訳された夢幻能の1つに『杜若』（Kakitsubata）[32]がある．この作品の原曲は，『伊勢物語』を主材としている．これは，在原業平を想わせる没落してゆく一人の貴族の男をめぐる歌物語である．謡曲『杜若』では，業平と高子の后（清和天皇の中宮，二条の后）との悲恋を基調としてつぎのように話の筋が展開する．

　　三河の国八橋の沢辺に今を盛りと咲く杜若を眺めている僧の前に，一人の女があらわれ，業平東下りの折の「唐衣着つつ馴れにし妻しあれば……」の歌の話をした後，自分の家に案内する．女は初冠・唐衣を着た姿でふたたびあらわれ，冠・唐衣は業平・高子の后の形見と言い，

自らは杜若の精であると名のる．女は主として業平の立場で二条の后
（高子）への思慕，また多くの女性との交際のことを述べ，これは歌舞
の菩薩であり陰陽の神でもある業平の衆生済度のわざなのだと説く．
杜若の精は舞を舞い，夜の白むとともに，「草木国土，悉皆成仏の，御
法を得て」消え失せる．[33]

　ここでは，ワキの旅僧に，シテが自らを「杜若の精なり」と明かして舞を
舞い，この曲のクライマックスである「序ノ舞」[34]へと連なる箇所をみて
みよう．

貴婦人

この物語には始まりもなく終わりもなく
誰のしたことなのか知る人も見た人もおりません
昔ある男が
元服の初冠をして
奈良の春日の里近くに
狩りに出かけました

合唱

それは仁明天皇の時代のことと
思われております

彼は畏れ多い勅命を受け
「三月の初め頃
大内山の上にまだ霞が層を成す時……」
春日の祭りの勅使として
有難い透額の冠を許されたのです

第 4 章　エズラ・パウンドと能楽　139

貴婦人

またとない君の恵み

合唱

御所の中で元服の儀や宴を持つのは稀なこと

これが初めてでございました

この世の栄華は一時のこととて

ひとたび栄えては，すぐに衰え消え去るもの

彼もまたその例に漏れず

運を求めて東国へと旅立ったのです

一片の雲のように放浪し，ついに

歳月を経てやって来た

伊勢や尾張で波を見て

短かった自らの栄光の日々を思い焦がれました

　　業平，業平

　　波は砕けて帰る

　　だが，わが栄光は再び戻らず

　　業平，業平

わが栄光は再び戻らず[35]

LADY

This story has no beginning and no end,

No man has known the doer and no man has seen the deed.

In the old days a man

Wearing his first hat-of-manhood

Went out hunting

Toward the town of Kasuga in Nara.

CHORUS

We think it was in the time

Of the reign of Nimmio Tenno.

He was granted by Imperial Decree

Reading: 'About the beginning of March,

When the mists are still banked upon Ouchiyama the mountain....'

He was granted the hat-insignia, sukibitai,

As chief messenger to the festival of Kasuga.

LADY

An unusual favour.

CHORUS

   It was a rare thing to hold the plays and Genbuku ceremony in

the palace itself. This was the first time it had happened.

The world's glory is only for once,

Comes once, blows once, and soon fades,

So also to him: he went out

To seek his luck in Adzuma,

Wandering like a piece of cloud, at last

After years he came

And looking upon the waves at Ise and Owari,

He longed for his brief year of glory:

     The waves, the breakers return,

     But my glory comes not again,

       Narihira, Narihira,

      My glory comes not again.[36]

第4章　エズラ・パウンドと能楽　141

パウンドが訳した英語の謡曲『杜若』を，こうしてさらに日本語に置き換えてみると，能が物語性に富み暗示と隠喩に満ちた文学性の高いテクストであることに改めて気づかされる．さまざまな修辞が豊かに施され，和漢の詩歌からの引用で飾られた日本語の能の詞章は，さながら言葉の宝石箱のようであるが，パウンドの英訳は平明でありながらも原文のみずみずしい格調を失っていない．

　この謡曲『杜若』では，『伊勢物語』にある杜若（かきつばた）の5つの文字を句の頭において旅の気持ちを詠んだ「唐衣着つつ馴れにし妻しあれば，はるばる来ぬる旅をしぞ思ふ」を主題とし，物語の著名な文章を引いて文の綾としたとされているが，パウンドの訳ではこうしたアクロスティク（acrostic）な折句といわれる技巧と曲のテーマとの密接な関係が表現されていない[37]．だがしかし，能についての知識がほとんど皆無であったパウンドは，このような複雑な言語上の技巧に煩わされる必要がなかったがゆえ，平明な英語を用いて，テクストに内在する情緒をただ1点に集中させることを何より重んじている．したがって，パウンドの能翻訳の意義は，原曲に忠実な訳（能にも日本語にも知識がなかった当時のパウンドがそれをめざすことはもとより不可能であったが）というよりも，フェノロサが遺した断片的なノートの集積であった草稿から，「暗示の芸術」である能の独特な光彩を放つ作品世界を立ち上げることができたという点にあるのではないか．それはやはり，パウンドの詩人としての卓越した感性と言語を操る能力ゆえに可能であったといえるであろう．

　パウンドが，フェノロサの草稿をどのように巧みに編集しているのかをみてみよう．業平の「月やあらぬ，春や昔の春ならぬ，わが身一つは，もとの身にして」という歌に導かれて，最終部の舞へとなだれ込む箇所を引用する．

　　　　　　　　合唱

　　　　　（業平の歌を謡いて）

　　　　月はあらず

春は

昔の春にあらず

　わが身は

わが身にあらずして

ただ年老いたのみの身なり

　　　　業平，業平

　　わが栄光は再び戻らず

　　　合唱

年老いた業平が，清和天皇の后にあててこの歌を詠んだということです．この身を解いて，真の姿は，光と影の化身になりました．昔，業平は私のことを知っていました．旅のお方，お疑いになってはいけません．では，古の輝く衣を着て，舞を舞いましょう．

　　　　　［舞とその描写

　　　杜若の精

ひらひらと花に降る雪

飛び移ろう蝶

　　　合唱

柳の木に飛ぶ鶯

飛び交う黄金の片々

CHORUS

(*singing the poem of Narihira's*)

No moon!

The spring

Is not the spring of the old days,

第4章　エズラ・パウンドと能楽　143

My body

Is not my body,

But only a body grown old.

Narihira, Narihira,

My glory comes not again.

CHORUS

Known then that Narihira of old made these verses for the Queen

Of Seiwa Tenno. The body unravels its shred, the true image

divides into shade and light. Narihira knew me in the old days.

Doubt it not, stranger. And now I begin my dance, wearing the

ancient bright mantle.

[Dance and its descriptions.

SPIRIT

The flitting snow before the flowers:

The butterfly flying.

CHORUS

The nightingales fly in the willow tree:

The pieces of gold flying.[38]

「杜若の精」と「合唱」とによる掛け合いの最後の4行,「ひらひらと花に降
る雪 / 飛び移ろう蝶 ("The flitting snow before the flowers: / The butterfly flying")」
および「柳の木に飛ぶ鶯 / 飛び交う黄金の片々 ("The nightingales fly in the
willow tree: / The pieces of gold flying")」の詩句は,原曲では各々が「花前に蝶
舞ふ,紛々たる雪,/ 柳上に鶯飛ぶ,片々たる金」[39]となっている.これは,
謡曲ではよくあるように,テクストの文脈には直接的に関係のない詞句が,

言語的装飾のように別の詩歌からの引用として突然に挿入されたものである．フェノロサの草稿におけるこの箇所の英訳は，1箇所，"in the willow tree"のなかの前置詞"in"が"on"であるのを除いてはパウンドのものと同じである．つまり，パウンドはフェノロサの英訳はほとんど変えずに，散文的な走り書きでしかなかったものを上記のように自らのメトロの詩と同じく2行に併置することで，原曲のきらめく重層化されたイメージを表現することに成功している．また，パウンドの翻訳では，「業平，業平 / わが栄光は再び戻らず（"Narihira, Narihira, / My glory comes not again."）」という詩句が，作品全体で3度出てくるが，これに相当する語句は原曲にはなく，フェノロサのノートにもみあたらない[40]．したがって，「情緒の統一」をねらいとして，パウンドが意図的にこのフレーズを繰り返したものと思われる．

　こうした能の1曲を締めくくる舞にともなう詞章の働きについて，フェノロサは，「その機能は詩的評釈であり，行動が表現するものを超えた精神の中核へと心をいざなう」と指摘している[41]．さらに，作品中の「激しい感情」は「強烈で純粋な取り扱いによって普遍的な次元にまで高められる」とのべている[42]．このようなフェノロサの能にたいする鋭い洞察に呼応するかのように，パウンドは『杜若』の最後に付された註のなかで，「杜若の精」とは「魂の不滅」，あるいは「一人の人間の永続性または耐性」を亡霊として明示するものであり，そこにこの能作品の総体的な意味があると結んでいる[43]．そして，それはまた，『杜若』という能作品が拠り所とする『伊勢物語』を貫く主題，主人公の男性の「青年期の純情な一途の思慕」や「年月のなかで衰えてゆく生命の滅びの歌の哀感」とも通底しているといえるのではないだろうか．

お わ り に

　パウンドと同時期に能を翻訳したイギリス人にアーサー・ウェイリー

（Arthur Waley 1889-1966）がいる．ウェイリーの翻訳は，1921年に『日本の能楽』（*The Nō Plays of Japan*）としてロンドンで出版されている．当時，大英博物館の東洋版画部門に職を得ていたかれは，パウンドやエリオットをはじめとするモダニズムの詩人たちとロンドンで交流があり，それが刺激となって能や中国詩を訳したことが『源氏物語』の優れた翻訳につながったといわれている[44]．

　さらには，近年においても英語圏における能の研究や翻訳は活発に続いており，たとえば，ロイヤル・タイラー（Royall Tyler）は，1992年の『日本の能』（*Japanese Nō Dramas*）の序文で能の芸術性をつぎのように高く評価している．

　　　日本の能楽堂は，文明が達成をなしえたもっとも高度なものの1つである．音楽，舞踊，能面，衣装と言語のその複雑に入り組んだ融合以上に洗練された芸術もなければ，より高邁な理想を鼓舞する芸術もない．能は，他の異なる劇場におけるものと同じく演じられるために書かれたが，これまでのどんな優れた劇と比べても文学性が高い[45]．

このタイラーのように，最近では，自らも能を演じるという立場から能の魅力を英語で伝えようと試みる欧米の研究者も増えている．この端緒となったのは，ジャポニスムにおいて西洋の画家たちが北斎に驚嘆し大きな影響を受けたのと同じように，モダニズムの詩人，パウンドが，フェノロサの遺稿のなかの東洋文学に新鮮な美を発見したことであった．とくに能については，その構造的な特質が，パウンドがモダニズムの詩論を発展させるのに大きく貢献したことはここまでみたとおりである．そして，それと同じく重要であるのは，能をはじめほとんどの偉大な芸術に内在するであろう「生と死の往還」という普遍のテーマをパウンドが理解し，『杜若』のテーマを「魂の不滅」とのべたように，自らの能の翻訳作品のなかでそれを表現しようと試みたことだと思う[46]．パウンドの翻訳は，多くの批評家が指摘するように正確さ

には欠けるかもしれない．だが，むしろその不完全さゆえに原曲本来の修辞
から解放されて抽象度が増し，能の本質が顕在化することとなった．イェイ
ツやウェイリーのような同時代人に創造的な刺激を与え，その後の多くの西
洋の芸術家や研究者が能に深い関心をもつこととなったのは，やは
り，まずは詩人パウンドの翻訳があったがゆえといえるのではないだろうか．

付記　本章は，2011年7月8日にロンドン大学で開催された第24回国際エズラ・
　　パウンド学会における発表原稿「パウンドの能翻訳と舞踊」，および2018年3
　　月12日に東京女子大学でアンドリュー・ホウェン氏（Andrew Houwen）に
　　よって開催された「エズラ・パウンドと日本」学会における発表原稿「パウン
　　ドの能翻訳と神秘主義」を纏めて加筆修正を加えたものである．本文中での詩
　　および散文の拙訳はすべて筆者による．

1)　馬渕明子（2017）「ジャポニスムにおける北斎現象」『北斎とジャポニスム―
　　HOKUSAIが西洋に与えた衝撃』東京：国立西洋美術館，16頁.
2)　たとえば児玉實英氏は，能に深い興味を寄せた芸術家や学者たちについて，
　　「イギリスのW. B. イェイツ，アーサー・ウェイリー，ベンジャミン・ブリテ
　　ン，アメリカのエズラ・パウンド，ソーントン・ワイルダー，テネシー・ウィ
　　リアムズ，アール・マイナー，ロイ・ティール」などをあげている．児玉實英
　　（2011）「英米における能楽愛好者たち―エズラ・パウンドの創作能『トリスタ
　　ン』を中心に―」『越境する言の葉―世界と出会う日本文学』（日本比較文学会
　　編）東京：彩流社，351頁.
3)　能本補綴：笠井賢一，演出構成：ミハイル・マルマリノスによる．
4)　パウンドを中心とするモダニストたちが，どのようにして20世紀の新しいア
　　メリカ詩を創出し確立していったかについては，つぎの著書においてさまざま
　　な角度から論じられている．富山英俊編（2002）『アメリカン・モダニズム―パ
　　ウンド・エリオット・ウィリアムズ・スティーヴンズ』東京：せりか書房.
5)　D.D. Paige ed.（1970）, *The Selected Letters of Ezra Pound*, New York: New
　　Directions, p. 27.
6)　John Gould Fletcher（1937; 1988）, *The Autobiography of John Gould
　　Fletcher*, Fayetteville: Univ. of Arkansas Press, p. 91.
7)　Ezra Pound（1918; 1968）, "A Few Don'ts," *Literary Essays of Ezra Pound*, New
　　York: New Directions, p. 4. このエッセーは，のちに「回顧録」（"A Retrospect"）
　　として「パバーヌとディヴィジョン」（*Pavannes and Divisions*, 1918）に収録
　　された.

第 4 章　エズラ・パウンドと能楽　147

8)　Pound (1914; 1970), "Vorticism," *Gaudier-Brzeska: A Memoir*, New York: New Directions, p. 89.

9)　Pound, "Vorticism," p. 94.

10)　このうち中国詩の翻訳は，1915 年に『キャセイ』（*Cathay*）として，漢字論については，1919 年に『詩の媒体としての漢字考』（*The Chinese Written Character as a Medium for Poetry*）としてそれぞれ出版された.

11)　なお，本章でのパウンドの翻訳作品の引用については，1959 年にニューディレクション（New Directions）から出たテクストの内容はほぼ同一の『日本の古典能劇場』（*The Classic Noh Theatre of Japan*）を使用し，本文中では『能』（英文の場合は *Noh*）と記した.

12)　James Longenbach (1988), *Stone Cottage: Pound, Yeats, and Modernism*, Oxford: Oxford Univ. Press, p. 200.

13)　Pound, *Noh*, p. 4.

14)　Pound, *Noh*, p. 4.

15)　長谷川年光 (1986)「フェノロサ，パウンド，イェイツ：能の伝播と同化をめぐって」（『英文学評論』第 51 集）52–80 頁.

16)　Longenbach, p. 201.

17)　このセクションは，つぎの拙論にもとづいている.「パウンドの能翻訳—モダニズムにおける新しい詩の実験」(2006)『エズラ・パウンド・レヴュー』第 8 号・第 9 号（合冊号），日本エズラ・パウンド協会，51–65 頁.

18)　夢幻能とは，「過去の物語の主人公の霊がワキの夢や幻想の中に現れる形式の演目の総称」であり，一般にワキの旅人や僧が主人公（シテ）である神霊，昔の人物の亡霊，物の精などの懐旧談を聞き舞をみるという筋立てになっている.このうち，前後の二場より構成され，シテが中入り後に扮装を変えて亡霊などになってワキの夢にあらわれるものを複式夢幻能という.

19)　観世左近 (1966)『須磨源氏』東京：檜書店，頁なし.

20)　前掲書，頁なし.

21)　「青海波」とは雅楽の曲名で，『源氏物語』のなかで光源氏と頭中将がこの曲を舞ったとされる.それはまた，この舞曲で用いられる波形を描いた衣装の染め模様の呼び名でもある.この引用の最後のフレーズ「海の波の青い舞」は原文にはないが，「青海波」という語を構成する 3 つの漢字がもつ意味そのもののテクスチュアが英語で読者に伝わるように，パウンドが創出したものであろう.『須磨源氏』における詩情を，フェノロサのノートの漢字を通してパウンドが理解していたことがわかる.

22)　Pound, *Noh*, p. 25.

23)　Pound, *Noh*, p. 26.

24)　Pound, *Noh*, pp. 26–27.

25)　Fenollosa, *Noh*, p. 69.

148

26) Pound, *Noh*, p. 27.

27) Pound, "Vorticism," p. 89.

28) とくにこの点については，以下の拙稿にて詳しく論じたことがある．Yoshiko Kita（2000），"Ezra Pound and Haiku: Why Did Imagists Hardly Mention Basho?"，*Paideuma*, Vol. 29, No. 3, pp. 179-191.

29) ドナルド・キーン（1995）『日本文学の歴史—古代・中世篇6』東京：中央公論社，98頁．

30) Pound, *Noh*, p. 4.

31) Pound, *Noh*, p. 12.

32) フェノロサの草稿には，作者は元清（Motokiyo），つまり世阿弥と記されているためパウンドもこれにならっているが，現在では作者不明とされている．

33) 小山弘志・佐藤健一郎校注・訳（1997）『謡曲集①』（新編日本古典文学全集58）東京：小学館，371頁．

34) 「優美な女性，齢たけた老人，草木の精などの舞う舞．序という導入部を備えたきわめて静かな品位のある舞である．」小山・佐藤　前掲書，552頁．

35) Pound, *Noh*, pp. 126-128. これは，「エズラ・パウンドの能翻訳—『杜若』より」として『オーロラ16号』（2011）に掲載された拙訳を部分的に変更したものである．

36) Pound, *Noh*, pp. 126-127.

37) この点について，スコット・ジョンソン（Scott Johnson）は，イェール大学バイネッキ図書館（the Beinecke Rare Book and Manuscript Library, Yale University）に現存する平田の助力からなるフェノロサの遺稿とパウンドの翻訳を比較して，フェノロサ自身がこの重要性にあまり気づいておらず，研究ノートにも言及がわずかであるので，パウンドは翻訳に反映させなかったのだろうとしている．Scott Johnson（1994），"Kakitsubata"，*A Guide to Ezra Pound and Ernest Fenollosa's Classic Noh Theatre of Japan*, Maine: The National Poetry Foundation, p. 257.

38) Pound, *Noh*, pp. 128-129.

39) 小山・佐藤　前掲書，379頁．これは，『断腸集之抜書』における「花前蝶舞粉々雪，柳上鶯飛片々金」であるとされている．前掲書，380頁．

40) フェノロサの草稿にある "But the world has glory once-soon it fades; and this came upon him too" という箇所にもとづいて，パウンドが業平自身の台詞として創作したのであろう．前述のジョンソン，"Kakitsubata" におけるフェノロサの草稿，257頁．これは，原曲の「しかれども世の中の，一度は栄え，一度は衰ふる理の，まことなりける身の行方」にあたるものと思われる．小山・佐藤前掲書，377頁．

41) Fenollosa, *Noh*, p. 69.

42) Fenollosa, *Noh*, p. 70.

第 4 章　エズラ・パウンドと能楽　149

43)　Pound, *Noh*, p. 130.

44)　平川祐弘（2008）第一章「中国詩の新世界」および第二章「西洋人の謡曲発見」『アーサー・ウェイリー「源氏物語」の翻訳者』東京：白水社，19-124 頁を参照.

45)　Royall. Tyler（1992），*Japanese Nō Dramas*, London: Penguin, p. 1.

46)　パウンドは，晩年にいたっても能にたいする興味を失うことはなく，1953年にソフォクレスのギリシア悲劇『トラキスの女達』（*Sophokles, Women of Trachis: A Version by Ezra Pound*）を翻訳し，伊藤道郎か梅若実の流派によって能の様式で上演されることを希望していた．安川昱（2000）「エズラ・パウンドの『トラキスの女達』」『エズラ・パウンドとギリシア悲劇―エズラ・パウンド研究』（関西大学東西学術研究所研究叢刊 13）3-29 頁を参照.

引 用 文 献

観世左近（1966）『須磨源氏』東京：檜書店，頁番号なし.

キーン・ドナルド（1955）『日本文学の歴史―古代・中世篇 6』東京：中央公論社.

児玉實英（2011）「英米における能楽愛好者たち―エズラ・パウンドの創作能『トリスタン』を中心に―」『越境する言の葉―世界と出会う日本文学』（日本比較文学会編）東京：彩流社，351-358 頁.

小山弘志・佐藤健一郎校注・訳（1997）『謡曲集①』（新編日本古典文学全集 58）東京：小学館.

富山英俊編（2002）『アメリカ・モダニズム―パウンド・エリオット・ウィリアムズ・スティーヴンズ』東京：せりか書房.

長谷川年光（1986）「フェノロサ，パウンド，イェイツ：能の伝播と同化をめぐって」（『英文学評論』第 51 集）52-80 頁.

平川祐弘（2008）『アーサー・ウェイリー「源氏物語」の翻訳者』東京：白水社.

馬渕明子（2017）「ジャポニスムにおける北斎現象」『北斎とジャポニスム―HOKUSAI が西洋に与えた衝撃』東京：国立西洋美術館，10-18 頁.

安川昱（2000）「エズラ・パウンドの『トラキスの女達』」『エズラ・パウンドとギリシア悲劇―エズラ・パウンド研究』（関西大学東西学術研究所研究叢刊 13）3-29 頁.

Fletcher, John Gould（1937; 1988），*The Autobiography of John Gould Fletcher*, Fayetteville: Univ. of Arkansas Press.

Johnson, Scott（1994），"Kakitsubata," *A Guide to Ezra Pound and Ernest Fenollosa's Classic Noh Theatre of Japan*, Maine: The National Poetry Foundation, pp. 239-261.

Kita, Yoshiko（2000），"Ezra Pound and Haiku: Why Did Imagists Hardly Mention Basho?" *Paideuma*, vol. 29, no. 3, pp. 179-191.

Longenbach, James（1988），*Stone Cottage: Pound, Yeats, and Modernism*, Oxford: Oxford Univ. Press.

Paige, D.D. ed. (1970), *The Selected Letters of Ezra Pound*, New York: New Directions.

Pound, Ezra (1918; 1968), *Literary Essays of Ezra Pound*, New York: New Directions.

——— (1914; 1970), "Vorticism," *Gaudier-Brzeska: A Memoir*, New York: New Directions, pp. 81–94.

——— and Ernest Fenollosa (1916; 1959), *The Classic Noh Theatre of Japan*, New York: New Directions. [*Noh*]

Tyler, Royall (1992), *Japanese Nō Dramas*, London: Penguin.

Waley, Arthur (1921), *The Nō Plays of Japan*, London: George Allen & Unwin Ltd.

第5章

「もう1つの成熟」としての老い
── 「老い」についての哲学的考察 ──

大 森 一 三

はじめに──「老い」を巡る今日の状況

　今日の日本社会にとって，最大の課題の1つが超高齢化社会にともなう諸課題であることは間違いないだろう．家族のあり方から地域での医療・介護システムの変化や介護現場で働く人・介助される人にまつわる諸問題，「高齢者」の「生きがい」の問題，そして，年金問題に代表される社会システムの再検討など超高齢化にともなうさまざまな課題は膨大である．こうした超高齢化にともなう諸課題の中心にあって，「老い」をどのように捉えていくべきか，その理解が揺らいできている．

　かつてボーヴォワールは『老い』のなかで，あまたの文学作品や歴史的記録のなかから「老い」を多面的に考察し，「老い」が，たんなる人間の生理的現象・過程ではなく，むしろ歴史的・社会的に構成されてきた文化的事象であることを描き出した[1]．そして今日，「老い」はいっそう急速に社会のなかでその意味を変転させ続けている．

　現代社会を見渡してみるならば，「老い」はいつからか「アンチ・エイジング」の名前のもとに「予防・治療」されうるものとなり，各人の努力と医

学的・工学的な技術によって遠ざけることが可能な「症状」とみなされるようになった．また，かつての「古老」や「長老」という名前によって喚起されたイメージとは異なり，「高齢者」は，家族やコミュニティの中心的存在ではなく，むしろ家族やコミュニティにとって，痴呆や介護の検討を迫られる「問題」として語られることが多くなった．さらには，（この言葉自体の是非はさておき）「人生100年時代」という名のもとに，「高齢者」の社会的定義と制度的身分の再設計も検討されつつある．

　また，こうした超高齢化社会にともなう諸課題を抱えているのは，日本だけではない．先進諸国はいずれも同じ課題を抱えている．とりわけ韓国や中国，インドをはじめとするアジアのなかで急成長を遂げた先進諸国にあっては，超高齢化社会はより深刻な事態を迎えることが予測されており，各国はそれぞれの文化や社会状況に応じた解決を模索している．したがって，アジア諸国をはじめとする各国および諸文明の歴史的・文化的背景にもとづいた「老い」および超高齢化社会の課題に関する理論的・実践的見地からの比較研究・相互交流の重要性は，今後ますます高まってくるだろう[2]．同時に，諸学や臨床現場をはじめとするさまざまなディシプリンからの「老い」の分析もまた，いっそう重要になってくることは間違いない．

　本章は，こうした要請に応える1つの試みとして，「老い」についての哲学的考察を試みる．

1. 「老い」にたいして哲学にはなにができるか

「老い」の考察をはじめるにあたり，最初に個人的な話からはじめたい．

　昨年，私は父を亡くした．父は79歳の「高齢者」であった．

　父は亡くなる数年前から，脳梗塞とアルツハイマー型認知症により，歩行や嚥下機能（飲み込み）や排泄といった基本的な身体動作・機能も十分ではなくなり，介護を必要とするようになった．次第に動けなくなる身体，排泄

さえ誰かの支援を要するようになった自分の姿に，何より父自身が打ちのめされたのであろう．次第にデイサービスの職員の方々やリハビリ療法士の方々，そして家族にたいする父の言動や態度も荒んでいった．当人の「老い」にたいする戸惑いと絶望は，傍でみる私からも強く感じられたし，私も悩み続ける日々だった．

　同時に，「高齢者」とともに生きる家族は「答えの出ない選択」を日々迫られることをはじめて知った．施設を選ぶ際に，リハビリを重視するのか，当人が望むように安逸に過ごす日々を選ぶのか．施設の職員の人たちや周囲の人たちに，父があまりにもひどい態度を取ったときには叱るべきか，あるいはその絶望を含めて受けとめ続けるべきか．そしていよいよ反応も曖昧になり，食事をとることが困難になったときに，当人がかつて希望していたとおり「延命治療はしない」ことを選ぶべきなのか．とはいえ，晩年のやけっぱちな口調での「もう死にたい」という叫びを，はたして本当の当人の意思とみなしてよいものなのか．そもそもたとえそれが「本心」であったとしても，「飢えの苦しみを味わわせたくない」「苦痛を味わわせるのは忍びない」という家族の想いとの葛藤……．

　こうした葛藤と選択の日々のなかで，高齢者を巡る１つ１つの判断は大きな社会システムに組み込まれていることを実感した．同時に，「哲学的思考は『老い』の現実にたいして何を果たすことができるか」ということを考えざるをえなかった．したがって本章は，「老い」の現実にたいする哲学の寄与とはなにか——すなわち，「『老いを生きる』という事象にたいして，哲学は何をすべきであり，何ができるのか」ということを根本的な動機として，考察を進めたい．

　西洋哲学史を紐解いてみるならば，「老い」は哲学，倫理学の中心テーマとして論じられてきたとは言いがたい．だが，「老い」は「啓蒙」や「成熟」といったテーマの背後に存在し，語られ続けてきたのだ．もちろん今日，西洋哲学，倫理学が前提としてきた普遍的主義的な理性の立場から素朴に「老い」にたいして，その意味を与えることはもはや適切ではないだろう．しか

しそれでも，後述するように，哲学的考察によってもたらされる「老い」についての先入見の暴露と，「老い」という事象について新たな思考をはじめることは，さまざまなアスペクトをもつ「老い」の今日的理解にとって，そして「老い」の当事者および「老い」にかかわる多くの人たち（家族や友人，医療，介護，福祉，地域や共同体のメンバー等々）にとっても有益な寄与をもたらすはずである．

　本章では，「老い」にたいする哲学的考察を以下の順序で進めていく．まずは「老い」に関する哲学的考察の代表的なものとして，キケロの『老年について』と，この著作にたいするM. ヌスバウムによる近年の評価を取り上げ，その重要性と問題点を考察していく．この考察によって，「老い」にたいして哲学的思考が果たすことができる最大の寄与の1つが，「老い」に関する「イドラ」（幻像，先入見）からの解放であることを明らかにする．

　第2に，哲学も「老い」に関する別の「イドラ」を生み出しうる危険性をもっていることを指摘し，近代西洋哲学が「老い」にたいして生み出してきた「イドラ」を明らかにする．その際，I. カントの「成長・成熟」に関する論述を考察し，「老い」に関する近代西洋哲学の問題点を浮き彫りにしていく．

　第3に，再びカント哲学を考察し，カントの別の側面のなかに，「老い」を「もう1つの成熟」のあり方として理解する可能性があることを明らかにしていく．後述するように，「もう1つの成熟」のあり方として「老い」を捉えることによって，「老い」を「衰弱と孤独に支配された終末の季節」ではなく，「変化とはじまりに満ちた成熟の季節」として理解することができるようになるだろう．そして，こうした考察をつうじて，「老い」にたいして哲学的思考が果たすもう1つの寄与とは，「老い」の多元的意味を描き出すことであることを明らかにする．

　第4に，比較思想・比較哲学的観点から原始仏教における「老い」についての言説とこれまでの成果を考察していく．後述するように，原始仏教における「老い」の言説もやはり，「老い」にたいするイドラ（先入見）を砕き，

むしろ「老い」によってもたらされるさまざまな現実を深く受納することによって，1つの「成熟」「境地」として「老い」を描き出している．後述するように，原始仏教は「老い」を衰弱ではなく，「成熟」ないし「成熟」にいたるための条件として捉えているのだ．したがって結論として，西洋哲学と原始仏教によって紡がれてきた思考の両者いずれも，「老い」にたいする「イドラ」の破壊および「老い」の多元的意味をあぶり出し，「老い」をもう1つの成熟として理解する可能性を開く点で共通していることを明らかにする．

2. キケロ『老年について』の意義とその問題

まず，「老い」を取り扱った哲学の著作として，キケロの『老年について』を確認していきたい．先述したように，西洋哲学・倫理学の歴史のなかで「老い」を主題的なテーマとして論じた作品はそう多くない．そのなかで，キケロの『老年について』は，「老い」を主題に掲げている古典的な哲学著作であり，「老い」がもつ具体的な特徴を1つ1つ詳らかにしながら，それらを肯定的に捉え直すという内容も含めて[3]，後代の「老い」についての哲学や思想に影響を及ぼし続けてきた．

『老年について』は，80歳を越える「長老」であり，有力な政治家である大カトーと，ラエリウスとスキーピオという2人の「若者」との対話篇のかたちを取っている．カトーの生き生きとした様子，「老い」にたいする態度，生きる姿に感銘を受けたラエリウスとスキーピオが，「老い」についての考え方と「老い」を生きる智慧をカトーに尋ねるというのが，おもな内容である．対話篇のかたちを取っているものの，そのほとんどはカトーが「老い」にたいする一般的な考えを取り上げて，それを批判するかたちで議論を展開している．

カトーは，一方で「老い」を嘆く同年代の友人たちの声を紹介し，他方で

老年を豊かに力強く，智慧深く，いっそう実り多き時として過ごした先人たちの存在をあげる（そのなかにプラトンの名前もあげられている）．そして，「老い」が惨めなものであると考えられる一般的な理由を４つにまとめている．キケロがまとめる４つの一般的な理由とは，つぎのようなものである．

① 「公の活動からの引退（仕事からの引退)」

② 「肉体の衰え」

③ 「肉体的快楽の低下（欲求の低下)」

④ 「死の接近」

ここであげられている「老いが惨めなものである」と考えてしまう４つの理由は，ある程度，現代でも共通しているといえるだろう．たとえば厚生労働省が発表している「高齢者のうつの基礎知識」によれば，老年期うつの誘因として「社会的役割の低下（退職など)」「健康の減退」「自分や身近な人が生命の危機にさらされること」があげられ，さらに，老年期うつの特徴の１つとして「興味や喜びの喪失（性的関心や欲求の減退も含む)」があげられている[4]．少なくとも一般的傾向としては，老年期うつの誘因と，その特徴とされているものは，キケロのあげる４つの理由と符合しているのだ．つまり，「老い」がもたらす状況と精神的な影響，「老い」にたいする一般的なイメージは，キケロの時代から現代にいたるまで，そう大きく変わっていないといえるだろう．

『老年について』の内容に戻ろう．カトーはこれら１つ１つにたいし，反駁してゆく．カトーがのべる４つの理由にたいする反駁はそれぞれ次のとおりである．

① 「公の活動からの引退（仕事からの引退)」については，老人は肉体的な労働には向いていなくても，思慮と理性を用いてさまざまな働きを成し遂げることができる．また記憶力の衰えも鍛錬次第で防止することができ，新たに何かを学び，活動することも可能であることを，ピュタゴラスやプラトン，ソロン，ソクラテスといった実例をあげて反証している．

② 肉体の衰えについては，老年におこなうにふさわしい仕事のための体

力はあること．健康が悪化している場合は，老年のせいというよりかは
むしろ，すでにそれ以前の時期の生活習慣に原因があること．その意味
で，健康にたいしては壮年期であっても老年期であっても等しく配慮し
続ける必要があることがのべられる．

③　肉体的快楽の低下（欲求の低下）については，そもそも快楽は熟慮を
妨げ，理性に背かせるものであることをのべ，快楽を求める欲求から自
由になったことにたいする利点を強調する．同時に，老年期では求める
快楽の質の変化がすること——たとえば青年期におこなっていたような
羽目を外した宴会ではなく，会話と風情を楽しむ，より好ましい快楽に
変化していくことや，学問や農業についての快楽への関心が高まってい
くこと——がのべられ，老年期に起こることは，欲求の低下ではなく変
化であることが強調される[5]．

④　死の接近については，死がいつ訪れるかわからないのは，若者にとっ
ても同じであり，死は老年と青年とに共通であること，そして「魂の不
死」にたいする信仰をもつことによって，老年を軽く，そしてより善き
生を送ることができることが主張される．

『老年について』のなかで，キケロはこのように，「老い」にたいする一般
的なイメージや忌避感にたいして1つ1つ反証をあげて反論し，老年期の素
晴らしさについて論じている．M. ヌスバウムは 2016 年に日本でおこなった
講演のなかで，キケロの『老年について』は，老いにたいする「[社会的な]
ステレオタイプやスティグマに立ち向かおうという精神な決意を見せてい
る」と高く評価した[6]．ヌスバウムによれば，キケロがこの著作のなかでお
こなったことは，「老い」にまとわりついている「ステレオタイプとスティ
グマ」からの解放である．そしてヌスバウムは，それこそが哲学の意義であ
ると強調し，つぎのようにのべている．

「彼らはすでに知っていたのです——哲学が人類の発展に貢献できる1つ
の方法は，こうしたステレオタイプを充分な根拠に裏付けられた主張でもっ
て，そして願わくば，ユーモアの感覚をも携えて，問題にすることである，

158

と」[7].

　筆者も，ヌスバウムのこの主張に賛成する．すなわち，「老い」を哲学的に考えることの最大の意義の1つ，つまり，「老い」にたいして哲学が果たすことができる寄与とは，「老い」に関する「スティグマ，ステレオタイプ」からの解放だろう．ここで，ヌスバウムがのべている「スティグマ，ステレオタイプ」とは，哲学史のなかで使われてきた用語を用いるならば，「イドラ（幻像）」といい換えることもできるだろう[8].

　F．ベーコンは「イドラ」を4つのタイプに分類し，人間の思考が，個人レベルから業界や社会，人類全体というさまざまなレベルにいたるまで，先入見に支配されてしまうこと，かつその先入見を再生産してしまうこと，そして思考によって，そのイドラから解放されることの重要性を強調していた．

　キケロが『老年について』でおこなっていることは，「老い」に関する「イドラ」からの解放であるといえるだろう．「老い」にまつわる主観的・社会的な「イドラ」を破り，「イドラ」がもたらす閉塞状況から「老い」の当事者と，「老い」にかかわる人びとの思考を解放すること，これこそが哲学的思考がもたらすことのできる寄与の1つであるといえる．したがって今日，より多くの「イドラ」を打破するために，「老い」の当事者および「老い」にかかわる多くの人たちが，自由に対話し，意見を表明し，耳を傾けていく，そのような哲学の実践には，大きな意義があるだろう[9].

　だが同時に，哲学的思考もまた，新たな「イドラ」を生み出しうることにも注意しなければならない．たとえば，本章で紹介したキケロが語る「老い」の理想は，歴史的制約があるにしても，社会的に成功した男性中心主義的言説であることは否めないだろう．さらに，それ以上に問題なのは，キケロの語る「老い」の理想が，原理的言説として受けとめられる場合には，この理想が新たな「イドラ」として働いてしまう点にある．すなわち，キケロのいう「老い」の理想に達することができない，あるいは共感することができない場合は，その当事者たちの「老い」のあり方や，「老い」にたいする考え方を「未熟」だと規定することになってしまいかねない．つまり，哲学的思

考は「イドラ」の打破と同時に，新たな「イドラ」の再生産をもたらしてしまうことがありえるのだ．

　そして，筆者がみるところ，「啓蒙」や「成熟」を語る近代哲学の言説のなかで，「老い」に関する「イドラ」は生み出され，強固にされ続けてきた．次節ではそのことを確認していきたい．

3. 近代哲学における「老い」の「イドラ」

　本節では，近代哲学のなかで「老い」に関する「イドラ」が生み出されてきたことを考察していく．すでにのべたように，「老い」は西洋哲学史のなかで中心的なトピックではなかった．だが，「成熟」についての言説の背後には，かならず「老い」が関係してきたのである．この点を確認するために，H. アーレントによって「現代哲学の隠れた真の創始者」[10] と呼ばれた，I. カントの「成長・成熟」についての議論を取り上げたい．

　カントは主張著作のなかで「老い」についての本格的な考察をおこなっていない．『実用的見地における人間学』（以下，『人間学』と表記）のなかには，「老い」や「老人」についてのいくつかの記述がみられるが，基本的には経験的観察にもとづいたコメントにとどまっている[11]．しかし，『教育学』やいくつかの歴史哲学的著作のなかで論じられた人間の成長・成熟のプロセスについての議論のなかに，「老い」についての思考を読み取ることができる．ここでは，『教育学』を取り上げて，その点を確認してゆこう．

　カントは『教育学』のなかで人間の教育プロセスに関して，いくつかの分類をしている．しかしながら，それらは精確に体系づけられているとは言いがたい．ここで改めて整理するならば，カントが意図していた人間の成長・成熟のプロセスは，「① 訓練，② 開化・文化，③ 文明化，④ 道徳化」という4段階から構成されているとまとめることができるだろう[12]．カントはこの4段階のなかで，自然状態としての人間が道徳的主体へと教育され，成

160

長していく過程を描いている.

人間の動物性や粗暴さは,「① 訓練」によって適切に抑制されなければならない. つぎに, 人間は各人の能力を「② 開化」させ, 熟達した技能や知識を習得しなければならない. また,「③ 文明化」によって, その技術を社会で生かすための社交性や礼節などを身につけることも必要である. 最終的には「④ 道徳化」により, 道徳性をともなった人間へと陶冶されなければならない. カントは人間の成長・成熟について, だいたい上記の段階を設けて論じている. そして, この過程は個人の成長・教育過程であると同時に, 人間社会が, 理性が目的とする倫理的な共同体へと成熟する過程として, 類比的に描かれている[13].

だが, 筆者の考えでは, カントのこうした段階的発展の物語のなかに,「老い」に関する「イドラ」が潜んでいる. というのも, こうした段階的発展の物語のなかには, 低次の段階がより高次を準備し, 人間の生および社会の目的のために低次の段階での成熟が不可欠であるとみなす考え方が前提されているからだ. たとえば, カントは,「訓練」「開化」「文明化」がなければ人間は「むき出しに暴力が発揮される未開状態」(Ⅶ 323) から脱出することはできないとのべ,「道徳化」のためには, それ以前の段階が不可欠であることを強調している.

筆者がみるかぎり, こうした考えによって,「老い」についての歪んだ理想像 (イドラ) が生み出されてしまっている. なぜなら, 人間の成長・成熟を「① 訓練, ② 開化・文化, ③ 文明化, ④ 道徳化」とする考え方からすれば,「老い」とはそうした人間性の完成の時期となるはずだからだ[14]. いい換えれば, こうした考え方によって, 生み出され, 形づくられているのは, 慎み深く, 智慧深く, 道徳的である人間性の完成としての「老い」の理想像だといえるだろう.

こうした「老い」の理想は, 近代哲学のもう1人の立役者であるG. W. F. ヘーゲルにもみられる. ヘーゲルは『エンチュクロペディー 第三部』のなかで「成熟した精神についての知 (die Kenntnis des Gebildeten Geistes)」として, 年

齢にともなう精神の自然的変化を4つに区分し，最後の老年期（Greis）について，つぎのようにのべている．

「［老年期では］，客観性と主観性との統一が完成し，実在的には型にはまった習慣の繰り返しに堕するが，観念的には制限された関心や外的生活の面倒さからの自由を獲得する」[15]．さらに，この箇所についての講義ノートからの説明によれば，老年期では「現在ある個別的なものや恣意的なもの，たとえば人や物の名前が記憶から失われるとともに，自分の精神のうちにある賢明な経験則を堅持し，それを若者に教えるのが義務だと考えるようになる」[16] とのべられている．ヘーゲルのなかにも「老い」を「賢明な経験則を若者に伝える」という境地とみなし，「老い」の理想像を描く考え方が暗黙のうちに語られていると考えることができる．

哲学が，このような「老い」の理想像を描き出す際には，つねに深刻な問題が含まれることになる．というのも，こうした「老い」の理想が原理的に受けとめられてしまう場合には，「老い」の現実を「未熟な状態」として，断罪することにもなりかねないからだ．

「老い」は，家庭や会社や地域での役割からの引退という契機を経て，加齢とともに身体機能が低下し，次第に認知機能の低下や基本的な生活習慣（の記憶）の喪失へといたることが多い．これらを前述の「① 訓練，② 開化・文化，③ 文明化，④ 道徳化」という段階に照らすならば，「老い」とは，③②①の順序で諸段階が破壊されることを意味している．最大の問題は，「① 訓練，② 開化・文化，③ 文明化，④ 道徳化」という段階を人間の成熟と捉えるかぎり，諸段階の喪失は，最終的には人間の道徳性の喪失を意味することになることだ．なぜなら，人が道徳的な存在者として完成されるためには，「④ 道徳化」のための段階である「① 訓練」「② 開化・文化」「③ 文明化」という段階が必須なものと考えられているからである．「③ 文明化」および「② 開化・文化」の喪失とは，その人がこれまでにつくりあげてきた諸技能や経験が価値を失うということを意味する．そしてやがて「① 訓練」さえ喪失してしまえば，同時に，その人の道徳的人格の可能性さえも失うとみな

しうることになってしまうだろう.

　つまり,近代哲学がつくりあげてきた近代的主体の確立の物語の背後には,「老い」を主体性の喪失と道徳性の土台の破壊とみなす考え方が含まれているといえる.そして今日,「老い」を生きる当事者および家族や周囲の人が,「老い」の現実に打ちのめされ,絶望するのは,まさに「老い」による諸能力の喪失によって,最終的にはその人格さえも破壊されると考えてしまうからではないか.近代哲学が暗に含んでいた「老い」に関するこうした「イドラ」は,あらためて暴露され,改めてゆかなければならない[17).

4. 「もう1つの成熟」の可能性

　それでは,「老い」を理解し,考えるために,近代哲学は乗り越えられ,廃棄されるだけのものなのだろうか.否,そうではないだろう.たしかに,前節で示したように,近代的な思考や哲学自体が生み出してきた諸々の「イドラ」を暴露し,そこから解放していくことは,哲学的思考が果たす仕事である.だがそれだけではなく,これまでに紡がれてきた思考の跡から「老い」についての新たな解釈をおこない,別のかたちでの「老い」のあり方を導き出し,「老い」の意味の複数性を示すこともまた,哲学の使命のはずである.したがって,本節では再びカント哲学のなかから,「老い」についての異なる解釈を取り出すことを試みていく.

　筆者の考察によれば,『教育学』とは別に,カントは他の箇所で異なる「成長・成熟」の物語を語っているように思われる.それは,『判断力批判』のなかで,「普遍的人間悟性の格率」(V 294)とのべられ,『人間学』で,智慧(Weisheit)にいたるための道として説明される3つの格率である.

　3つの格率とは,「(1)自分で考えること(Selbstdenken),(2)(他者と交流する場合に)他者の立場に立って考えること,(3)つねに自分自身と一致して考えること」(IX 200)である.この3つの格率を継続することによって,理性を

十全に使いこなすことができる智慧に到達することができるのであって，「智慧にいたる年齢は 60 代と想定されうる」（IX 200-201）とのべられている．なお，ここでカントは智慧にいたる年齢の目安を示しているが，本来，実践理性はカントにとって非時間的な性質をもつものであるはずだから，こうした年齢的な目安は確定的な言説ではなく，1 つの経験的事実にすぎないと解釈するべきだろう[18]．

　強調したいのは，この 3 つの格率のなかに「老い」にたいする異なる意味，すなわち「① 訓練，② 開化・文化，③ 文明化，④ 道徳化」とは異なるもう 1 つの「成熟」のあり方を見出しうるという点である．その際，とくに重要なのは，第 2 の格率「(2) 他者の立場に立って考えること」である．この格率は，判断力の格率と呼ばれ，自己の狭い個人的考えから，より視野の広い考え方へと思考を開く格率であるとされている．先行研究の成果によれば，この考え方の拡張は，自己の判断を普遍的理性へと照らし合わせることによっておこなわれるのではなく，反省的判断力にもとづいて，「自分の私的な見解を超えて自分とは見解を異にする他のすべての人びとへと身を置き換えること」によっておこなわれるのであり，カントによる多元主義思想の基礎づけの試みの 1 つと解釈することができる[19]．

　ここでのカントの「成熟」についての主張をいい換えるならば，人間の成熟とは，「① 訓練，② 開化・文化，③ 文明化，④ 道徳化」として示されたような，確固たる道徳的主体としての自己を確立することではない．そうではなくて，「成熟」とは，成熟すればするほど，より多様なあり方をした人間の生の事実とあり方を受容し，自分とは条件も考え方も異なる人たちの立場に立って考えることができるようになること，を意味する．

　やや表現が固くなりすぎたように思われる．このことをより砕いて表現してみよう．すなわち，人間の「成熟」とは，かつては想像もできなかった生き方や考え方や，かつては受け入れることができなかった生き方や考え方をも受容し，変化し続けることを意味する．つまり，理想状態への「完成」に向かう途上ではなく，終わりなき「変化と受容性の拡張」こそが「成熟」な

164

のだ.

　前節で,「老い」を喪失と道徳性の土台の破壊の過程とみなす考え方が,近代哲学のなかに潜んでいることを指摘した.その考え方に従えば,「老い」とは,これまでに身につけてきた技能や経験の価値を失い,身体的機能を失い,次第に認知機能も失うことであり,この過程は,「① 訓練,② 開化・文化,③ 文明化,④ 道徳化」の喪失として描き出されうることを示してきた.

　しかし,本節で考察した「成熟」のもう 1 つのあり方はまったく異なる「老い」のあり方を示している.すなわち,「成熟」がそれまでの自分とは異なるあり方,異なる他者の立場へと開かれることであるならば,私たちは「老い」の現実によって,「より広い考え方」へと開かれうるのだ.「老い」の現実のなかで,たとえ 1 つのことが次第に「できなくなった」としても,その喪失によって,これまでに本当の意味では立つことができなかった,「他者」の立場へと自らを広げることができる――.1 つ 1 つの変化を「喪失」と受けとめるのではなく,「成熟」のための条件であり,「成熟」そのものとして受けとめる.すなわち,「老い」とは,孤独と喪失の季節なのではなく,変化と成熟の季節であると考えることができるのである.

　もちろんすべての「老い」の現実にたいして,原理的にこのような見方を当てはめることは誤りだろう.哲学がそのように原理的に言説を主張する場合には,同時にその主張がつぎの「イドラ」を生み出してしまうことにも注意を払い続けなければならない.この点については,「老い」や介護の倫理を問うケア倫理学に倣って,「老い」という事象の哲学的・倫理学的考察にあたっては「原理的思考を放棄する」必要があるのだ[20].

　本節では,近代哲学の創始者の 1 人であるカントの思考のなかから,「もう 1 つの成熟」のあり方としての「老い」が理解可能であることを明らかにしてきた.そして,こうした試みは,「老い」にたいして,哲学的思考が果たすことができるもう 1 つの寄与を示している.それは「老い」についてつねに新たに思考し,「老い」の多元的な意味を開き続けることである.

　強調しておきたいのは,本節で解明された「もう 1 つの成熟」としての

第5章 「もう1つの成熟」としての老い　165

「老い」は，キケロの『老年について』で語られた「老い」の理想や，「①
訓練，② 開化・文化，③ 文明化，④ 道徳化」という「成熟」が含んでいる
「老い」にたいする考え方と対立的・選言的に捉えられるべきではない，と
いうことである．というのも，どれか1つの言説を「老い」の真理として捉
えるならば，そこには「老い」の1つの現実に対する排除を含みうるからで
ある．このような意味で，哲学的考察が明らかにするものは，「老い」にたい
する多元的真理だと理解されるべきなのだ．そして，哲学はこうした思考を
喚起し続けることによって，「老い」の現実を生きる人びとや，「老い」の傍
らで見守り，共に生きる人びとにたいして，「老い」の意味を開き続け，「老
い」という人生の季節の豊かさを十全に生きることに誘い続けるのである．

5.　原始仏教における「成熟」としての「老い」

　これまで本章では，「老い」にたいして哲学的思考が果たしうる寄与が何
であるかを考察してきた．その結果，哲学的思考による寄与とは，「老い」
に関する「イドラ」を破壊し，「老い」についての新たな思考を促し，「老い」
の多元的な意味を開きつづけることであることであった．そして，「老い」
の多元的な意味の1つとして，自らを変化させ，より広げる「成熟」として
の「老い」を明らかにしてきた．

　本章を締めくくるにあたり，比較思想・比較哲学的観点から原始仏教にお
ける「老い」についての言説とこれまでの成果を考察していきたい[21]．と
いうのも，原始仏教のなかにも「老い」をまた新たな意味での「成熟」とし
て捉える態度を見出すことができるのであり，比較思想・比較哲学的観点か
ら，原始仏教における「老い」と前節までで明らかにしてきた「老い」の意
味との共通点と差異を浮き彫りにすることによって，「老い」のさらなる多
元的意味を描き出すことができるからである．

　さて，哲学的思考が「老い」にたいする先入見，「イドラ」を暴露し，これ

を打破し続けてきたのと同じく，原始仏教においても，釈迦の言葉として「老い」を衰弱や喪失の時期としてみなしてはならないことがのべられている．

　　「『この世で人が年若く，青年・若者であり，その髪が漆黒で幸福な青春にみちていて，人生の初期にあるならばその間は最上の卓越した知能をそなえている．しかしこの人が老い，老衰し，耄碌し，高齢にして，すでに人生の終わりに達し，八十歳または九十歳または百歳になったときには，その卓越した知能から退き落ちる』と．しかしそのように見なしてはならない．……（中略）……汝らが私〔釈迦〕を床坐（寝台）に乗せて運ぶとしても，人格完成者の卓越した智能（智慧）には変わりがないのである」[22]

　本章にとって，この引用のなかで注目すべきところはつぎの２点である．第１に，まずこの箇所でいわれていることは，「老い」にたいする通説，先入見，すなわち「イドラ」にたいする批判である．「老い」による肉体の老化とともに，知的，精神的な能力の衰弱も避けられないとする考えを「そのようにみなしてはならない」と止めているのだ．この点で本章がこれまで考察してきたように，キケロやヌスバウムらがおこなってきた「哲学的思考による老いにたいする「イドラ」からの解放」という事柄と，原始仏教による「老い」の考察の基本的な立場は共通しているといえるだろう．第２に注目すべきところは，上記の引用のなかで（たとえ「老い」のなかにあっても），「人格完成者の卓越した智能（智慧）には変わりがない」といわれている点である．この場合の「人格完成者の卓越した智能（智慧）」とは何を意味するのだろうか．筆者のみるところ，高度な計算能力や記憶力を意味するのではないと思われる．というのも，ここでいわれているのは，「人格完成者」がもつ「智慧」であるからだ．

　それではここでいわれている「智慧」とは何を意味するのか．つぎの引用はその内容についての示唆を与えていると思われる．

「世間の人々は老いと死によって損なわれる．されど賢者は世の有様を
知って悲しまない，『この世は無常である．すべてはかない』と感ずる
ことが無常を克服する唯一の道である」(雑阿含経)[23]

「賢者」のもつ智慧とは，無常の自覚である．すなわち，身体も社会的地
位もそれまでに培ってきた諸能力もすべて「無常」であることを自覚するこ
と．このように人生の真相を深く理解することこそが，「智慧」とされてい
るのであり，「老い」によっても脅かされることのない「卓越した知能」の
中身であると考えられる．

　こうした考えは，本章でこれまでみてきた西洋哲学における「老い」にた
いする考察のなかにはあらわれてこなかった．仏教思想と西洋哲学は，「老
い」にたいする「イドラ」からの解放という点では一致するものの，「無常
の自覚」という点ではかならずしも重なるわけではない．実際，この点に，
仏教思想と西洋哲学的思考の差異が指摘されてきた[24]．

　だが，本章がもっぱらカントの思想のなかから明らかにしてきた「老い」
を「もう1つの成熟」ないし，「もう1つの成熟」のための条件と捉えると
いうあり方に関しては，両者は再び一致していると考えられるのではないだ
ろうか．仏教思想の場合，「無常の自覚」こそが「智慧」であるならば，「無
常」そのものを突きつけてくる「老い」とは，まさにそうした「智慧」とい
う「成熟」にいたるための契機であるといえる．それにたいして，カントの
場合には，「老い」を他者の立場に立つ成熟として，すなわち人間的な広が
り，変化の時期として捉える思考があった．つまり，両者はそれぞれに異な
る「成熟」のありようを示しつつ，「老い」そのものを「成熟」の時期とし
て捉える点では一致しているのである．

おわりに——「老い・成熟」の多元的意味へと
向かう哲学

　最後に結論をまとめておこう．本章では，「老い」という現実にたいして，哲学的思考が何を果たすことができるかという問いから出発し，考察を進めていった．その結果，哲学的思考は「老い」の「イドラ」を暴露し，「イドラ」から人を解放すること，さらに「老い」を「もう1つの成熟」として理解する可能性を開き，「老い」を「衰弱と孤独に支配された終末の季節」ではなく，「変化とはじまりに満ちた成熟の季節」として描き出しうることを明らかにしてきた．また，比較思想・比較哲学的観点から原始仏教を取り上げ，原始仏教のなかにも上記と同じ特徴がありつつ，しかし「無常の自覚」を促すという点で，また別のあり方としての「成熟」の時期として「老い」を捉えることを明らかにしていった．

　まとめるならば，「老い」にたいする哲学的思考の意義とは，「老い」に込められた「成熟」の多元的意味を開くことであるといえるだろう．そしてこうした意義は，過去の哲学，宗教のテキストを読むことによるだけでは，もたらされることはないだろう．つねに，各人の「老い」のさまざまな現実を背景とした哲学的思考とテキスト解釈，そして対話によってこそ，「老い」の「イドラ」の破壊と，「成熟」としての「老い」の多元的意味は開かれるのだ．

　1)　Simone de Beauvoir (1970), *La Vieillesse*, Gallimard.（ボーヴォワール (1972)『老い』上・下，朝吹三吉訳，人文書院）
　2)　「老い」に関するこうした比較研究のために，中村元の遺した仕事はきわめて重要である．『中村元選集』のなかでは，原始仏教を中心にギリシャ哲学，ストア，キリスト教などの「老い」にたいする言説の比較がおこなわれている．中村元 (1999)『中村元選集［決定版］別巻2　普遍思想』春秋社，290-315頁.
　3)　Cicero (1988), *Cato Maior De Senectute*, Cambridge University Press.（キケロ—『老年について』中村哲郎訳，岩波文庫）．なお，キケロのこの著作以外で

も，「老い」については，たとえばホメロスの『イーリアス』などでも触れられているが，そこでは「老い」がもたらす（もっぱら身体的な）不自由について，悲嘆的に語られている．それにたいし，キケロ『老年について』は，終始にわたって「老い」を肯定的・積極的に評価しており，この点で，他のギリシア・ラテン文学作品から際立っている．

4)　https://www.mhlw.go.jp/topics/2009/05/dl/tp0501-siryou8-1.pdf

5)　このことの説明として，キケロはつぎのような事例もあげている．「劇場の最前列で見るものはアンビウィウス・トゥルピオー〔当時の俳優の名前〕をよりよく楽しむが，左最後列の者だって楽しむ．同様に，青年期は快楽を間近に見つめるのでおそらく喜びも大きいが，老年だってそれを遠くに眺めつつ，十分なだけ楽しむのだ」（Cicero, op. cit., p. 48）．一種の趣味の陶冶論が，老いにたいする処方箋としてあげられており，この点は後述する「成熟」との関連からも興味深い．

6)　マーサ・C. ヌスバウム（2017）「老いとスティグマと嫌悪感」田中あや訳『思想』No. 1118，岩波書店，6-24頁．

7)　前掲書，8頁．

8)　「イドラ」とは，F. ベーコンが『ノウム・オルガヌム』のなかで，4つの種類（種族，洞窟，市場，劇場）に分けて展開した概念であり，人間の精神を惑わす偏見と錯誤を助長する原因を意味する．F. ベーコン（1966）『ノウム・オルガヌム』（（『世界の大思想6』服部英次郎訳，河出書房，199-412頁）．

9)　ここでいう哲学とは，哲学史の知識を学ぶことや学説を理解することではない．むしろ，ソクラテスがおこなっていたように，あらゆる物事を批判的に吟味し，対話によってその事柄を吟味していくことを意味する．そして，こうした哲学対話こそが，本来の哲学の特徴といえるだろう．哲学の対話的性格とその意義については，以下の拙論を参照．大森一三（2019a）「世界市民教育としての哲学」牧野英二・小野原雅夫・山本英輔・齋藤元紀編『哲学の変換と知の越境』法政大学出版局，248-264頁．

10)　Hannah Arendt（1946），"What is Existenz Philosophy?" in: *Partisan Review*, XVIII/I, p. 38（アーレント（2002）『政治思想集成1　組織的な罪と普遍的な責任』齋藤純一・山田正行・矢野久美子訳，みすず書房，228頁）．

11)　たとえば，IX 160, IX 187, IX 263 など．なお，カントからの引用は，アカデミー版カント全集の巻数をローマ数字で，頁数をアラビア数字であらわしている．

12)　段階的教育論については，以下の拙論を参照．大森一三（2019b）『文化の進歩と道徳性—カント哲学の「隠されたアンチノミー」』法政大学出版局，67-71頁．

13)　前掲書（2019b），94-101頁．

14)　実際，さらに，カントは『人間学』のなかで，年齢的成長と重ねてこうした

成長を論じている。そこでは，「道徳化」の要素である「[道徳的な] 性格を確立すること」が果たされる年齢について，つぎのようにのべられている。この確立を「三十歳前に試みた人間は恐らくごく少数にすぎないであろうし，四十歳以前に確立し終えた人は更に少数であろう」(Ⅸ 294) と．

15) G. W. F. Hegel (1969), Enzyklopädie, Der Philosophischen Wissennschaften 1830, Herausgegeben von Friedlich Nicolin und Otto Pöggeler, Meiner. S.322-323.（ヘーゲル（2006）『精神哲学』長谷川宏訳，作品社，84 頁）．

16) ヘーゲル　前掲訳書，95 頁.

17) 「老い」を哲学的・倫理学的に考察するためには，近代的主体を換骨奪胎し，つまり自立的主体ではなく，相互に依存し，支え合う存在として，主体を理解し直す必要がある。現代倫理学では，ケア倫理学がこのような試みを担おうとしている．

18) この点に関して，同様の見解を示したものとして Lars Løvlie (2012), Kant's Invitation to Educational Thinking, in: *Kant and Education - Interpretations and Commentary* -, Klas Roth and Chris.W. Surpenant (eds.), Routledge, pp. 107 - 123.

19) 牧野英二（2006）「哲学的対話の一つの試み―カントにおける超越論的思考と解釈学的方法―」『法政大学文学部紀要 54』，1-11 頁.

20) 「原理的な思考の放棄」は，ケア倫理学の基本的な立場の１つでもある。Nel Noddings (1984), *Caring, A Relational Approach to Ethics & Moral Education*, The University of California Press. pp. 5-6.（ノディングズ（1997）『ケアリング 倫理と道徳の教育―女性の観点から』立山善康・林泰成・清水重樹・宮崎宏志・新茂之訳，晃洋書房，7-10 頁）．

21) 本章では仏教経典のなかから「老い」に関する言説を選定するにあたり，もっぱら『中村元選集 [決定版]』（春秋社）と中村元（2000）『中村元「老いと死」を語る』（麗沢大学出版局）で取り上げられた引用をもとに考察している．

22) 中村　前掲書（1995），353-354 頁．中村　前掲書（2000），79-81 頁.

23) 中村　前掲書（2000），11 頁.

24) 中村元は「無常の自覚」にたいする仏教思想と西洋思想との違いを「万有の無常という教えは，仏教徒を無我の教えに導き，ついには慈悲行に赴かせたのに，ストア派からのこの態度は起こらなかった……（中略）……ここにも一般東洋と一般西洋との思惟方法の相違を予示させるものが何かあるように思われる」とのべている。『中村元選集 [決定版] 別巻 2　普遍思想』春秋社，1999 年，314 頁.

第6章

インターネットの構造と,
社会との共犯関係について

岡 嶋 裕 史

は じ め に

　技術が社会を変えることは,ほとんどない.

　インターネットが社会を変えたといわれるが,どちらかといえば社会のほうが先に変わって,それに応じた技術が欲求されたり選択されたりして実装がなされ,それが社会の変革をさらに加速させる.

　何も土壌がないところに,インターネットが突然あらわれても,やはりテレビのほうがいいね,でおしまいである.インターネットが普及・浸透していくためには,それに先立って,個人主義や価値観の多様化が進んでいる必要がある.インターネットがこれらを強化することはあるが,インターネットがこれらを生み出すわけではない.

　したがって,インターネットやその上位で展開されるサービスを解釈し,理解していくためには,背景にある社会とのかかわりについても,ある程度知っておく必要がある.

　詳しくは,何点もの専門書,解説書の良書(たとえば,柄谷行人,宮台真司,東浩紀など)があるので,そちらをあたっていただくのがよいが,議論の前

提としてここで少しだけ触れておきたい．

　近代は「大きな物語」を軸に，社会が構成された．ここでいう大きな物語とは，たとえば伝統やイデオロギーといったものだ．その人の人生に影響を及ぼす単一の価値観，と読み替えてもよいだろう．一時期，あまり見かけなくなっていた言葉だが，センター試験の平成28年度本試験で出題されたので，若年層にはにわかに拡散したことだろう．

　大きな物語は，戦中〜戦後にピークを迎え，その後ゆっくりと解体していくが，かなり後々までその残滓をあちこちにみて取ることができた．私は1980年代に思春期を過ごしたが，その時期であっても，他人の役に立つ人生を送らなければならない，よい会社に入って，一生勤め上げなければならない，男の子は男の子らしく積極的で快活であらねばならない，女の子は女の子らしく受容的で優しくあらねばならない，といった価値観が，みんなが参照する典範として，存在していた．

　もちろん，みんながみんなそれに従っていたわけではない．

　今や「先生」といえばサービス業の代表格だが，大きな物語の時代には，大きな物語を体現する存在として，とても存在感をもっていた．聖職者などと呼ばれて，社会の価値規範を背負って立っていたのである．

　児童・生徒や保護者は，おおむねその権威に従っていたが，それに反発する生徒もいた．しかし，その反発も大きな物語を認めているからこそ，生じるものである．社会の価値規範を体現している先生に刃向かうのは，格好のよいことであったのだ．

　今の学校で，本気で先生に反発する生徒がいたとしたら，その子はかなり純朴である．大きな物語の瓦解とともに，先生の権威などというものはすっかり失われてしまって，生徒にとって身近な矮小な存在になっている．そんなものに反発したとしても，少しも格好よくはない．

　今後も校内暴力的な現象は生じるだろうが，それは先生という権威にたいする反発ではなく，思い通りのサービスを提供しない店員にたいするクレームと同位相の現象であると理解するべきである．

1. 社会構造とコンテンツ

　こうした社会の構造は，文化や技術に影響を与える．

　大きな物語が成立している社会では，みんなが依拠する一律の価値観が存在するため，1つのコンテンツを大量に配信するような技術が選好される．それは，たとえばラジオであり，テレビである．

　文化もこの構造の影響を受ける．とくにサブカルチャーは影響を受けやすい．スクールカーストという言葉はあまり好きではないが，身も蓋もない現実として，いつの時代もカースト的な上下関係は，地域や職場や学校にあったし，あり続けるだろう．

　カーストの上位に属する人はハイカルチャー，あるいはメインカルチャーを，カーストの下位に属する人はサブカルチャーを好む傾向は根強い．そもそもマイノリティの文化・価値観を実装したものがサブカルチャーなのだから当然のことではあるが，どの商品も消費者の動向には敏感に反応するので，再帰的に商品が作られていくなかで，この傾向はどんどん強化されていく．

　社会にひずみが生じるとき，それがもっとも素早くあらわれるのはその社会の下位層に位置づけられている人や文化においてである．サブカルチャーを観測する研究者が多いのは，それが社会の変化を早期に読み取ることにつながるからだ．

　もちろん，ハイカルチャーやメインカルチャーも社会の影響を受けはするが，そのカルチャー自体もそれを支持する人も，社会で評価され，強い立場をもっているため，サブカルチャーほどには社会の変容を素直に表出するわけではない．

　たとえば，大きな物語の時代を端的にあらわしているコンテンツとして，ウルトラマンをあげることができるだろう．

　ウルトラマンはわかりやすい．違う星からやってきて，何の屈託もない正

義を迷いなく執行する．これは，簡単なことにみえて，実はさまざまな条件が重なっていないと成立しないコンテンツである．少なくとも，みんなが依拠する正義が1つに集約されていなければ，多くの人にとって楽しめないコンテンツになってしまう．

ウルトラマンは実は相当煩しいコンテンツではあるのだ．作り手がマイノリティへの配慮や，今でいうダイバシティの必要性をメッセージとして織り込んでいる箇所は多数あるのだが，素直に鑑賞すればこの時代の正義を肯定するコンテンツに他ならない．たとえば，水戸黄門などと同種の主張を刷り込んでくる．

水戸黄門も弱者救済をしてくれる．しかし，基本的な社会の枠組みは肯定する立場である．決して，「幕藩体制が悪い．倒幕しよう！」とはいい出さない．単一の正義にもとづき，それに回帰するよう，その枠のなかで快適に暮らせるよう，修正を施してくれるのである．

今の考え方に慣れてしまうと，窮屈な世界観ではあるのだが，一方で安心を覚える利用者が多いのも事実であろう．単一の価値観や人に押しつけられた価値観は，それに馴染むことさえ可能であれば，その後の人生をとても楽に生きていくためのツールになる．また，その主張に反発する人びとにとっても，「絶対的なものに反発する」というわかりやすい立場をすぐに入手することができるツールであった．

大きな物語が力をもっていた時代は，窮屈ではあるが，安心感を得やすい，自らの立脚点を明確にしやすい社会であったといえる．

ところが，この大きな物語は，ほどなくして解体をはじめる．

解体がはじまる理由は色々だ．大きくは，個人主義の台頭，科学の進展，価値観の多様化をあげることができるだろう．

先にはじまった大きな物語の解体としては，宗教をあげることができる．宗教は大きな物語そのものである．生きる意味を与え，単一の価値観を示し，社会に自分の居場所を作ってくれる．宗教が幅をきかせている場では，その

宗教に馴染むことができればとても生きやすいが，反対に馴染むことができなければ窮屈な思いをすることになるだろう．しかし，その窮屈ささえも，宗教に反発する私というわかりやすい立ち位置をもたらしてくれる．

だが，科学の進展によって，大きな物語としての宗教は，その正当性がとても危うくなる．たとえば，キリスト教の神父，牧師であっても，現時点で「そのうちイエス様は復活するぞ」と純粋に信仰できる人は少なくなっているだろう．少なくならざるをえない．

教義にある秘蹟や奇跡がゆらげば，その宗教への信仰がゆらぐのは必然である．このことは聖地巡礼と絡めて，後でものべる．

戦後の大きな物語——人生観や職業観，ジェンダー観といったもの——も，社会の変容とともに，少しずつ崩れていく．「一生懸命働けば，必ず報われる」という物語が存在して，それを信じて実現できていた幸運な時代は良い．しかし，高度成長期が終わり，どんなに頑張っても先人ほどには皆が報われる時代でなくなれば，教義にたいして疑義が生じるのは自然なことである．

一般的に，動こうとする事態にたいしては，恒常性規範が働いて，その状態を保とうとする力が生じる．これはとても主観的な主張で，定説になっているようなものではないが，大きな物語が崩れようとしている時期には，まるでそれを惜しむかのように，懐かしむかのように，大きな物語的なコンテンツが選好された．

代表的なコンテンツをあげれば，ガンダムや銀河英雄伝説になる．ガンダムは階級闘争的な歴史絵巻であり，銀河英雄伝説は歴史絵巻そのものである．もちろん，歴史絵巻的なコンテンツなど有史以来枚挙に暇なく生産され続けてきたものであるが，この時期にとくにクリエイターが好んでこのテーマを取り上げ，利用者もそれに誘引されたと考えられるのだ．大げさにいえば，ゆらいでしまった大きな物語への望郷であり，その捏造である．

個人主義が進展し，価値の相対化が起こる状況下では，自分の立脚点が覚束なくなる．好きに生きていい，何を信じてもいい社会は，自由ではあるが，不安な社会でもある．今まで奴隷だった人たちを，急に奴隷解放しても，ど

う生きていっていいのかわからないのと同じである．

　むしろ，自由になってしまった社会のなかで，何か自分を拘束してくれる
ものを模索する運動があって，それがこの時期には大きな物語の捏造に表象
したと考えることができる．

　しかし，捏造は捏造であって，社会全体の流れに抗えるようなものではな
い．この後も，個人主義や価値観の多様化は容赦なく進行し，その成員の，
とくに若年層の，人生の見通しの悪さ，不透明感は急速に高まっていく．そ
の不安のピークで登場したコンテンツが，新世紀エヴァンゲリオンである．

　「不自由をやろう」は，エヴァの主人公「シンジ」に父親「碇ゲンドウ」
が与えたセリフである．ひどいセリフにも読めるが，極端に進展した自由に
対応できずに溺れるように生きている息子にたいして父が贈る言葉として
は，慈愛に満ちているとも読み取れる．

　エヴァンゲリオンが社会現象化した 1995 〜 1996 年は，阪神大震災に地下
鉄サリン事件も重なり，社会の不透明感が極大化した時期である．生きるの
が不安なのはすでに前提として存在していた．1993 年には鶴見済の『完全
自殺マニュアル』が 100 万部を売り上げ，続編ともいえる『人格改造マニュ
アル』（主に薬を利用することによって，楽に生きていこうという趣旨の指南書．心
療内科でどのような受け答えをすれば，どの薬が処方されるかなどのマニュアルも含
んでいる）が 1996 年に刊行され，これも人気を博した．

　こうした状況で，引きこもりを肯定した（ように読める）コンテンツをサ
ブカルチャーは大量に生産し，利用者もこれを消費していくことになる．

　この時期のコンテンツの特徴は，主人公や，利用者が感情移入するであろ
うキャラクタの成長のなさである．端的な例として，エヴァンゲリオンのシ
ンジをあげることができる．同じような引きこもり属性をもつキャラクタと
して，ガンダムのアムロと比較してみると，その様が際立つだろう．

　アムロ・レイは機械いじりに耽溺する少年で，お隣さんのフラウ・ボウに
世話を焼かれないと最低限の食事や着替えすら満足にこなせないほど偏った
生活をしている．直情径行や短絡的な思考，行動も多く，何よりもコミュニ

ケーションが不得手だ．しかし，宇宙世紀の世界において，確実に自己実現を成し遂げている．サイド7，地球軌道，ニューヨーク，オデッサ，ベルファスト，ジャブロー，ソロモンを歴戦し，一年戦争時の最終決戦である星一号作戦では，全軍のエースに上り詰めている．満艦飾の成功物語である．

　男の子が武器を手にする，女の子が魔法を行使するのは，本来長い時間と研鑽を積んだ果てに到達する「大人」への跳躍だ．特定の状況下，限られた時間だけ主人公とそれに感情移入する利用者は，大人への階段を一足飛びに駆け上がり，力を行使する愉悦と責任の重さに震えることができる．そうして大人の世界を垣間見せ，早く大人になりたい，より良い大人になりたいと思わせる機能がジュブナイルにはたしかにあった．アムロは，今は引きこもりでも，行く末では栄達してエースになった．その後のスポイルはともかくとして，充分に少年のロールモデルになりうる主人公である．

　このように，大きな物語が生きているか，その影響が継続している状況では，少年少女は何かを成し遂げて自己実現をする．サブカルチャーの作品も，それを前提にシナリオを組んでいる．

　しかし，その後の日本は若年層が自己実現をするのがとても難しい世の中になった．経済が行き詰まって，頑張ったからといって必ずしも報われない構造が出来上がったのが1つの理由で，その困難を排して高い地位や収入を得たからといって，「だから何？」といわれてしまうほどには，価値観の多様化が進んだからである．

2.　ポストモダン時代のコンテンツ作法

　1990年代から2000年代にかけて，人が信じるよりどころは本当に分散した．もはや単純に金持ちが偉いわけではない．高級品やブランドものをみせびらかすように身につけていれば，却って馬鹿にされることもあるだろう．ステータスシンボルとしての車の価値は萎縮し，とくに若年層への販売が伸

び悩んでいる．そもそも車を運転していたら，スマホが使えない．

　高額納税者公示制度によって，自分の名前が公示されることを素直に喜ぶ
ようなシンプルな社会ではなくなった．ボランティアをしている人が偉いの
かもしれないし，3Rを励行している人が偉いのかもしれない．そもそも，
偉いという指標で人を測ることが善なのか悪なのかすらよくわからない．

　確実にいえるのは，コミュニケーションのコストがとても大きくなったと
いうことだ．誤植ではない．大きくなったのだ．一般的にはちょうどこの期
間はインターネットの普及が進み，コミュニケーションコストが小さくなっ
た時期だと捉えられている．通信費，通信端末費に着目すれば，もちろんそ
うだろう．

　しかし，コミュニケーションのコストはそれだけではない．誰かと話をす
るための困難さや，投じなければならない配慮の量もコミュニケーションの
コストである．これらは同質化社会において小さな値を示す．社会の成員の
生活水準，信条，嗜好がある程度ならされていれば，会話において下手を打
つ確率は極小にとどめられる．今朝の食事の話をしてもいいし，ペットの話
をしても，恋愛の話をしてもいいかもしれない．

　だが所得格差が大きくなり，価値観が多様化した社会では，すべての話題
が地雷原になる．朝食に何を食べたかで所得水準の情報がお互いに交換され
てしまう．所得が高くても低くても，お互いの数値に隔たりがあれば，気ま
ずい思いをすることになるだろう．一時期，PTAのお父さんの集まりが格
安店でおこなわれるようになったと報道されたことがあった．身なりや年齢
で互いの所得を推測しにくく，かつ確実な格差が存在するため，もっとも所
得水準の低い個人に負担をかけないための配慮である．

　犬を飼っている話もまずいかもしれない．会話の相手が先鋭的な動物愛護
思想をもっていれば，意見を一致させて和やかな会話を続けることは困難だ
ろう．恋愛の話はいわずもがなである．3メートル以内に近づく気にもなれ
ない．

　このように，現代はとんでもなく豊富で廉価なコミュニケーションツール

第6章　インターネットの構造と，社会との共犯関係について　179

があるにもかかわらず，コミュニケーションコストが高騰している状況なの
だ．企業や就職コンサルタントが口を酸っぱくして，社員や就職を希望する
学生に「コミュニケーション能力をつけなさい」というのも必然である．

　では，こうした現実にどう対応すればよいだろう．コミュニケーション能
力の高い人物——たとえばスクールカーストの上位者——であれば，この困
難な状況下でも持ち前の能力を遺憾なく発揮して世の中をうまく渡っていけ
るかもしれない．実際に，学校も企業もそれを推奨して目標を設定し，カリ
キュラムなどが組まれるまでになった．

　しかし，コミュニケーションは相手があってはじめて成立する行為である
ため，いくら個人としてのコミュニケーション能力が高くても，つねにコミュ
ニケーションが円滑に進むとは限らない．安定して発揮するのが難しい能力
である．くわえて，社会を構成する成員の大部分は，コミュニケーションが
大得意なわけではない．そこには無理とひずみが生じる．

　このように設定されたシチュエーションにたいして，とても効果的な処方
箋がある．それはコミュニケーションを絶つこと．すなわち，引きこもりで
ある．

　そう，引きこもりはポストモダン状況に対応するための，効果の大きい適
応行動だった．もちろん，リスクへの対処方法としてはリスク回避に分類さ
れるやり方で，効果が大きい反面副作用も大きい．人の世はコミュニケーシ
ョンを軸に回っているのであるから，広いレンジで，長期にわたって引きこ
もれば，人生そのものが立ち行かなくなるだろう．だが，短期的にはおそら
く最適解だったのだ．コミュニケーションのコストが極大化しているなら，
絶ってしまおうというのだ．

　だが，ここで1つ大きな問題がある．どんな環境であれ，人が生きていく
ためには理由が必要で，承認欲求はその大きな部分を占める．

　何かをなすことによる自己実現も難しく，他者とのコミュニケーションも
絶つとなると，誰かに承認してもらえる見込みは限りなくゼロに近づく．そ
こで，擬似的な承認を与えてくれるメカニズムに手を出すことになる．

需要があるところには，必ず供給がなされるとすれば，このときのサブカルチャー業界の反応は迅速だった．当然，引きこもりを経て擬似的な承認を欲している主体は，メインカルチャーを担うスクールカースト上位層ではなく，スクールカースト下位層であるから，そこをすくい取るコンテンツがサブカルチャーから出てくるのは自明である．アニメ，ゲーム，ライトノベルは，引きこもりを承認するコンテンツを大量に生産した．その頂点にあるのがエヴァだと考えてよい．

シンジは汎用人型決戦兵器という巨大な力を手中にしている．その兵器を自由に操れる極少数のパイロットの１人で，まごうことなき特権的な位置を占めているのに，その力を自らをとりまく環境の改善や，自分に近しい人間を救うために行使しようとはしない．正確にいえば，行使しようとした履歴はあるのだが，うまくいかないので諦めてしまった．シナリオの終盤では，つねに戦闘を忌避し，かわりに都合よく自分を承認してくれ，あまつさえ代わりに戦ってくれる少女を希求している．同じく引きこもりを出発点にしていても，コンテンツのなかで，アムロとはまったく異なった処理をされていることがわかる．そして，物語はシンジを肯定することで（TVシリーズは）終わるのだ．

もちろん，庵野秀明は優れたクリエイターで，優れたクリエイターは自己の作品に批評を入れたがる．エヴァも，TVシリーズを再編集した劇場版や，後年の新劇場版ではシンジにたいするこの処理を留保している．引きこもるな，というメッセージも読み取ることができる．

だが，多くの利用者がエヴァのTVシリーズから引きこもり肯定のシグナルを受け取ったことは確かだ．人気コンテンツの常で，エヴァも多くの模倣作品群を生み出したが，これらの作品では引きこもり肯定がさらに強化されているものも少なくなかった．本来そのアニメやゲームがもつ主題を逸脱して，執拗な食事の描写に拘ったり，主題と関係のない会話が延々と続くコンテンツが有意に増大した．家族やコミュニティの欠損を補うシーンが大量に消費されたのである．

第6章　インターネットの構造と，社会との共犯関係について　181

リア充という言葉が使われはじめたのも，このころだ．

　近年ではさすがに死語になりつつあるが，「リアルが充実している人」を示す言葉である．妄想が充実してリアルが疲弊するオタクの対義語である．

　誤解されがちなことだが，リア充はそれを羨んだ言葉ではない．むしろ，上から目線でオタクから発せられるのだと理解しておくべきである．すなわち，コミュニケーションコストの高騰にもかかわらず，脳天気にコミュニケーションを試み，無駄に波風を立て，労力を浪費する行為全般を揶揄して，「リア充」なのである．リア充は未だに成長や自己実現，円滑なコミュニケーションを信じている．それは，能力が高いからではなく，たんに自分をとりまく環境がよくみえていないからである．それに引き換え，境界条件を正確に読み，成長と自己実現を諦め，コミュケーションを絶った自分はリア充より余程ものがわかっているし，自分の分をわきまえている．そうした諦観と自尊が「リア充」といわしめるのだ．

3.　社会から技術へのフィードバック

　社会が変遷すれば，技術もそれにつれて遷移する．

　大きな物語の支配下では，1対多の情報伝達を得意とする情報通信技術が選好される．テレビ，ラジオ，新聞である．規範となる価値観が1つであれば，それに則ったコンテンツを作り，同時に，大量に配信するのが理に適っている．それに馴染み，適応している利用者はこれを喜んで消費するし，反発している人も，反発の根拠を確立するために，同じコンテンツを消費する．

　社会の構造が変わり，個人主義と多様化が進展すると，こうしたマスメディアはその能力を発揮しづらくなる．個人主義と多様化の世の中，すなわちポストモダン状況の社会では，人びとが欲している情報は高度に個別的であり，消費してもらおうとすれば個に応じたカスタマイズが必須だからだ．テレビもラジオも新聞も，こうしたカスタマイズに向いていない．CSやCATVが

図1　大きな物語

出所：筆者作成

図2　ポストモダン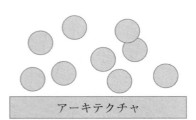

出所：筆者作成

チャンネル数を100にも200にも増やしても，インターネット上の情報の多様性には到底追いつかない．

　そう，いうまでもないことだが，ポストモダン状況下において利用者を増やしたのはインターネットである．くり返し指摘しているが，インターネットが登場したから個人主義が台頭したわけではない．個人主義の台頭が事実として先行して，その影響下でニーズに合致する技術が開発されたり，強く選好されたりする．インターネットはそのニーズに引っかかったのだ．一度選好された技術が広く普及することにより，社会がより個人主義をを強めるといったフィードバック機構は働くが，呼び水としての社会の変化が先にないと，新しい技術はなかなか普及しない．

　インターネットは今では放送を実装するために使われることもあるが，そもそも放送ではなく通信の技術である．したがって，もっとも得意とするところは1対1かそれに近い極小グループ内での通信を手軽に実装することだ．

　そのなかでは，インターネット上に展開されるウェブは，マスを対象にしたアプリケーションのようにもみえる．同一の情報を多くの人にみせることにつながるからだ．しかし，ウェブですら旧来型のマスメディアとは様相が異なる技術である．広大な空間にみえて，実は利用者はとても狭い世界にしかたどり着けないかもしれない．

第6章　インターネットの構造と，社会との共犯関係について　183

　ウェブの情報はあまりにも膨大で，広大な領域に散らばってしまったために，情報を発見するコストが高騰し，しまいには必要な情報にたどり着けなくなった．そのなかで，自分が望む情報へとたどり着く手助けをする検索技術を擁する企業が勢力を伸ばしてきたわけだが，いまやウェブの情報は検索に検索を重ねてたどり着くものになっている．

　検索は恣意的な行為で，何らかの興味（それが好感であれ，嫌悪であれ）にもとづいてなされるものであるから，興味のないものはウェブの検索結果から弾かれることになる．当たり前のことだが，自分のみたい世界，知りたい世界しか存在しない光景が展開されるのだ．フィルタリングを通してしか世界に触れることができないから，自分の意見が世界を覆っているようにも感じられる．

　幼い子が「みんなやってた」といって自分の行為を正当化することがあるが，よくよく聞いてみるとその「みんな」とは，自分の周囲にいる2～3人の小さなのグループであることも多い．同じことが経験を積んだ大人でも，ウェブの世界では容易に起こりうる．もともと他人から与えられた情報よりも，自分で選択し吸収した情報のほうを人は信用しやすい．その選択には自分の好みがバイアスとして付加されるのであるから，自明のことである．そして，その選好した情報がかなり極端な内容のものであっても，以前と違って，巨大な情報空間と洗練された検索技術がある現在では，同じものを信じる同志を比較的容易に探し当て，コミュニティを形成することができる．コミュニティ内のエコーチェンバー効果で，さらに自分の意見は強固に頑なになっていく．価値の相対化と相まって，医師より自分の独自療法を信じる人，マスコミよりコミュニティ内の世論と世界認識を信じる人は確実に増えている．フェイクニュースが台頭し，利用されはじめたのには，こうした背景がある．一度拡散したフェイクは，たとえ政府やマスコミがそれを否定してもなかなか収束しない．むしろ，これらの失墜した旧権威が否定することで，本当はこれが真実なのだと確信するコミュニティの増大を生むのである．

　自分の嗜好だけを軸に選好された空間は，とても居心地がよい．それを突

き詰めたサービスがSNSである．SNSこそ，ふるいにふるわれ，選びに選ばれた結果残った，自分と同じ意見，同じ信条をもつものが集う場所である．

多様化した価値観で溺れそうになる現代社会において，こんなに居心地の良い空間は稀なはずだ．自分と同じ意見の人が存在することは安心感と直結する．自分の発する意見に同意してもらえれば，承認の欲求も満たすことができる．

大きな物語が瓦解しても，個人が自分自身で小さな物語を形成し，そこに賛同する人が（数は少なくても）集まり，それぞれ自由に生きていけばいい．おそらく，ダイバシティが実社会に立ちあらわれるとは，そんな状態のことをいうのだろう．

しかし，人はそんなに寛容ではないし，自信をもっているわけでもない．

もう一度，先ほどの図に戻って欲しい．それぞれ勝手にやっている小さなグループの下に，社会を通貫するアーキテクチャがある．いわずと知れたインターネットである．今の社会は，それがリアルであれ仮想であれ，インターネットを基盤として構築される．そのようにわれわれがしてきた．インターネットで結ばれたノード同士は，あまりにも接続性がよく，可視化の効果も絶大だ．ようはみえすぎるのである．

SNSはまさにコミュニケーションを可視化するツールであって，友だち関係も，会話の進行もグラフであらわすような世界である．それは人びとの欲望を知り，よりニーズに合致したサービスを構築したり，グループを形成するためには有意な技術であるが，可視化自体が不安を生むジレンマもある．

つまり，小さな集団（それをクラスタと呼んでも，トライブと呼んでもいいが）にまとまって仲良くやっていればよかったのに，他の小さな集団の様子もとてもよくみえてしまうのである．それはノイズになる．

ダイバシティは，互いの差違や多様性を認め合うことで成立するが，人の心理はそんなにおおらかでも強固でもない．自分と違う他者をみつけたときにまず感じるのが，嫌悪や不安であったとしても，なんの不思議もない．まして，大きな物語が瓦解し，自分の依って立つ地盤は脆弱なのである．その

第 6 章　インターネットの構造と，社会との共犯関係について　185

ような状況で，自分と違う意見，自分と違う価値観に接したとき，高い悟性
をもって鷹揚に振る舞える人は決して多くない．「自由にやっていい」とは，
換言すれば自分を束縛する神や政府といった主体に責任を転嫁できない状態
であり，転嫁できないのであればその責任は自分で引き受けるしかない．

　たとえば，よく神に例えられるグーグルでさえ，責任を転嫁する相手には
なりえない．間違った検索結果にたどり着いたとき，よく知られるグーグル
のペイジランク・アルゴリズムにその責任を帰せしめることができるだろう
か．答えはノーである．ペイジランクはそのウェブサイトへのリンクの集中
度や閲覧数をもとに検索順位を決定するアルゴリズムであって，身も蓋もな
い言い方をすればそのサイトの人気投票である．違法広告ばかりのサイトは
排除しよう，古い技術が使われているサイトは徐々にオミットしていこうな
どと，グーグルの意思が介入することもあり，その技法自体は神の如く洗練
されてはいるが，本質が人気投票であることは変わらない．であれば，グー
グルの検索結果に責任をもつのは，利用者であるわれわれである．われわれ
が，そのウェブサイトを検索し，閲覧し，リンクを張るから，そのサイトは
検索結果の上位を占めるようになるのである．

　2016 年後半には WELQ をはじめとする一部のキュレーションサイトのい
い加減さが注目され，批判を浴びた．キュレーションサイトとは，すでに存
在している情報を整理してまとめるもので，うまく再構成することができれ
ば価値の高い情報をみやすく生産することができるとされている．しかし，
なかには単なる盗用と見分けがつかないものや，利用者の投稿と説明されて
いたものが実はライターの手によるものであったりと，問題点も多い．
WELQ の場合は，センシティブな医療情報を口コミの名のもとにライター
が執筆し，しかもそのライターは盗用を疑われる行為をしており，運営企業
が記事量産のためのガイドラインを作っていた点で，グレーさの大盤振る舞
いだったわけだが，これが検索結果の上位を占めるようになるためには
DeNA の努力だけでは充分ではなく，利用者の協力があったのである．すな
わち，利用者がそれをクリックしたのだ．

グーグルが自らの意思をもたず，利用者のクリック——人気投票，投票行動——によって，検索結果を計算するのであれば，WELQ を検索上位に押し上げたのはわれわれの意思である．グーグルとは議院内閣制のようなもので，検索結果が代議員であるとすれば，クリックは投票だ．代議員が阿呆を撒き散らした場合，その責任は最終的には有権者が拾うことになる．クリックにすら自己責任がついてまわる．「肩こりの原因は幽霊だ」などの記事に喜んで F5 アタックをしている場合ではなかったのである．あのクリックは投票だ．現実の議院内閣制で，遠大な政治的施策が実現できず，特定の利益団体にアピールする短期的・近視眼的な結果を追い求めるポピュリズムが蔓延するように，インターネットの検索技術でも同じことが起きている．利用者の権利は，それは責任と裏返しでもあるが，とても強い．

医者ですら，インフォームドコンセントの名のもとに，患者に医療技法を選択させるような時代なのだ．そのプレッシャーは大きな不安となる．自分と意見の異なる他者と相まみえれば，その不安は極大化する．

他者の登場によって不安を感じたとき，もっとも効率的にその不安を解消する手立ては，理解ではなく排斥である．受容する代わりに攻撃する．相手を叩きつぶして，消してしまうことで自分の基盤は強化される．承認された気分にも浸ることができる．何をやっても自己責任の限りにおいて自由である，そんな社会では何をやってもなかなか特別にはなれない．しかし，誰かにとって，あるいは自分自身にとって，自分が特別であるという自覚は生きていくうえで必須であろう．特別であろうとする姿勢は，コンビニでアイスケースに寝そべる行為につながりもするし，もっともシンプルな表出の仕方として，他人を叩くことで，自分の存在価値を確かめることにもつながる．激しい軍務に曝された兵が，戦って生き残ることで自分の価値を噛み締める連鎖から逃れられなくなり，より厳しい戦場を志向するのと同じである．

したがって，SNS のようなサービスで利用者同士の叩き合いや炎上が起こることは，必然といってよい．アーキテクチャがもともとそのようにできているのだ．インターネットは議論に向いていない．叩き合いに向いている．

可視化された人間関係は，コミュニケーションの履歴も蓄積しているので，一度攻撃すると決断したら燃料には事欠かない．いくらでも，小さな過去をほじくり返して攻撃することができる．

　それをある程度防ぐ意味もあって，SNSの多くのサービスはクローズドネットを採用しているわけだが，それも複数のサービスに登録し，サービス間を「手動で」つなぐ人があらわれれば，クローズドネットとしての特性は事実上失われる．実際，炎上をコントロールし，炎上から利益を得ている人はいるが，かれらは意見の異なるあるトライブと別のトライブを──本来接点のなかったそれを──つなぐことで火をつける．その能力に長けている．快適な極小の空間の外側に，炎上の火種はいつでもどこでも転がっている．

　インターネットは当初の期待とは異なり，ずいぶん殺伐とした荒野になっている．経済発展も望めず，自己実現の期待もなく，コミュニケーションコストだけが高騰しているとなれば，引きこもりは少なくとも局所的には，正しい反応であり戦略であると理解できる．

　サブカルチャーはその時代の空気と需要を敏感にすくい取る．したがって，主人公の成長譚を迷いなく描き，賛美することは説得力を欠く．成長が望めない時代のジュブナイルとしてあまりにも現実から乖離していて空しく，感情移入できないからだ．主人公を特権的な地位におきたいのであるなら，暢気なリア充を上位レイヤーから俯瞰するクレバーな引きこもりにして，「引きこもりでいいんだ．むしろ引きこもりだからいいんだ（＝間違えない，傷つけない）」というメッセージをもたせるか，いっそ貴種流離譚にしてしまったほうがまだ納得がいく．オタクはこれらのコンテンツを消費することで，安心感を得ることができた．成長や社会的自己実現をしなくてもよいと，肯定してもらえたのである．

4. 聖地巡礼という構造

近年，言及されることが多かった「聖地巡礼」も，同じ文脈で捉えることができる．ここでいう聖地巡礼とは，2016 年に流行語大賞を取ったアレである（正確には，受賞したのは「聖地巡礼マップ」で，ディップ株式会社のサービスである．筆者もディップ株式会社と連携して，中央大学を聖地とするコンテンツで聖地巡礼の実証実験をおこなったことがある）．アニメに登場した舞台を訪れる行動のことだ．別に根拠となるコンテンツはアニメでなくてもよいのだが，その場合はもう少し射程を広くとってコンテンツツーリズムと呼ばれることが多い．

聖地巡礼といえば，もともとは宗教において重要な意味をもつ場所や建築物，聖遺物を尋ねて回る行為を指す．そこから転じて，アニメに登場した思い入れのある場所に，特別な体験への期待を込めて訪れることを，同じ言葉で表現するようになった．

この用語には賛否両論があって，聖なる宗教儀礼とアニメに立脚した行動に，同じ表現を使うなと怒る人も多い．そこまでいかなくても，両者は基本的に別物だという理解が一般的だ．

だが，本当にそうだろうか？

筆者は，少なくとも現時点では，宗教上の聖地巡礼とアニメの聖地巡礼にはほとんど差違がないと考えている．コンテンツツーリズムのアニメサブセットを聖地巡礼と呼んだ人のセンスと見通しの良さに脱帽する．

宗教儀礼としての聖地巡礼は，今でもそんなに聖なるものだろうか．否である．たとえば，キリスト教で考えてみよう．私は前任校がミッション系の学校であった．そのため，筆者自身はキリスト者ではないものの，キリスト教にはかなりかかわって生きてきた．今は学校をかわってしまったが，日曜の教会学校くらいはまだ縁が続いている．

今，教会に礼拝に来る人たちは，素朴に純粋にイエスの復活を信じている

だろうか．ほとんどの人がそうではないだろう．宗教こそ「大きな物語」なのであって，個人主義と多様化と科学の発展によって，その教義はゆらいでいるのだ．出エジプト記がいくら「天からパンを降らせる」と示しても，余分な知識が「そんなことはありえない」とノイズを囁いてくる．現代の宗教体験とはそのようなものだ．

　キリスト教でなくともよい．たとえば，本邦でも仏舎利は有り難いものとされている．仏舎利塔を巡礼することもある．しかし，調べるほどに仏舎利はずいぶんたくさんありそうだ．真舎利にかぎったところで，人間のお骨としては不適切なほどの分量ではないだろうか．

　500年前だったら，あるいは1000年前だったら，聖地巡礼は本当に聖なる儀礼だったのかもしれない．しかし，世界を説明する体系は時代が下るにつれて増え，宗教以外にも，たとえば科学が，世界がどのように構成されているか説明してくれるようになった．そして今のところは，科学のほうがより蓋然性の高い説明をしているようなのだ．

　であれば，過去には厳密に定められたプロトコルにしたがっておこなわれた宗教上の聖地巡礼が，次第に変質していくことは自然なことである．宗教的な権威が，たとえば教会が，この手順で巡礼をおこなわなければ意味がないと示しても，教会自体が懐疑されているのである．プロトコルは解体され，利用者によって再構成されることになる．

　たとえば，四国八十八箇所巡礼である．そもそもがゆるめの巡礼作法だったと考えられるが，それでも順打ちや，ご詠歌の詠唱，納経などのプロトコルが定められている．しかし，近年の参拝客がこのプロトコルに従うことは稀だろう．

　交通機関の利用が常態化し，癒やしや観光，自分探しをキーワードとしたそれは，宗教儀式としての聖地巡礼とは似て非なるものである．巡礼者は写真を撮り，SNSにアップして，巡礼中の自分をアピールする．いいね！の応酬や短いメッセージでのコミュニケーションが目的である．コミュニケーションは，ときには直接的な形も取る．巡礼中の巡礼者同士は活発なコミュ

ニケーションをおこなう．それが目当てである巡礼者も少なくない．

　先にものべたが，現代はコミュニケーションコストが高い．少なくない数の人がコミュニケーションに消極的なのは，そのコストを引き受けるのがつらいからだ．しかし，コミュニケーションを諦めたわけではない．コミュニケーションは（皆が渇望している）承認欲求を引き出す源泉であり，気の合う仲間とのコミュニケーションはやはり単純に楽しい．コミュニケーションのコストが小さくなれば，それがたとえオタクであっても，活発なコミュニケーションは発生しうる．コミケの活況がよい例である．

　聖地巡礼の場は，コミュニケーションコストを小さくする効果がある．遠く離れた場所へ，現実に足を運ぶ行為は，時間的にも金銭的にもハードルが高い．聖地巡礼者はそれをクリアした人びとであるので，嗜好や性格が合致している可能性は高くなる．まして，巡礼をしながら，リアルなコミュニケーションであれば（後日それがネット上にアップされる可能性はありつつも），拡散して別クラスタに存在する人から叩かれる羽目になるリスクを小さくできる．

　もう1つ例をあげよう．明治神宮だ．とても大きな神社で，初詣には数百万人の人が集まる．自宅に近いので，よく散歩コースとして利用するのだが，最近なんだか動線が変だ．神社に参拝に行くからには，参拝客の目当ては御社殿・神楽殿になるはずなのだが，南参道からのぼって，左へ折れていく人がかなりいる．

　実は，清正井が目当てなのである．

　清正井は，戦国時代を生きた，あの加藤清正が掘ったとされる井戸である．それが本当かどうかは都市伝説の域を出ないが，加藤家の下屋敷があったことは事実といわれている．実際，重要な文化財であり，明治神宮もそのWebページでみどころとして紹介している．ここをみてもらうことは，神社にとっても有り難いことだと考えられるが，ただ，なかには明らかにここだけをみて，写真を撮り，SNSにアップし，そして帰って行く参拝客もいる．

　明治神宮といえば，その祭神はいわずとしれた明治天皇である．こちらを

参らずに，清正井だけを拝んで帰られることは，神社にとっては想定の斜め上であり，不本意でもあろう．神社の利用者は，この神社にはこの祭神が祀ってあるので，この手順で拝んでいってくださいという，神社が決めたプロトコルには従わずに，自分で創った（あるいはコミュニティのなかで創られた）独自かつ小さな信仰に従って，清正井を参拝していると考えられる．

　ただし，ここで創られる小さな信仰は，必ずしもでたらめではない．近代化の進展によって，宗教のしかけは分析され，可視化されている．データベース消費と呼ばれる現象は，宗教においても立ちあらわれている．利用者は，そのデータベースから，自分が望むもの，自分の価値観に合致するものだけを抜き出してパッケージにし，小さな信仰をクリエイトするのである．読み出すべきデータベースが整備されているため，よほど呼び出し手順を間違えないかぎり，滅茶苦茶な信仰形態にはならない．そのため，我流でありながら，奇妙に宗教的なお約束に則った独自信仰が二次創作されるのである．そう，アニメの聖地巡礼も，近年の宗教儀礼の観光化も，宗教の二次創作だと考えられるのだ．

　データベース消費というキーワードが出てきた．これは，聖地巡礼に留まらずインターネット上で生起する現象などを読み解くのに，とても効果的な理論であるので，ここで少し立ち止まって解説しておきたい．東浩紀が提唱した理論体系の一部であるが，筆者が独自に拡張した部分があるので，解釈の誤りの責任は筆者にある．詳しくは，東氏の著作，特に『動物化するポストモダン』を参照されたい．

　まず，大きな物語におけるアニメの消費構造を考えてみよう．

　ここでは，書籍やDVDを購入する例を考えてみた．利用者は，書籍やDVDを買うわけだが，必ずしも心の底からそれを欲しいと思っているわけではない．本当に欲しい，手に入れたいと熱望しているのは，キャラクタであったり，設定であったり，その世界における技術思想であったりする．便利な言葉でまとめてしまえば，「世界観」である．利用者はこの世界観に浸

りたいのだ.

しかし，一般的に世界観を買ってくることは難しい．世界観をそのまま商品の形式に，とくに満足のいく商品の形に落とし込むのは，メディアが発達した今でも困難なことである.

そこで，この世界観からキャラクターやデザインを召喚して，商品としてパッケージ化しやすい書籍やDVDに落とし込むのだ．これらは流通も販売も消費も簡単におこなうことができた.

もちろん，利用者がこれらの商品に完全に満足していたわけではない．特定のキャラだけを抜き出して消費したい，書籍で語られたものとは異なるシナリオを消費したいという欲望や不満は常に堆積していた．しかし，いくら妄想したところで，それらは素人に容易に作れるようなものではなく，与えられた書籍やDVDを消費するしかなかった．書籍やDVDは特権的な地位を占め，それを作ることができる作家やクリエイターも（尊敬するか批判するかは別として）大きな影響力をもっていた.

しかし，技術の進展や個人の台頭は，こうした状況を覆す.

まずデジタル技術は，文章やイラスト，動画の制作を圧倒的に楽にした．選ばれた才能や資本，あるいは暇な時間をもっている者だけが特権的にこれらを制作していた時代は終わり，誰でも週末にそれなりのクオリティの作品を作れるようになった．粗悪なデッドコピーではなく，それなりに鑑賞できるような作品を素人が紡げるようになったのである.

大量に参入した「作れる素人」は，膨大な量の作品群を生み出した．その蓄積と，それを参照することによる制作市場への再参入は，巨大なアニメのデータベースを作った．プロの制作者の自家薬籠であった作品制作のポイントやテクニックは分析され，可視化された．何がアニメ作品を成立させていたかのネタが割れたのである.

そうであるならば，商品である書籍やDVDを買わない利用者も出てくる．触れたいと願っていたキャラクタや設定に，直接アクセスし，直接これを消費するのだ．キャラクタの造形にもっとも興味があるのであれば，書籍を購

入して1カットしかない挿絵を有り難がるよりは，同人で作られたフィギュアを買ってしまったほうが効率がいいかもしれない．

　データベースに直接アクセスできるのなら，新たな設定を自分で追加することに情熱を燃やしてもよい．場合によっては，公式コンテンツがそれを再参照することもある．

　たとえば，ガンダムでは，必ずしも公式とは呼べないコンテンツが設定や年表を補完し，それを公式作品が取り込んで世界観を発展させてきた歴史がある．ガンダムの場合はこれがまだしもプロやセミプロの手でおこなわれたのだが，艦隊これくしょんになると多数の一般利用者がこれをおこなう．正規空母赤城の説明には，どこにも「大食い」などという表記はないが，その資源消費量の多さをいじる利用者によって大食いは赤城の属性とされ，公式コンテンツにおける赤城も大食いキャラへと変貌をみせている．

　一利用者であっても，公式の設定を上書きし，公式コンテンツに影響を及ぼしうる状況が出来しているのだ．個人の力が強化・拡張されたよい実例だろう．多様化が進展して，公式コンテンツが示したただ1つのシナリオを，必ずしも多くの人が喜ぶとはかぎらなくなった．であれば，これも自分好みのSS（サイドストーリー）を作ってしまえばよい．書いたものを掲載してくれるサービスもたくさんある．場合によっては，公式コンテンツよりも多くの人に読まれているSSもある．

　大きな物語の時代であれば，これらはあくまでも公式にたいするアンチテーゼであって，公式コンテンツが絶対的に偉く，SSは素人の手慰みでしかなかった．しかし，技術進化や環境整備で，非公式のSSは質量ともに増大し，なかには公式同様の影響力を持ち，公式から参照され，取り込まれるようなコンテンツも登場するにいたったのである．

　そうした環境では，自らは作画や執筆をせず，ただ消費するだけのファンにも変化は訪れる．そのコンテンツのファンではあるが，公式コンテンツはみたことがなく，同人作品だけを消費する利用者も少なくないのだ．

　このように，非公式なコンテンツの数が増え，質が確保され，それを消費

するファンが増え続けると，公式作品が絶対であるとの認識は徐々に崩壊していく．公式コンテンツが，たくさんある作品の一部に埋没するのである．プロの作り手や，公式コンテンツの権威が低下するといい換えてもよい．

　そして同じことは，世界のあちこちで起こっている．その1つの傍証として，本書では聖地巡礼を取り上げたのである．

　聖地巡礼において，利用者は信者である．この信者が本当に触れたいと考えているのは，神さまだ．

　しかし，多くの信者にとって神さまは，直接触れることができないコンテンツである（それができる人は聖人として序せられ，運営側の人間になるだろう）．そこで，預言者や司祭がわかりやすく消費しやすい商品としての教会や聖典を作る．これらのコンテンツは，一般人が触れられるように作られている．神さまを直接消費することができない信者は，サービスもしくは商品として，これらを購入するのである．消費の構造は，アニメのDVDと同じである．

　だが，宗教の分野にも科学の発展や個人主義は，同じように作用する．神さまに直接触れたいと考える利用者が多くなり，不満が鬱積すると，中間項を形成する商品への懐疑も生まれる．「教会は本当に神の言葉を代弁しているのだろうか」，「中間項による搾取が行われているのではないだろうか」といった懐疑である．中世欧州の一連の宗教改革は，神さまと直接結びつくために，旧権力たる教会を中抜きする意味があった．中間に位置する商品は，技術発展や個人主義と相性が悪く，中抜きが進むのである．

　個人主義が行き着いた時代に，インターネットという技術が選好されて，発展してきたことは，この動きの延長線上にある．従前において，個人と世界は直接結ばれるものではなかった．そもそも世界が何なのかも可視化されていなかった．個人が世界に触れるためには，家族や学校や地域や国が必要で，これら事態が折り重なることによって世界を形成し，個人と世界を橋渡ししたのである．

　だが，今や人はこうした中間項抜きで，世界と直結できるようになった．今世紀に明らかになった世界の実相とは，膨大な数の情報（WebやSNS）で

あり，その背後にいる個人である．私たちはこれらに，学校や行政の手助け
を借りずにアクセスできるようになった．中抜きが実現したのである．

　だが，中抜き後の世界は，怖い場所でもある．たとえば，今まではちょっ
とした失敗は，中間項がショックアブソーバーとなり，致命傷から守ってく
れる効果があった．コンビニで馬鹿騒ぎをやっても，親父や地域の青年会に
大目玉を食らってそれでおしまいである．中間項は自分を縛り，搾取する作
用があるのと同時に，自分の身を守るものでもあった．

　しかし，これらが取り払われると，自分と世界の間には緩衝材がないこと
になる．コンビニで不始末をしでかしたことを，自分の親父は知らないかも
しれないが，ツイッターの拡散をもとにCNNが報道しているかもしれない
のだ．中抜き後の景色は，自由だが，自分と世界が直接対峙しなければなら
ない怖い場所だった．多くの若い利用者が，セカイ系と呼ばれる自分と世界
が直結するタイプのシナリオや世界構造をもつコンテンツを消費し，社会の
変化に適応しようと行動したのも自明だといえるだろう．

　宗教においても，神さまを神さまたらしめてきた要素のネタが割れたので
ある．「世界観」のレイヤが可視化され，データベース化されれば，既存の
信仰体系や宗教的権威に帰属しなくても，自分だけの私的な信仰を作り上げ
ることが可能である．

　宗教的な「世界の説明」が，科学のそれと相反をおこし，過去のように宗
教を絶対的に信仰することが困難になっている現在，私的な信仰を作り上げ
るニーズは大きい．ここまでに議論してきたように，何にも帰依せず，何に
も依存せず生きていけるほど人は強くない．自由であるからこそ，強い孤独
から逃れようと何かを信じようとする行動が観測される．

　だが，単一の価値観が担保されることが当たり前だった時代に作られたシ
ステム──イデオロギーや宗教──は，機能不全を起こしている．そこで舞
台裏である「世界観」のレイヤから，自分に合うものだけを抜き出してきて，
私的な信仰を二次創作として作るのである．それが清正井信仰であり，大洗
巡礼であり，飛騨巡礼だ．完全に自分好みにチューニングされた，心地よい

宗教である.

したがって，アニメの聖地巡礼と，宗教儀礼としての聖地巡礼は，特別に分けて考える必要はない．宗教の世俗化が進んだ現代において，両者は等価である．2次創作なのだ.

2次創作にたいして与えられる評価はさまざまだ．たとえば，アニメ作品の2次創作も，市場やファンコミュニティを活性化させ，オリジナル作品の価値を向上させると歓迎する見方と，オリジナルがもつ価値を毀損させ，場合によっては権利さえ侵害していると否定する見方が同時に存在している.

儀礼的聖地巡礼の2次創作たるアニメの聖地巡礼や，清正井などの世俗的聖地巡礼についても，まったく同じことがいえる.

ガールズ＆パンツァーの聖地として名を知られた大洗磯前神社は，「きっかけは何でもよい．神域という非日常に触れ，手を合わせる経験をしてもらうことが重要」と話してくれた.

しかし一方で，正式なご神体も理解しないで神社を参り，鳥居もくぐらずに帰って行くことに何の意味があるだろうかと考える神社や神職も多い．たとえば，京都の粟田神社では御朱印の転売を問題視していて，転売行為で御朱印を入手しないよう呼びかけている．御朱印は，参拝者が顔をみせることで神社と神縁を結んだ証ともいえるものであり，転売では決して神縁は得られないこと，転売屋が利を貪ることが穢れになることを説いているのである．これこそ，宗教的プロトコルと，それが解体して権威を感じなくなっている世俗的感覚との相克だろう.

コミケをはじめとする同人即売会の現場と同じことが寺社仏閣でも起こっていて，そしておそらく他の分野にも波及していくのだ．今後の制度設計やビジネスプランは，この構図を念頭に構築されなければならないだろう.

サブカルチャーの聖地巡礼に地域活性化や地方創生の力があるとして，行政がこれに期待し取り込む動きが勢いをもっているが，使いようによってはたんにお金を失うだけでなく，地域の評判まで落としてしまいかねない.

第 6 章　インターネットの構造と，社会との共犯関係について　197

　ここまででのべてきたように，サブカルチャーの聖地巡礼は 1 つの小さな信仰である．それが出てきた背景は，大きな物語のゆらぎとそこへの懐疑がある．利用者は自分なりの信仰を作りたいのだ．

　聖地巡礼に観光客を呼び込む力があるのは事実だろう．場合によってはインバウンドさえ望めるかもしれない．移住者が増えるはず，と期待する自治体すらある．

　たしかに事実として，そういう先行事例はあった．たとえば，2013 年 1 月には北國新聞が，アニメーション作品に憧れて仲居として住み込み就職を果たした若い男性の記事を配信している．しかし，それは結果的にそうなっただけであって，必ず再現する化学現象のようなものではない．むしろ，大きな物語の残滓たる地方行政や商工会などが，「ここが聖地です」，「ここでこのメニューを食べていってください」などとプロトコルを作って，忌避されるリスクのほうが大きいだろう．聖地巡礼の現象面だけを取り上げて，「おらが村なら，××円ほどの経済効果がでるはず」などとそろばんを弾くことは，利用者からみて嫌悪行為でしかない．現在の利用者は平等に慣れている．作り手が特権的で，受け手はそれを押し頂く価値観はすでに共有されていない．どんなに権威ある為政者や経営者が著した書籍でも Amazon レビューで袋だたきにされるし，テレビやブルーレイによって流通するコンテンツと遜色ないコンテンツを 2 次創作する作者もいる．平等と個人主義は突き詰めれば，統合的な規範の存在を否定する方向へと遷移していく．したがって，聖地巡礼においても，自治体などが規範を作ろうとするのは自殺行為である．

　聖地巡礼に投資するなら，何かほかの，もっと永続的な価値に投資したほうが効率がよい．どうしてもやるのであれば，地方行政や商工会は黒子に徹するか，もし可能ならばただのファンになることである．幸い，そういうかかわり方であれば，世俗化された宗教の聖地巡礼に豊富な先行事例があるので，そこから学ぶこともできる．

　大上段に聖地巡礼のプロトコルを取り決めるのではなく，商工会やファン

が何か提案してきたときに，心地よく対応し，手厚いサポートをおこなう．

　地方行政ではなく商工会が，商工会ではなくファンが，イベントや組織を企画・運営する．もし地方行政や商工会の人がここにかかわるならば，組織を背負わずに一ファンとして潜り込む．それならば，聖地巡礼を活性化する試みに，成功の可能性が生じるだろう．

　地方行政がその立場から何を企画したところで，2次創作になれたファンからすれば，素人のやっつけ仕事以上のものは作れない．また地域行政は，その使命ゆえにやむをえないが，どうしても地域ファーストで施策を組んでしまい，利用者の都合は二の次になりがちだ．であるならば，最初からプロデュースは諦めてしまって，利用者に任せたほうがよい．やるなら自分自身も利用者になって，ファンと共犯関係を築くことだ．

　受け手が作り手，作り手が受け手である時代において，共犯関係の意義は大きい．利用者に，「同じクラスタ，同じトライブに属した，コミュニケーションコストが小さい，コミュニケーション可能な相手である」と認識してもらうことができる．そこではじめて仲間であると認知してもらえるのだ．日本でもっとも成功している同人イベント「コミケ」が，まさに同人――仲間内の祭典――であることを思い出して欲しい．サブカルチャーにまつわるビジネスで，もし成功したければ，まず利用者と一緒に楽しみ，仲間になる必要がある．仲間内の経済圏に入る資格を得るのである．

　この仕組みは一朝一夕にはできない．永続させるのも至難だ．マイクロソフトはかつて利用者の仲間だったが，巨大化するに従って，利用者の管理者になった．そこで台頭したのがグーグルで，腰が軽く，利用者好みのサービスを次々と実装した．しかしこの会社も巨大化やグローバル化にともなうしがらみのなかで，利用者の仲間としての側面が失せ，管理者の顔をみせるようになった．その隙間に付け込んできたのが，フェイスブックやLINEである．ソニーは，少なくともパソコン登場以降は，利用者の仲間ではなかった．

　多くの会社や組織が，なかなか利用者の仲間や共犯にはなれないのだ．なれたとしても，長く続けるのは本当に難しい．ただ，困難な道を継続するこ

とができれば，大きな花が咲くこともある．2016年に岐阜県に「君の名は。」，「聲の形」などの聖地巡礼案件が続いたのは，決して偶然ではない．早い段階から，飛騨まんが王国などの事業を立ち上げ，アレルギー反応も大きいサブカルチャーにたいして，行政などが少しずつ理解を深めていった．その結果，アニメの舞台や制作に好適な地域として，認知されていったのである．

　おそらく，今までアニメなどのサブカルチャーに縁もゆかりもなかった地域や自治体が，表層だけなぞるように聖地巡礼の支援などをおこなっても，成功事例を作り上げるのは困難だろう．短期的なブームにすがりたい自治体は短期的な結果が欲しいのであって，そのためにはプロトコルを作りたいし，グッズも売りたい．先にのべた，利用者がやって欲しくないこととまともに競合してしまうのである．では，気長に文化やコミュニティを形成するような取り組みを継続すればよいのかといえば，そのような長期的なビジョンや予算が確保できるなら，他に投下した方が回収効率がよいだろう．

　結局，その地域や自治体の誰かがサブカルチャーが好きだったり，サブカルチャーに親しみやすい土壌があり，自分たちが楽しめる場合にのみ，地域ぐるみで聖地巡礼振興をおこなえばよい．そうしたベースラインが引けないのであれば，仮に巡礼者がたくさん訪れるコンテンツを有していたとしても，巡礼振興の試みは各事業者兼ファンに任せておくべきである．

　さすがに聖地まんじゅうを売る店はあらわれないだろうが，それに準じた露骨なプロトコルの策定はコンテンツの寿命を縮めてしまうし，そもそもコンテンツの人気はバースト的である．純粋に損得勘定を考えれば，大きな投資はしにくいのだ．

　それを度外視しても巡礼振興をしたいほど，地域の事業者や担当者がそのコンテンツのことを好きならば，同人として，ファンとのコミュニティ——共犯関係——を作ることができるだろう．一度，そうした関係を築くことができれば，ファンは自動的にその地域のことを好きになってくれるし，一度好きになるとなかなか嫌いにならない．

　現代の聖地巡礼が，そのコンテンツをより深く楽しむための2次創作行為

なのだということ，そこに商業がかかわると嫌悪感を生む場合があるということ，どうしてもかかわりたい場合は，同人としてかかわらないとなかなか成功しないことは，今一度指摘しておきたい．

5. ポストモダンの後を嗣ぐ技術とは

　大きな物語の解体と，それにかわるポストモダン社会の浸透をいくつかみてきた．一見関係のなさそうな作劇手法の変遷や，信仰形態の変化といったものも，社会の構造に紐づいている．この構造が産み落とした申し子ともいえるインターネットが社会基盤となり，そこからのフィードバックがさらに社会構造の変化を加速させている．

　個人主義の発展は，個人をエンパワーメントする制度や技術を構成していく．スマホやVRの登場で個人の能力は確実に拡大した．すでにスマホを忘れて外出した際の無力感は半端なものではなく，スマホがいかに自身の能力を拡張させていたかがすぐに理解できる．

　技術の焦点は個人に移行した．動画コンテンツは，テレビを囲んでみんなでみるものから，スマホで1人で鑑賞するものに変わり，地図は世界を眺めながら自分の立ち位置を確かめるものから，自分を中心に世界を構成するものに変わった．

　個人の能力と権利が拡大した世の中は，逆説的だが多様性を殺す．社会の制度設計や，技術的な面ではインターネットが，社会の透明性を上げ，社会を可視化した．SNSが友だち関係を可視化した結果，誕生日や記念日に友だちのふりをして写真に収まり，SNSにアップする写真が寂しくならないように賑やかしをする代行業が流行したが，そうした示威行為は友だち関係に収まらず，社会の各所でみられるようになった．

　フランチャイズ店での客あしらいが，店舗ごとに異なることなど，オペレーション上生じうることだろう．しかし，以前であれば隔たった距離がそれを

隠蔽し，誰の目にも触れず，したがって問題にもならなかったそれが，不公平だとネット上にアップされ，炎上や電凸を伴うインシデントになる．

　民主主義は，おそらくそんなにたいそうなものではなかった．100人の人がいれば100とおりの意見があるのは自明であり，どうせ意見の一致などみるはずがないのである．多数決で51人がいったことならば49人は我慢しよう，が本質である．暴虐な専制君主が出てくるよりはよほどよい政体であるが，完璧ではない．

　ところが，個人主義が浸透し，そこに社会の可視化が結びつくと，世の中は満場一致を好むようになってしまった．がまんする49人の意見も，できるだけ汲み取らなければならない，それはそうだ．少数意見も大事にしてこその民主主義だ，それも然り．少数の権利も守られなければならない．すべて正論なのだが，それが拡大すると，個人の権利と自意識は再現なく肥大化する．誰か1人が「気に入らない」と声を荒らげれば，その声をぶつけられた人は必ず応接しなければならなくなる．すべての行為は可視化され，他の人にたいして，自分がいかに平等に扱われていないか，すべて白日のもとにさらされてしまうのだから．

　声を上げれば権利が守られる，あるいは拡張されるのであれば，声を上げない道理はないし，また声を上げるための機会を逃すわけにもいかない．幸運なことに，現代の生活は可視化されていて，今もそれは進展中である．あらゆるメディアを使って，自分より得をしている人が居ないかを四六時中見張り，発見し次第声を上げ，同じ待遇を要求したり，1人だけ得をしていた人を懲らしめたりすることができる．おそらくここまでは自動的に進むのである．

　大きな物語は瓦解し，個人が強くなり，物事の相対化が進み，価値観が多様になることは，すなわち1人1人が自分の信じるものを，先ほどの聖地巡礼ふうにいえば，自分の信仰をもたねばならないということだ．

　大きな物語としての宗教は，奇蹟や聖遺物，説教，そして時には免罪符によって，その信仰の正しさを担保してくれたが，現代社会での内なる信仰に

おいては，その正しさを担保する責任は自分にある．

　先にも議論したように，自分の信じるものの正しさなど，最終的には証明しようがない．何もなしには生きていけないから，便宜的に何かを信じる．そういういい方が宗教的に過ぎるようなら，人生の軸を決めるといってもいいだろう．何か軸を定めて生きていかなければならない．

　間違っていてもいい，あるいは「みんな違ってみんないい」が実践できればいいのだが，あいにくそれほど人は強くない．正しくないかもしれないものに依拠して生きていくのは苦しいが，内なる信仰であるため正しさを証明する責任は自分にある．

　そして，何度も議論したように，正しさを証明するもっとも手っ取り早い方法は，意見の違う他者を攻撃して亡き者にしてしまうことである．

　オープンなネットワーク，可視化されたネットワークで，個人主義が行き届いた利用者が接触するとき，炎上などのトラブルが起こるのはほぼ必然である．誰も正しさを証明できないまま，つまり誰も安心を得られないまま，利那的な生存欲求で他者を攻撃し続ける．

　現時点において，インターネットは極小のトライブが無数に存在して，互いを監視し合い，叩き合う荒野になっている．これはインターネットにのみ原因があるわけではなく，インターネットをここまでの地位に押し上げてきた社会の構造がインターネットに写像されたもので，社会とインターネットが強固な連累を結んでいる現在，解消するのが困難な現象である．

おわりに

　インターネットがある種のユートピア思想を背景に設計されていることは，すでにのべた．平等でオープンで透明．個人が力を持ち，多様性を有し，みんなの協力でインターネット自体を発展させていく，そんな希望があった．

　しかし，それが実現し，インターネットがある種の選良から絶対的多数の

人々へ解放され，当初の理念が次々と実装されていくと，オープンは相互監視に，個人の拡大は不寛容さに，多様な意見はそれ同士のつぶし合いを生じさせることになった．これは歴史の皮肉であろう．それでなくても，多様化と可視化が進むと，選択肢が多くなりすぎて何も選べなくなる．度が過ぎた多様化は，選べないという1点において，多様性を消失させる．多様なもののなかから最善の1つを選ぶためには機械のサポートが必須になり，機械の選択は最善であるがゆえに多様性を否定し，1つの解へと状況を再収束させるだろう．

　もし，現状を肯定せず，もっと安心して穏やかに過ごせる世界を（それがリアルであれインターネットであれ．そろそろこの区分も不要になる．両者は融合しつつあるのだから）構築するのであれば，ネットワークの不透明化や個人の能力の抑制が前提になるだろう．なんらかの統一的な道徳規範の復活すら望まれるかもしれない．

　この議論の不幸なところは，おそらく先の解は正答と呼べるものなのだが，正答自体を愛せないところにある．安心や穏やかさを取り戻すために，せっかく手に入れた透明なネットワークや巨大な発言権を手放せるだろうか．難しいだろう．

　さっさとこうしたしがらみを手放して，田舎暮らし（リアルな僻地という意味ではない．オフラインに浸れる場所のことだ）をはじめる人もいるが，多くの（筆者自身も含む）利用者はそれを選択しないだろう．一度手に入れた力を捨てるのは，至難である．そうであるならば，私たちは巨大になった力を手に，無数の敵が存在する燎原を歩き続けるしかない．いつか誰かに打ち倒されるその日まで．

参 考 文 献

東浩紀（2001）『動物化するポストモダン』東京：講談社．
『北國新聞』2013年1月12日刊「『花いろ』に憧れ仲居男子」．

第7章

日本語母語話者の大学生の考える
英語授業内の日本語使用について
――習熟度別の比較――

安 藤 香 織

は じ め に

　近年，英語は「国際的な言語」と呼ばれることが多い．国際的な言語としての英語の重要性の高まりをうけ，日本の英語教育は「コミュニケーション能力」の習得を目標の中核に掲げ変革期を迎えている．ここ10年だけを振り返っても大きな2つの取り組みが開始された．まず1つ目は小学校における英語教育の開始である．2011年度に小学校5・6年生を対象に外国語活動として英語教育が開始され，その後2018年から2019年の2年間の移行期を経て，2020年度から小学校3・4年生を対象に外国語活動，小学校5・6年生を対象に教科としての英語教育が全面実施される予定である．2つ目の取り組みは，中等教育における英語の授業は基本的に英語でおこなうとする指針が発表されたことである．2013年から実施された高等学校学習指導要領に英語でのコミュニケーションの機会を多く設けることを目的に「英語の授業は基本的に英語で行うこととする」と記されたことは記憶に新しく，また2021年から実施される中学校学習指導要領にも同様の記述がされている．

その結果近年,「英語の授業を英語で行う」ことに大きな注目が集まっている．英語での授業法などにたいする関心が高いが，同時に使用が限られる母語の役割についても再考察が必要である．本調査では英語授業における日本語の適切な使用を考えるために，日本語母語話者教員による英語授業内の日本語の使用にたいする学習者の意識を調査した．

1. 日本の英語教育を取り巻く環境

日本における英語教育を考える際，日本の英語教育は外国語としての英語教育（English as a Foreign Language: EFL）であることに留意しなければならない．言語習得研究の分野では，ともに母語の習得後に身に付けるという意味で外国語が第二言語の範囲に含まれる場合もあるが，英語教育においてはこれらをはっきりと区別する必要がある．なぜなら，第二言語学習と外国語学習では学習者がおかれる学習環境に大きな違いがあるからである．大津（2017）は母語・第二言語・外国語を区別する要因として，① 習得 / 学習開始時における母語の存在，② 認知発達の度合，③ 目標言語への接触量，④ 目標言語に対する接触状況，⑤ 習得 / 学習に対する切迫度，⑥意図性・意識性の 6 項目をあげている（表 1）．

表 1 からわかるように，外国語として英語を学習するのと第二言語として学習するのではさまざまな違いがある．そのなかでも「目標言語への接触量」，

表1 母語・狭義の第二言語・外国語の比較

	母語の存在	認知発達	接触量	接触状況	切迫度	意図性・意識性
母語	無	初期	多	多様	高	無
狭義の第二言語	有	多様	多	多様	高	無
外国語	有	非初期	少	限定的	低	有

出所：大津（2017）より引用

第7章　日本語母語話者の大学生の考える英語授業内の日本語使用について　207

「接触状況」および「切迫度」の違いは，言語教育において大きな意味をもつ．ESL（English as a Second Language）の環境では日常生活もしくは社会生活の場において英語が使用されている．一方EFLでは日常生活において英語はほとんど使用されない．そのため，そもそも学習者の手に入るインプット量およびアウトプットの機会，つまり英語への接触量に大きな違いが存在する．またその接触状況に関しても，EFLとして授業内で学習する場合には，授業内活動にどんなにバリエーションをつけたとしても限られるのが現実である．また大津（2017）が「切迫度」としているのは，その言語を身に付けないことによる自身の社会生活への影響である．第二言語環境では，その言語の能力が自身の生活に直接影響することは明らかである．一方，外国語としての環境ではその言語の能力を身に付けなかったもしくは身に付かなかったとしても，日常生活や自身の将来に深刻な影響が出るとは予想されづらい．そのため動機づけの面でも大きな違いが生じるとされる．

　日本における英語教育はEFLであり英語の有用性が容易に認識されるESLとしての英語教育に比べると学習者の動機づけは弱く，また英語に触れる機会も限られることが多い．そのため学習者に適切な動機づけを提供するとともに英語のインプット量およびアウトプットの機会をできるだけ多く確保することは日本の英語授業における大きな課題の1つといえる．

2.　言語教室における学習者の母語の使用

　言語教室における学習者の母語の使用にはモノリンガルアプローチとバイリンガルアプローチの2つのアプローチがある．

(1)　モノリンガルアプローチ

　モノリンガルアプローチでは目標言語のみが使用され，学習者の母語は使用が否定される．本アプローチがめざすのは，目標言語のみを授業で使用す

ることで目標言語のインプット量および学習者が目標言語をアウトプットする機会を最大化し言語学習を促進することである（Krashen, 1981; Duff and Polio, 1990）．本アプローチは20世紀に入りダイレクトメソッドおよびコミュニカティブアプローチが第二言語教育および外国語教育において主流になったことを受け，世界中の言語教室の主流アプローチとなった（Cook, 2001）．本アプローチの擁護者の1人であるKrashen（1981）は，外国語の習得は基本的に子どもが母語を獲得するのと同じプロセスをたどるとし，母語の使用は最小限にすべきと唱えている．またBrown（2013）は言語の習得は無意識の活動でありそれは目標言語での意思疎通を通してのみ達成できるとし，Ellis（2005）は外国語の習得は学習者が目標言語に触れる機会が多ければ多いほどその学習速度は速いとし，授業内で目標言語の使用量を最大化する重要性を提唱している．

(2) バイリンガルアプローチ

一方，バイリンガルアプローチは指導において目標言語だけでなく学習者の母語も使用するアプローチである．本アプローチでは，学習者の母語は学習者の有する「資産（asset）」と捉えられる（Cook, 2001）．Auerbach（1993）は学習者の母語を使用することでリラックスした雰囲気につながり情意フィルターの低下が期待できるとしている．また時間の節約も母語が使用される主な理由としてあげられる．Atkinson（1987）は難関なコンセプトや文法を目標言語で説明するより，母語を使用することで時間が節約でき，節約した時間を他のより生産的な活動に回すことができるとしている．またCaine & Caine（1994）は母語の使用は，新しい情報と学習者がすでに有している知識を関連づける助けとなり，既知の知識の活性化につながるとしている．Cook（2001）は教員がいくらかでも学習者の母語を理解している場合，教員と学習者の間のコミュニケーションに母語が出現する傾向を指摘している．

しかしEllis（1984）が指摘しているように授業内での教員による母語の使用は目標言語のインプットを学習者から奪うことである．とくに目標言語へ

の接触量が限られる EFL の環境では安易な母語の使用は避けられるべきであり，その使用は注意深く選択されるべきである．

(3) 母語の使用に関する先行研究

母語がどのように使用されているのか先行研究をみていく．言語教室における教員による母語の使用頻度に完璧な割合はなく，先行研究でも教員ごとのばらつきが報告されている．Guthrie（1987）では 6 名のフランス語教員（大学）の母語の使用を調査し，うち 5 名の母語使用割合は 2 〜 17%，1 名は40% 以上であった．Duff and Polio（1990）で調査された 13 名の教員（大学レベル）の母語使用の割合は 0 〜 90% と大きなばらつきがみられた．Levine（2003）では 163 名の英語母語話者の大学教師（担当言語：ドイツ語，フランス語，スペイン語）を調査し，母語使用の割合は 0 〜 100% と Duff and Polio（1990）同様大きなばらつきが報告された．Duff and Polio（1990）では教員による母語の使用割合に影響を与える要素として，① 授業の内容と目的，② 学校・学部などの方針，③ 使用教材，④ その教師の受けた教員トレーニングの 4つをあげている．

次に母語が使用される主な用途をみていく．表 2 は Polio and Duff（1994），Auerbach（1993），Cook（2001）によって特定もしくは提案されている使用機能をまとめたものである．

表 2 母語の使用機能

Polio and Duff (1994)	Auerbach (1993)	Cook (2001)
語彙の説明	言語の分析	語彙の説明
文法指導	文法指導	文法指導
クラスマネジメント	クラスマネジメント	クラスマネジメント
ソリダリティ	活動の指示	活動の指示
学習者に対する聞き返し	プロンプトを与える	試験
理解の補足	間違いの説明	
学習者の母語使用に対する応答	理解の確認	
教室運営に関する伝達		

出所：Polio and Duff（1994），Auerbach（1993），Cook（2001）より作成

それぞれあげている使用機能に違いはみられるものの，文法指導とクラスマネジメントは3件の先行研究すべてに含まれており，また語彙と活動の指示は2件の先行研究に共通している．

　教員による母語の使用にたいし学生はどう感じているのだろうか．先行研究によると，一般的に学習者は母語が使用されることを好み，また学習の役に立つと考える（Burden, 2000; Schweers, 1999 など）．しかし習熟度が上がるにつれ教師による母語の使用を希望しなくなる（Prodromou, 2002）など習熟度に影響されることが報告されている．Norman（2008）では，海外留学経験のある英語習熟度の高い日本人大学生は習熟度が低い学生に比べると，英語母語話者教員による日本語の使用頻度が低いことを好む傾向が報告されている．また習熟度の低い学生が，英語母語話者教員がかれらの母語（この場合日本語）を理解し，日本語で質問に答えると安心感を覚える傾向を示したのにたいし，習熟度の高いグループは英語母語話者教員が日本語を理解しないことを好んだ．

3. 調　　　査

(1)　調査の概要

　本調査の目的は，英語授業における適切な日本語の使用を考察するためにその使用の有用性にたいする学生の意識を調査することである．日本語母語話者教員による5つの使用機能での日本語の使用に対する学生の意識を調査し，習熟度別に比較をおこなった．回答者は都内の私立大学3校に通う学生162名である．回答者は非英語専攻の文系学部に所属しており，週1コマ以上日本語母語話者教員による英語の授業（主な使用言語：英語）を履修している．回答者に長期の海外滞在経験者はいない．調査方法はアンケート調査である．質問項目は言語教室における母語の使用に対する意識を習熟度別に調査したProdromou（2002）の質問項目のうち教員による母語使用に関する計6項目

に,「教員による母語使用の希望頻度」を問う項目を足した計 7 項目である. Prodromou (2002) での回答形式は二択 (Yes / No) だが, 本調査では 5 件法を使用した. 回答にあてた時間は約 10 分である. また英語習熟度別の比較をおこなうため, アンケート用紙の最初で, 最近受けた TOEIC の点数が入るグループ (TOEIC：Group A：400 点未満, Group B：400 点以上 740 点未満, Group C：740 点以上) を選択させた.

(2) 結　果

習熟度別のグループ分けの結果, Group A：53 名, Group B：61 名, Group C：48 名であった.

1)「日本語母語話者教員は日本語を使うべきである」(図 1)

この質問にたいし一番強い肯定傾向を示したのは Group A であった.「強くそう思う」と回答した学生は 7.5%,「そう思う」と回答した割合は 58.5% であった. つぎに強い肯定傾向を示したのは Group B で,「強くそう思う」と答えた学生は 11.5%,「そう思う」は 39.3% であった. 英語習熟度の比較的高い Group C では回答にばらつきがみられた. また, 他の 2 グループでは選択者が皆無だった「まったくそう思わない」を 10.4%,「そう思わない」を 25.0% の学生が選択した.

図 1 「日本語母語話者教員は英語授業内で日本語を使用すべきである」

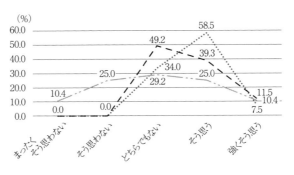

2)「日本語母語話者教員は英語の授業でどのくらい日本語を使うべきか」(図2)

日本語の使用頻度に関しても習熟度の比較的高い Group C は他の2グループとは異なった傾向を示した(図2).Group A と Group B では似たような傾向を示し,「いつも使用する」と答えた学生がそれぞれ 11.3%(Group A)と 6.6%(Group B),「頻繁に使用する」と答えた学生が 43.4%(Group A)と 39.3%(Group B)であった.一方習熟度が比較的高い Group C では,「あまり使用しない」が 52.1%,「まったく使用しない」が 10.4% と多く,一方「いつも使用する」は 0%,「頻繁に使用する」は 10.4% と使用頻度が低いことを好む傾向が示された.

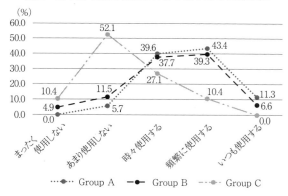

図2 日本語母語話者教員による日本語の使用頻度

3) 使用機能別の結果

使用機能別の質問にたいする結果は,習熟度に関係なくすべてのグループで似た傾向がみられた機能と,習熟度によって傾向に違いがみられた機能の2つに分かれた.

習熟度に関係なく3グループすべてにおいて似た傾向を示した使用機能は,「文法の説明」(図3),「日英文法の比較」(図4),「日英言語ルールの比較」(図5)であった.これらの使用機能では,すべてのグループで日本語母語話者教員による日本語の使用を有用と感じる傾向が示された.「文法の説明」

第7章　日本語母語話者の大学生の考える英語授業内の日本語使用について　213

図3　「文法の説明は日本語でするべきである」

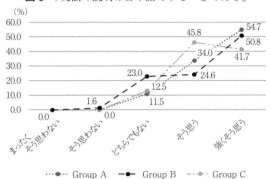

図4　「日英文法の比較は日本語でするべきである」

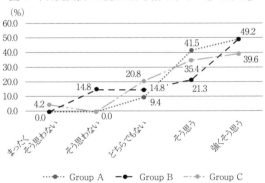

図5　「日英言語ルールの比較は日本語でするべきである」

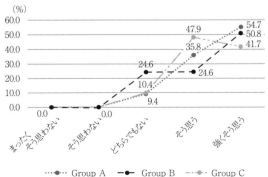

図 6 「新出語彙の説明は日本語でするべきである」

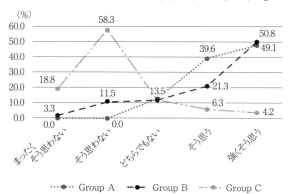

図 7 「活動等の指示は日本語でするべきである」

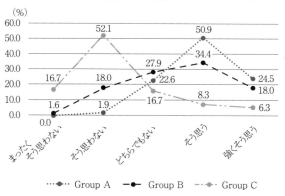

では，「まったくそう思わない」と答えた学生はすべてのグループで 0 人であった．また「そう思わない」と答えた学生も Group A と Group C は 0 人，Group B は 1 人であった．「日英言語ルールの比較」に関しては「まったくそう思わない」もしくは「そう思わない」と答えた学生はすべてのグループで 0 人であった．

　一方，習熟度による違いが確認されたのが「新出語彙の説明」（図 6）と「活動等の指示」（図 7）である．

　「新出語彙の説明」では，Group C は日本語母語話者教員による日本語の

使用の有用性に対し「まったくそう思わない」と答えた学生が 18.8%,「そう思わない」と答えた学生が 58.3% と有用とは感じていない傾向が示された. 一方, Group A と Group B では,「強くそう思う」と答えた学生が 49.1%（Group A）と 50.8%（Group B）,「そう思う」と答えた学生が 39.6%（Group A）, 21.3%（Group B）と日本語での指導を有用と考える傾向が示された.

「活動等の指示」に関しても英語習熟度による違いがあらわれた. Group A では「強くそう思う」が 24.5%,「そう思う」が 50.9% と日本語での指示が有用と考える傾向が強く示された. 一方, Group C では「まったくそう思わない」が 16.7%,「そう思わない」が 52.1% と, 日本語が使用されることの有用性に懐疑的な傾向がみられた.

4. 考　　察

今回の調査では, 学生の英語習熟度によって日本語母語話者教員の英語授業内の日本語の使用に対する意識に違いがみられた. 習熟度の高い学生は教員による授業内の母語の希望使用頻度が低い傾向は先行研究でも報告されている. 習熟度が高い学生を担当する際には日本語の使用割合を減らすことが考慮される. また使用機能別での結果では習熟度に関係なく日本語の使用を有用と感じる傾向が強い機能（文法項目の説明, 日本語と英語の比較項目）と習熟度によってその有用性の感じ方に違いがみられた機能（新出語彙の説明, 活動等の指示）があった. まず「活動等の指示」に関しては, 日本語で活動の指示を聞いたほうがわかりやすいにもかかわらず, 習熟度が上がるにつれその有用性に懐疑的な傾向が示された. これは「easy option」として日本語を選択するのではなく, 英語のインプットをできるだけ多くしたいという気持ちの表れではないだろうか. また新出語彙の説明に関しては, 筆者および今回のアンケート調査の協力者である大学教員 2 名も担当授業内で日本語をよく使用する場面だけに意外な結果であった. とくに今回アンケートを実施し

た中で一番習熟度が高いクラスを担当している教員は,「教材が難しくなると知らない単語も増えるし抽象的な単語が増えるなど難しくなる.日本語のほうがわかりやすいし,時間の節約になる」と多くの場合日本語で意味を伝える,もしくは辞書で調べるようにと指示をしている.しかし,今回の調査では習熟度の比較的高いグループの学生は新出語彙の説明時に日本語が使用される有用性に否定的な傾向を示した.この例は教員の考える有用な母語の使用と学生の考える有用な母語使用にミスマッチが存在しうることをあらわしている.この理由を考える際にアンケート用紙への学生のコメントがヒントになった(今回コメントの記載は求めなかったが,13名の学生が空きスペースに何らかのコメントを記していた).「新出語彙の説明」についてコメントを書いていた学生5名のうち3名が習熟度の高いグループの学生であり,その内容は「日本語で意味を聞くと,もともとのニュアンスなどがわかりづらい」といったものであった.またうち1名は「日本語で意味を聞くのはわかりやすいが,どういう風に使えるのか実際の使用例もたくさん知りたい」と書いていた.習熟度の高い学生は日本語を使ってたんに知識として意味を知るのではなく実際にそれらの単語を使用する場面を考え,本来のニュアンスで使えるようになることを希望している可能性がある.安易に日本語で意味を伝えるのではなく,またもし日本語の使用を選択するならばその提示法には工夫が必要と考えられる.

お わ り に

英語の授業を英語でおこなう取り組みが中等教育で開始され,その手法や効果に注目が集まっている.しかし,EFL環境である日本では教室内のほとんど全員(教員および学習者)に共通する母語が存在していることが多く,そのような環境では利便性や効率を理由に意図的にせよ無意識にせよ共通母語が教員によって使用されることが多い.しかし安易な共通母語の使用は学

習者が英語に触れる機会の制限・減少につながるため避けられるべきである.

　本章では，英語授業における学習者母語の適切な使用を考察するために日本語母語話者教員の英語授業内における日本語使用にたいする学習者の意識を調査し，習熟度による比較をおこなった. 今回の調査では，学生の英語習熟度によって日本語母語話者教員の英語授業内の日本語の使用にたいする意識に違いがみられた. まず，習熟度が比較的高いグループは教員による日本語の希望使用頻度が他のグループと比べて低い傾向を示した. またその使用機能別意識については習熟度によって違いがみられる機能と，みられない機能が存在した. 英語授業における日本語の使用に関してはその頻度だけでなく使用機能を考察する際にも，学生の習熟度を考慮する必要性が示唆された.

　ただし，本調査では習熟度の分類に TOEIC（L&R）のスコアを使用したため，ライティングとスピーキングの能力は考慮されていない. 他の分類法を用いての検証が必要である. また学生の意識の調査であり，実際の有用性を調べたものではない. 指導において日本語を使用した場合と英語を使用した場合の学習効果の検証が今後の重要な課題である.

参 考 文 献

大津由紀雄（2017）「外国語としての英語という視点の共有」『学術の動向』，74-77頁.

Atkinson, D.（1987），"The mother tongue in the classroom: A neglected resource?", *ELT Journal*, 41（4），pp. 241-247.

Auerbach, E.（1993），"Reexamining English only in the ESL classroom", *TESOL Quarterly*, 27（1），pp. 9-32.

Brown, H. D.（2013），*Principles of Language Learning and Teaching*, Pearson.

Burden, P.（2000），"The use of the students' mother tongue in monolingual English conversation classes at a Japanese university", *The Language Teacher*, 24（16），pp. 5-10.

Caine, R. N. and Caine, G.（1994），*Making Connections: Teaching and the Human Brain*, Addison-Wesley.

Cook, V.（2001），"Using the First language in the Classroom", *Canadian Language*

Review, 57, pp. 402–423.

Duff, P. A. and Polio, C. G. (1990), "How much foreign languages is there in the foreign language classroom?", *The Modern Language Journal*, 74, pp. 154–166.

Ellis, R. (1984), *Classroom second language development*, Oxford: Pergamon.

Ellis, R. (2005), "Measuring Implicit and Explicit Knowledge of a Second Language: A Psychometric Study", *Studies in Second Language Acquisition*, 27 (2), pp. 141–172.

Guthrie, E. (1987), Six Cases in Classroom Communication: A Study of Teacher Discourse in the Foreign Language Classroom. In Lantolf, J. P and Labarca, A.(eds.), *Research in Second Language Learning: Focus on the Classroom*, Norwood, Ablex.

Krashen, S. D. (1981), *Second Language Acquisition and Second Language Learning*. Oxford: Pergamon.

Levine, G. S. (2003), "Student and Instructor Beliefs and Attitudes about Target Language Use, First Language Use, and Anxiety: Report of a Questionnaire Study", *The Modern Language Journal*, 87 (3), pp. 343–364.

Norman, J. (2008). Benefits and drawbacks to L1 use in the L2 classroom. In K. Bradford Watts, T. Muller & M. Swanson (Eds.), JALT2007 Conference Proceedings. Challenging Assumptions: Looking In, Looking Out.

Polio, C.G. and Duff, P.A. (1994), "Teachers' Language Use in University Foreign Language Classrooms: A Qualitative Analysis of English and Target Language Alternation", *The Modern Language Journal*, 78 (3), pp. 313–326.

Prodromou, L. (2002), "From mother tongue to other tongue", Teaching English, Retrieved on June 2, 2019 from https://www.teachingenglish.org.uk/article/mother-tongue-other-tongue

Schweers, C.W. (1999), "Using L1 in the L2 classroom", *English Teaching Forum*. 37 (2), pp. 6–10.

第8章

韓国地方都市における
中心商業地形成の歴史的過程

賈　　威

は じ め に

　日本海を挟んで隣り合う韓国と日本は，ともに第2次世界大戦後に高度経済成長期を経験して発展しながらも，今後再び大きな経済成長をみることは難しいだろうとされている．くわえて近年では，共通して少子化および人口の高齢化が進み，とくに農村部のみならず都市部までも含めた広い地域で人口の減少がみられるようになっている．そのなかで日韓とも，各地の住民生活を支えてきた「中心商業地」が大きな転換を迫られている．しかしながら，日韓では後述するように，これら中心商業地が形成されてきた歴史的な過程に相違があるため，現在おかれている状況も異なり，また，今後の求められていく対応にも違いが想定される．

　そこで本章では，そうした日韓での中心商業地の違いの理解のために，日本との比較を前提としながら，韓国における中心商業地がこれまでどのような特有の条件のもとで形成され，いかなる歴史的過程を経て現在のような構造となったのかについて概説する．

1. 韓国における中心商業地を取り巻く前提

　まず，あまり知られていないこととして，日韓では地形条件的な違いがある．韓国と比較して海洋プレートの圧力を大きく受け，隆起量が大きい国土に，周囲を海洋に囲まれることで全国的に年間をつうじて多くの降水量（年間約 1,200 ～ 2,000mm）がある日本には，急峻な山々がみられやすい一方で，土砂の堆積で形成された比較的大きな平野が各地に発達している．そのなかで，各地を結ぶ街道沿いでも地形転換点の近くや，平野のなかでも道路同士が交わる交差点などに，古くから交易の場としての市場が発達してきた．また日本は，総じて河況係数[1] も低く，水運に恵まれた地域での市場の発達も顕著であった．さらに近世期には，城下町となったところなどに政策的に商人が集められ，まさに集落や城下町の「中心」近くに商業地が発達してきた．それら日本各地の中心商業地は，明治期から昭和初期までに段階的に発展したのち，第 2 次世界大戦時における米軍による空襲などによって壊滅的な被害を受けたところも多いが，戦災復興を経るなどして，1950 年代後半以降の高度経済成長期を迎えた．

　たいして韓国は，緩やかに隆起した半島に日本の約半分の降水量がみられるにとどまり，大陸性気候ゆえの冬季の厳しい寒さに加えて気温の年較差も大きいなかで，各地に多くの侵食性盆地がみられる（大矢・金，1989）．各地の集落などは歴史的に，こうした盆地地形のなかでも，相対的に冬季の寒い季節風を避けやすい北側，すなわち南向き斜面に立地していった．さらに，大陸とつながる半島ゆえ外敵に侵入されやすかった地政的条件から，重要な拠点となるところでは，高麗末期（14 世紀後半～末）から李氏朝鮮時代（～20 世紀初頭）にかけて，城壁で外周を囲まれた「邑城」が整備された．こうした「邑城」内に，王朝から派遣された地方官が政務を執っていた「東軒」などと呼ばれた建物が並ぶ官衙が立地し，住民たちも居住してきた．朝鮮半島西南部と，東南部の一部に発達する平野部を除けば，このように同半島の

都市や中心集落は基本的に内陸にあり，かつ，各地の侵食盆地のそれぞれに孤立的に発達していった．

くわえて，そこでの市場などの中心商業地は，ミクロスケールでみれば，各地の集落や「邑城」などの必ずしも「中心」たりえなかった歴史をもつ．朝鮮半島では伝統的に，商人およびその活動の場所の位置づけは低く抑えられてきた．そのため，集落において市場は，集落への入口——しばしば集落の南端——などにみられた（山田，1978）．とくに「邑城」では，その東西南北に設けられ，日の出とともに開き日没とともに閉ざされていた大門[2]の外側でのみ商人の活動が許されることが一般的であった（金賢淑・張明洙，1993）．

また，これらの自然的条件および社会的条件に加え，朝鮮半島，とくに現在の韓国における中心商業地発達の特徴にかかわる文化的要因として，日本と比べて人びとの居住地の流動性が高いことがあげられる．農耕それも稲作を大きく主体としてきた歴史のなかで定住性を高め，現在でも多くの人びとが持ち家を志向する日本と比べて，朝鮮半島の人びとには，宗家といった象徴的な家屋についてはその立地に大きなこだわりをみせる一方で，それ以外の家屋については農村部であっても，さまざまな理由から頻繁に家屋を代える「移居慣習」などがみられることが明らかにされてきた（浅香，1959）．そうした感覚が引き継がれているためか，現代韓国の都市部でも多くの人びとが，職場や家族構成の変化に応じて，また，住居自体を資産として運用するためにも，かなりの頻度で，高層の「アパート（日本でいうマンション）」などに移り住んでいくのが一般的である．少し古いデータであるが，1991年の韓国統計庁のデータによると，韓国では1970年度以降継続して年間20％以上の人びとが引っ越しをしている（日本は同時期約5.3％）との指摘もある（朝倉，2000）．そうした感覚がより強くあらわれるのが商業関係者であり，商店の多くは賃貸で場所あるいは店舗を求め，そこをあくまで一時的な商いの場とする傾向が強い．それもあってか韓国における中心商業地は，第2次世界大戦や朝鮮戦争による市街地被害が限定的であったのにもかかわらず，後に

詳しくのべるように，時代を経るに従って，日本以上にその位置や規模を大きく変化させてきた．

　ほかに，日韓での中心商業地の発達の違いには，交通状況の違いもかかわってくる．日本は歴史的に鉄道が交通輸送に占める割合が高く，それは高度経済成長期に，各地の都市周辺路線の電車鉄道化や高頻度運行によって，さらに高められた．そして，日本では多くの都市において，とくに第2次世界大戦後に鉄道駅が交通結節点として果たす役割がきわめて大きくなり，「駅前」も中心商業地の核となった．たいして，韓国では現在にいたるまで，鉄道は長距離移動列車，すなわち日本で言う特急の運行が主体であり，運行本数も多くない．地下鉄も発達するソウルや釜山といった一部の大都市を除けば，鉄道はこれまで，地方都市間輸送や，都市と郊外地域とを結ぶ輸送機関とはあまり位置づけられてはこなかったことで，中心商業地の発達とのかかわりが薄い．公共交通機関としては代わりに，政策的に運賃が低く抑えられてきたバス（長距離・短距離）交通が大きく発達している（小野，1997）ほか，同じく日本と比べて相対的に運賃の低いタクシーが気軽に使われている．

2. 韓国における中心商業地の空間的展開

　前節でのべたような条件によって，韓国における中心商業地がこれまで経験してきた空間的展開にも，日本とはさまざまな違いがみられる．まず，各地の盆地ごとに発達した市場などでは，後背地すなわち盆地自体の面積が広く商圏人口が多かったり，豊かな農産物に恵まれたところでは，その集散のため大きく発展し，早期に常設市場化が進んだ（田，1982）．しかしながら，商圏人口の少ないところでは，現在も5日おきの開催の定期市にとどまっているところが少なくない．ただし，韓国においては現在でも多くの地域で，その地域によって異なる日程でおこなわれる定期市が名物となり，住民はもとより観光客を集めていることが多い．当然のことながら，そこで商いをお

こなっている商人は，地域から地域へと渡り歩いて商業活動をおこなっている（韓，2000）．

　一方で，かつて「邑城」の周囲に発達していた各市場には，「在来市場」などと呼ばれた歴史を引き継ぎながら，日本統治時代を経て大きく変化したところが少なくない．日韓併合直後，「市区改正」の名のもとで，ほとんどの「邑城」で周囲を取り囲む城壁が撤去され，城門すらも多くが破壊された．それにともなって次第に，まさに「中心」に向かって場所を移しはじめる商店がみられはじめた（金・張，1993）．そして都市によっては，新規に「市場町」が造られ，そこに商店を移転するように求めたり（砂川ほか，2017），それでもやはり旧来の位置に市場を回帰させたりといった動きをみせたところもある．ほかに，道庁（日本の県庁に相当）などがおかれて行政中心地となったり，教育機関が集められた都市では，その「門前」に新たな中心商業地が生じて，多くの中心商業地を抱えるようになったところもある．なお一部，鉄道駅前にも中心商業地が生まれた都市もある（朱，1994）が，日本と比べて例は多くない．

　さらに，第2次世界大戦および朝鮮戦争後の韓国においては，それらによる被害が限定的であった一方で，とくに1970年代以降，ようやく独自の都市計画が立案されるようになったことを受けて，モータリゼーションの到来も念頭におきつつ，ここまでみてきたような既存の「旧市街地」（韓国語ではこれを指して「市内」と呼ぶことが多い）とは別の，いわゆる「新市街地」の建設が各地の都市で進み，そこに新たな中心商業地が生まれたところが散見される（山元，2007）．日本では同時期，第1節でのべたように「駅前」も中心商業地の核に加わり，それらの核を中心に単核的・同心円的に（ただし放射状に伸びる幹線道路沿いに星型に）市街地を拡大させる「都市の郊外化」が顕著に進んで，それがのちに主要幹線道路沿いにおけるロードサイド商業地区の発達を招いており，韓国とは対照的である．

　その前提としては第1節でのべたように，韓国においては鉄道の交通輸送機関としての位置づけが弱いことがあげられる．ソウルや釜山といった大都

市の一部の駅を除けば，「駅前」は必ずしも中心商業地となってはいない．それどころか，大きな勾配と曲線とをともなって，侵食盆地北側の市街地に近づけるよう無理やり路線や駅が設けられていた．各地のとくに支線的位置づけにあった鉄道路線には，1970年代以降，廃止されてしまったり，速達性を重視してルートを直線化して市街地からはるか遠くに駅が設けられるようになったりしたところがある．その結果，後者のような都市では，移転から数十年経過しても「駅前」に市街地の発達がみられていない（山元，2007）．そして，当初から鉄道駅とも関係の薄いまま発達した既存の「旧市街地」からさらに自動車での移動が必要となるほど離れたところに，これまた鉄道駅の存在と無関係に「新市街地」が新規に造成され，そこに中心商業地が形成されている．そのため，「駅前」が中心商業地となっていることが一般的であり，くわえて駅自体もターミナルデパートとなるなど中心商業地の核となり続けていることが珍しくない日本の地方都市の景観は，韓国の人びとからは奇異に映りやすい．

　中心商業地の発達に与える影響が限定される鉄道とは対照的に，韓国では長距離バスの交通輸送機関としての地位が高い．韓国では長く，商人による商品輸送手段としても長距離バスがよく利用されてきた．ソウルなどの大都市から衣料品や家電を抱えた商人が降り立つバスターミナル周辺は，それらの商品を販売する場となるだけでなく，商人および買い付け客などをターゲットにした飲食店・喫茶店・宿泊施設が建ち並ぶ中心商業地となってきた．それでも以前は「旧市街地」内にあることが少なくなかったバスターミナルの周囲は，各地の都市や集落において中心商業地のあらたな核となっていたが，1990年代以降は各地のバスターミナルが，施設が手狭になったり，「旧市街地」近くでの渋滞によるバス発着の遅延を避けることをはかったりして，「新市街地」へとその場所を移動した．そして，この「新市街地」に移転した新たなバスターミナルが核となって，各地で新たな中心商業地が生じている（山元，2007）．

　こうした，道路交通を重視した中心商業地の顕著な発達の一方で，意外に

発達していないのが，先述した日本では幹線道路沿いにみられやすい「ロードサイド」の商業地区である．そもそも韓国では，1999年に緩和されるまで，都市の外郭の開発が「開発制限区域」制度のもとで厳しく制限されてきた．それが解除されても，侵食盆地ごとに発達していることの多い韓国の都市では，都市間は盆地と盆地の間を隔てる丘陵となっていることが多く，商業施設の立地は簡単ではない．

さらに，これら「旧市街地」および「新市街地」などで発達した中心商業地の内部でも，日本におけるそれとは異なる空間的な構造がみられやすい．日本では，歴史のある中心商業地，たとえば商店街などにおいて，古くからの商店が創業の地を重視し，長期間同じ場所に立地し続けていることが少なくない．そうした商店ではしばしば，その店主も先祖代々で店舗の建物あるいはその近隣に居住しており，その結果，中心商業地全体でも，代々引き継がれてきた商店主どうしの強烈なコミュニティが築かれやすくなる．こうしたコミュニティが，たとえば高度経済成長期以降のスーパーマーケットや大型店の進出への対抗なども経験しながら各地の中心商業地を維持してきたものの，のちに，郊外に立地した大型店やロードサイドショップとの競合に充分に対応できなくなっているところが少なくないというのは，周知のところであろう．さらに近年では，都市自体の人口減少に加えて，商店主の高齢化やリタイアにともない，その中心商業地の「中央」部が，店舗はそのままにシャッターだけが下りた商店が並ぶ，いわゆる「シャッター商店街」となっているというのが，日本各地の地方都市でみられる現状である．

たいして韓国では，賃貸で営まれている商店の比率が高く，商店主も次々とその店舗の位置を移動すること，果てには業種すらも変えていくことをいとわない傾向が強い．韓国の各都市の在来市場や中心商業地において，数十年以上，数代にわたって営業を続けているような商店は非常に稀である．その結果，先述したように歴史的にも，商店や中心商業地全体すら，時代の変化に従って柔軟にその位置や範囲を変えてきた．中心商業地内において商店は容易に開廃業を繰り返し，最初は相対的に中心商業地の周辺部に小規模な

店舗を抱えていた商店も，売り上げが良ければ積極的に店舗を「中央」近く
に移す．

　こうした動向は実は，商業環境の変化や，都市の人口減少などにも対応し
やすい条件をかたち作っている．韓国では，中心商業地の「中央」において
必要性の低くなった業種の商店や，店主が営業の意志を失った商店は容易に
撤退しやすく，その跡には短期間で新しい商店が入居してくる．都市および
集落の人口減少にともない多くの商店数を必要としなくなり，中心商業地の
「中央」近くの商店が閉業するようになった場合には，その跡を「周辺」にあっ
た商店が移ってきて埋める代わりに，その「周辺」の商店跡は，容易に住宅
地化することとなる．中心商業地全体の面積規模などは減少し，ダウンサイ
ジングしているものの，その「中央」部にシャッターを下ろした商店はさほ
ど目立たないことで，日本人からみれば韓国の地方都市の中心商業地は，賑
わいを残しているように映りやすい．

3. 韓国の行政区域制度とその変遷

　ここまで，韓国における中心商業地形成の歴史について概説してきたが，
その理解のために，韓国の行政区域制度についても少しふれておく．韓国の
行政区域制度は日韓併合時の改編を経験した（山田，1975）ことで，一見する
と，日本のそれと呼称は違うけれど非常によく似通った構造となっている．
すなわち，日本の「県」に相当する行政区域として「道
ド
」があり，そこから
独立した行政区域として特別市・特別自治市，そして，日本の「政令指定都
市」に相当する５つの「広域市」があり，それ以外の地域では，「道」の下位
に，「市
シ
」と「郡
グン
」がある．このうち，日本とは異なり「郡庁」がおかれて
基礎自治体となっている「郡」の下位に，人口規模の大きい「邑
ウプ
」（日本の「町」
に相当）と，人口の少ない「面
ミョン
」（日本の村に相当）がある．例外もあるが，
特別市や広域市ではその下位に「区
グ
」があってそれ以下が「洞
ドン
」に細分され，

「市」ではそれ以下が直接「洞」に，「邑」や「面」ではそれ以下が「里^{リ}」に細分される．いわゆる中心商業地の所在地は，都市部では「○○市（○○区）○○洞」，農村部では「××郡××邑××里」などとなりやすい．

　そのなかで，文字どおりの都市部である「市」には，かつての「邑城」を起源しているところが多く，その人口規模に応じて，その中央部に，それこそかつての「邑城」の周囲にあった市場や，日本統治時代以降にかたちづくられた「商店街」からの歴史を引き継ぐ複数以上の中心商業地と，ほかに近年では「新市街地」に形成された中心商業地とを発達させていることが多い．一方で，農村部に相当する「郡」では，「郡庁」がおかれた「邑」などに少数の在来市場が発達していることが多いが，それらは先述したように，「郡」人口の少なさによっては，常設市ではなく，依然として定期市にとどまることも少なくない（田，1982）．ただし，「市」や「郡」によっては，常設市となっている在来市場と定期市の在来市場とが別個に並存していることもある．

　このように韓国では，各地域がどのような行政区域のもとにあるかをみることによって，大まかな中心商業地の状況が想像しやすい．代わりに，これらの関係の例外として注意が必要なのは，日本の「平成の大合併」と似たかたちで1995年以降進められた，いわゆる「広域合併」を経験した「市」である．これらのいわゆる「統合市」は，旧来の「市」に周囲の「郡」を編入して誕生したもので，その編入にともなって広大な面積と多くの人口とを抱えるようになったものの，しばしば，旧来の「市」部分の市街地はさほど大きくない．そして，旧「市」域内の中心商業地と，それとは別に旧「郡」域のとくに「邑」などにおける中心商業地とを並存させていることが多い．この「広域行政」は，1990年代半ばに多くの議論を経て実施されたものである．なお当時，「市」とその周囲の「郡」とを統合するだけでなく，郡庁所在地が「邑」にとどまっている「郡」についても統合して「市」に昇格させるべきといった意見もみられた（任，1994）が，結果的にはこうした「郡」の「市」への昇格はほぼ見送られた．その結果，忠清南道の扶余郡のように，郡庁所在地が「扶余邑」であったためか「郡」にとどまっているところがみられる．

ただし，そうした「郡」のなかにも，郡庁所在地がほぼ「市」同様の市街地を発達させ，「郡」全体では相当の人口規模があるところが散見される．

　こうした経緯から韓国でも，行政区域単位で都市部と農村部とを明確に区別するのは難しくなっている（金，1998）．ソウル特別市は日本の東京23区，「広域市」は日本の「政令指定都市」などと対比しやすいが，一方で，韓国各地の「市」については，その多くがいわゆる「統合市」となったことで，一見するとその人口規模のわりに中心商業地の発達があまり顕著でないように映る都市もある．日韓での都市比較において，人口規模の近さで対比しようとすると，人口30万人規模の都市といえば日本では地方中心都市やいわゆるベッドタウン都市のレベルを想定するが，韓国では「統合市」レベルとなり，そこでは，分散し，かつ小規模の中心商業地がみられやすくなる．一方で，日本の地方都市でさまざまな問題が指摘されやすいのは人口5万人以下程度の「市」であるが，韓国で同規模の「市」を探すのは難しい．比較対照となりうるのはおそらく「郡」部の，それも「邑」となるであろう．

4.　韓国の中心商業地に関する実態把握の難しさ

　ここまでみてきたように，日韓では都市や集落内における中心商業地の位置づけが，歴史的にも異なっている．また，たとえば「旧市街地」における中心商業地は，伝統的な在来市場があったり，本格的な再開発を経験していないことが多いため土地が細分化され，必ずしも面積規模の大きくない衣料品や食料品店，伝統的飲食店などがみられる．こうした「旧市街地」においては，1960年代以降，いわゆる「百貨店」が立地した時期もあったが，1990後半以降，それらの「百貨店」の多くが撤退して現在にいたる．一方で，「新市街地」の中心商業地では，大型店や，比較的規模の大きい飲食店などが多い．このように韓国では，中心商業地同士でも機能分担がみられ，住民も感覚的に，その目的によって両者を使い分ける．また，店舗の入れ替わり

も激しいため，韓国で生活していると，以前向かった店舗に間を空けて再び向かう際には，電話で確認を試みたり，その店舗の近隣に住む知り合いに店舗の存在を確認しておいてから向かったりするといった習慣が身に付いている．

　このような韓国ならではの中心商業地の特徴はさておき，日韓で近年共有されている地方都市の問題は，やはり人口減少と住民高齢化である．前者は，中心商業地の必要性と規模とを縮小させる．その結果，日本の地方都市のとくに中心商業地では，空き店舗が生じやすくなっている．しかしながら，第2節の後半でのべたように，韓国の地方都市の中心商業地は，人口減少や住民高齢化のわりに空き店舗が目立たない．「シャッター商店街」のみられにくい韓国地方都市の中心商業地の構造は興味深い．

　ただし，こうした韓国の中心商業地の構造と，その変化とを把握しようとする際には，第3節でのべたような行政制度の違いにともなう比較対象都市の選定の難しさに加えて，日本とは異なるさまざまな制約が立ちはだかる．たとえば日本では，中心商業地の過去にまでさかのぼることのできる資料として「住宅地図」があるが，韓国では同様の地図はまず作成されていない．周知のとおり，「住宅地図」の発達は日本独自のものであり，さらに，きわめて短期間で店舗が入れ替わる韓国地方都市の中心商業地においては，まず「住宅地図」の需要は大きくないためと思われる．店舗の入り替わりの頻度が高いだけでなく，建物の下層階のテナントと上層階のテナントとがパラレルに入れ替わっていくことも多いなかで，「住宅地図」が作成されることには，今後も期待できない．同様の理由で，いわゆる電話帳データも活用は難しい．1990年代末頃までは，日本と同様の電話帳が一般にも配布されていたが，現在ではみられなくなった．さらに日本との違いとして，各地の商人会（日本の商店街組合に相当）が作成している店舗リストなどでも，住所が書かれていなかったり，そうしたリストにあげられている店舗および店主の連絡先が携帯電話番号となっていたりすることが珍しくない．最初から店舗の場所を固定することを前提としない感覚は，こうしたところにもあらわれて

いる.

　このように韓国では，日本の中心商業地におけるその構造や変化を明らかにする際に用いられるような基礎資料を期待することが難しく，とくに店舗レベルでの実態を把握するためには現地調査が欠かせない．清水ほか（2002）などによる従来研究も，現地での確認をともなっている[3]．また各商店は，店舗を売却あるいは譲渡する際の収入となる，店舗の位置や評価をもとに算出される「権利金」をなるべく低下させないよう，むしろ繁盛しているときをみはからって撤退したり，店舗を移転したりする．前の店舗の売却あるいは譲渡によって得られた「権利金」が新店舗の購入あるいは賃貸の大きな資金となるシステムが，公然のものとなっているためである．各店舗の撤退や廃業は店主自身の事情のほか，多くは売り上げの低下などによるものであろうという，日本の地方都市のとくに衰退しつつある中心商業地において多くの研究者が想起しやすいプロセスを，韓国の地方都市において適用する際には，慎重な検討が必要である．

　なお，中心商業地内の流動性を前提とした韓国ならではの仕組みもある．韓国には 2017 年現在，インターネット上に「onnara 不動産情報」（https：//onnara.go.kr/index.jsp）など多くの不動産関連サイトがあり，空き店舗の住所を検索すると，たちどころにその地目や面積，用途規制はもちろんのこと，参考となる公示地価[4]や，サイトによっては所有者および管理者といった情報までを得ることができる．こうした情報はきわめて個人的な情報ではないかと思われるむきもあるが，基本的には商店は賃貸物件で営まれるものであり，遊休状態を放置しておくことは利益につながらないという通念が共有され，許容されているようである．さらに韓国では，現在では分筆・合筆を経たことで実際の建物敷地とは一致しなくなってしまったことが多い[5]ものの，地籍図の簡易的な図面も，たとえば「Naver Map」（https：//map.naver.com）など，インターネット上で容易に確認することができる．こうした，日本では垂涎となりそうな情報をどう活用するか，検討が求められる．

おわりに

　以上みてきたように，日本と韓国は隣り合う国でありながら，中心商業地の状況が大きく異なっている．そのなかで，人口減少にもかかわらず一見すると「元気がある」ようにみえる韓国地方都市の中心商業地には，魅力すら感じられる．もちろん，第1節で紹介したように，日韓では中心商業地をめぐる自然的条件や社会的条件が意外に異なっており，必ずしも韓国の中心商業地の対応が参考になるとはかぎらない．とくに，商店は賃貸によるものであることを前提としやすい韓国の中心商業地のしくみを日本の中心商業地に取り入れようとすれば，各商店の既得財産である土地や店舗，そして店主の居住地をどうするかといった，抜本的な構造改革が必要となるためである．それでも，危機的な状態にある日本の地方都市の中心商業地の現状をみるにつけ，韓国の地方都市の対応を明らかにし，それを日本でも紹介することが，何らかの参考となることを期待したい．

1) 河状係数ともいう．これは河川における1年間の最大流量と最小流量の比のことを指す．日本国外では，1年間ではなく，過去の最大流量と最小流量の比をもって河況係数とすることが多い．数値が1に近いほど年間流量の変動が少ない河川で，大きくなるほど変動が大きい河川である．たとえば河況係数が10なら，もっとも水が多いときに，もっとも水が少ないときの10倍の水が流れているということになる．河況係数の定義により，最小流量が0となると，河況係数は無限大（∞）となる．
2) ただし，多くの「邑城」では，北側の大門などは死者のための門として，人びとの出入りは一般的ではなかった．
3) 韓国では，そもそもこうした業種別の商店分布に対する研究に関心がもたれにくい．その背景として，たとえば都市地理学研究史的にも都市内部構造についての注目が遅れたことと，本節でのべたように資料の制約が大きいことがあげられる．
4) こうした公示地価のデータを用いて，大都市都心部の地筆レベルまでの詳細な土地利用変化を追究した研究もみられる．ただし同研究では地目「商業用地」を基準として商業地の位置や範囲の変化を分析しているため，各地区の商店の

業種については詳しく触れていない.

5) 逆に，地籍図や土地台帳は，その後の分筆や合筆を経る以前の商業地研究には用いやすく，日本植民地時代の公設市場形成を明らかにした研究などでは積極的に用いられている.

参 考 文 献

浅香幸雄 (1959)「アジアの集落 5. 朝鮮」(『集落地理講座』第 4 巻：世界の集落) 37–66 頁.

朝倉敏夫 (2000)「韓国を知る Q&A 115」(『季刊民族学』第 24 号) 3–46 頁.

大矢雅彦・金萬亭 (1989)「地形分類を基礎とした日本と韓国の河成平野の比較研究」(『地理学評論』第 62 号) 75–91 頁.

小野和久 (1997)「市外バス流動からみた現代韓国の都市群システム」(『経済地理学年報』第 43 号) 114–125 頁.

韓柱成 (2000)「韓国忠清北道沃川郡における定期市の移動商人と消費者の特性」(『季刊地理学』第 52 号) 166–179 頁.

金賢淑・張明洙 (1993)「城郭都市全州における城郭と商業空間の構造的変遷に関する研究」(『日本都市計画学会学術研究論文集』第 28 号) 211–216 頁.

金科哲 (1998)「韓国の行政区域体系と政策過程：農村部を中心に」(『地域地理研究』第 3 号) 79–86 頁.

清水敦子・木下光・丸茂弘幸 (2002)「韓国・テグ市における市場を中心とした商業空間の類型化に関する研究」(『日本都市計画学会都市計画論文集』第 37 号) 625–630 頁.

朱京植 (1994)「京釜線鉄道建設による韓半島空間組織の変化」(『大韓地理学会誌』第 29 号) 297–317 頁.

砂川晴彦・伊藤裕久・延圭憲・栢木まどか・濱定史 (2017)「日本植民地期の朝鮮における公設市場の空間構成と周辺街区の形成過程に関する復元的考察：釜山公設富平町市場・木浦公設市場を対象として」(『日本都市計画学会都市計画論文集』第 52 号) 42–47 頁.

田京淑 (1982)「韓国忠清南道地域における生活圏および定期市の変容に関する研究」(『地理学評論』第 55 号) 471–495 頁.

任錫会 (1994)「韓国行政区域体系の問題点と改編の方向」(『大韓地理学会誌』第 29 号) 65–83 頁.

山田正浩 (1975)「朝鮮における 1914 年の行政区画改正について：郡区画の検討を中心に」(『歴史地理学紀要』第 19 号) 157–179 頁.

山田正浩 (1978)「李朝時代の邑：その構成要素と機能」(『歴史地理研究と都市研究 (下)』藤岡謙二郎先生退官記念論文集) 89–98 頁.

山元貴継 (2007)『都市の景観地理：韓国編』東京：古今書院, 54–65 頁.

第9章

仏教的寛容思想と日本的寛容
〔和(やわらぎ)〕思想の意義

保 坂 俊 司

は じ め に

　現代社会はグローバル社会，高度情報化社会といわれ，AI 技術などを駆使することで地球を１つの価値観や技術で統合化しようとするネットワーク（相互連関）の構築により，人類がよりよい生活を享受できる社会の実現をめざし，急激な変化を経験している．その結果，経済分野など一部の領域ではグローバル化の方向に向かい大きく動き出している．が，その一方で民族，地域対立・紛争，宗教対立，そして貧富の差の極端な拡大と，必ずしも理想どおりには進んでいない．とくに，グローバル社会化にふさわしい秩序形成に不可欠な，倫理思想，具体的には，他者理解とそれを支える寛容思想の構築は，現代社会が直面する喫緊の課題である．

　しかし，その試みは遅々として進んでいない．それどころか高度情報化によるグローバル化によって，かえって民族，国家，宗教，あるいは世代間に生まれた交互不信や対立，そして紛争がより先鋭化し，多くの国や地域でかつてない対立・紛争が，国家間のマクロレベルのみならず，民族，部族，地域社会そして個々の人間つまりミクロレベルにおいても深刻の度合いを増し

ている．とくに，アメリカのトランプ大統領の出現とその言動に象徴される自利国主義（自国利己主義）の流れは，世界の本流となりつつあり，世界各地で国家間の相互理解や相互扶助といった国際協調や相互理解の必要性の声は，差別や敵意の声にかき消されつつある[1]．

　しかし，敵意や利己主義からは生まれるものは乏しいということは，歴史が証明しているとおりである．むしろ，このような時代にこそ，相互理解と相互扶助のために不可欠な思想的な営みの研究が必要であろう．その意味で，相互理解とそれを支える寛容思想の重要性は，いっそう増すばかりである．つまり利己主義と偏狭な自利主義が世界の趨勢となりつつある時代に直面しつつある今だからこそ，新たな平和的な社会構築のための基礎となる倫理的な思想構築が望まれている．

　とくに，自利的主張を抑え，他者を受け入れ相互に理解し合おうとする相互理解の基礎となる寛容思想は，AI時代という新しいグローバル化社会に即した形態のものの構築が，喫緊の課題となっている．しかも，この寛容思想は，AI社会の特長である，国家や地域，民族間の垣根を越えるのみならず，個々がAI機器をつうじて直接的に結びつく時代の要請に適応したものでなければならない．その意味で，より根源的かつ普遍的なレベルからの思想構築でなければならない．つまり，法律や道徳律にとどまらず，個々人の内面から国際法にまで通じる思想的な一貫性をもっていなければならないであろう．

　いずれにしても，AI時代は，個人が直接に世界と情報をつうじて結びつくことができ，またその発する情報が，時に社会や世界を動かす大きな可能性をもつ時代である．それゆえに，このような時代に即した寛容の思想構築，さらにいえばAI社会において個々人のみならず社会，さらには国家間での相利共生関係の構築を可能にする寛容思想の探求は，思想研究者として挑戦すべきことである，と筆者は考えている．

　とくに，AI社会特有の情報関連の大規模な拡散社会においては，情報の真偽の問題もさることながら，情報の匿名性と拡散性により，相互不信や敵

第 9 章　仏教的寛容思想と日本的寛容〔和（やわらぎ）〕思想の意義　235

意，憎悪の増大化が従来以上に，急激かつ大規模に社会化する傾向がある．
そのなかでも，とくに価値観の違いから生まれる感情的な対立が，瞬く間に
抗争や紛争に結びつく危険性は，従来以上に深刻である．とくに，価値観に
深くかかわる宗教観，文化，さらにはそれらを総合した文明間の対立が，抑
制の効かない相互不信の連鎖を生みつつある[2]．

　このような時代だからこそ，人類社会が直面する対立を超える倫理観，さ
らには思想の構築が重要となってくる．とくに，人間同士の相互理解の根幹
をなす寛容思想を考えることは意義がある．そのとき，歴史的に個人から国
家・社会の対立においてしばしば利用された，あるいは口実となった宗教の
相違に端を発する対立を超える必要がある．そして，同じく宗教レベルにお
ける寛容思想による解決の道が模索されるべきであろうし，またそこに解決
のヒントが隠されているのではないか，というのが筆者の考えでもある．

　本章で「寛容」という言葉に注目するのは，この寛容の思想の広がりは，
たんなる個人レベルにとどまらず，国家間の関係をも左右する宗教間の共存
関係の構築にも重要な意味をもつからである．さて，宗教の本質は，これを
信ずるものに心の平安や社会の安定，つまり人間が幸福と感じる物質的，心
理的要素を提供するものである，と筆者は考える．少なくとも信者は自ら信
奉する宗教が，そのような信徒の願いをたとえ部分的にせよ叶えてくれると
信じている[3]．

　さて，歴史的な視点から宗教をみると，宗教の多くは共同体祭祀から出発
しており，それらの宗教は，基本的に内向きである．つまり，その他者認識
においては自らを是として，他者を非とし，さらには野蛮人とするなど，本
質的に他者の存在をその宗教構造の成立要因と認めないか，その埒外におい
て，無視するか，消極的に認める程度にとどまっていた．つまり，民族宗教
は自民族主義であり，それは血統や地域性を基準に閉じられた構造をもつ，
少なくとも宗教学の一般理解では，後者の普遍宗教との対比から，このよう
に理解されている．

　一方，民族宗教の地域性，民族性，つまり閉鎖性を超えてすべての人間，

少なくとも信者の平安と幸福を志向するのが，いわゆる普遍宗教である．ゆえに，普遍宗教は，民族（人種，血統など），地域文化などの内向きな限定性，つまり閉鎖性を否定し外に向かうことをめざす．この拡大志向，外向きで開放的な教えが，地域や民族を超えて，これらの宗教が，全世界に受け入れられた，つまり伝播定着した理由と考えられる．

　その意味で，いわゆる普遍宗教と呼ばれる仏教・キリスト教・イスラム教の３教は，ともに世界中の地域や民族の壁を越えて信奉されることとなっている．そこで，この３教の研究は，グローバル時代のいわば歴史的な先駆けとして，AI社会が構築すべき倫理観のヒントを内包しているのではないか，というのが筆者の考えである．ところで普遍宗教は，民族宗教を土台とした後発の宗教であり，普遍宗教が生まれたときにはすでに民族宗教が存在しており，さらに普遍宗教は他地域への布教によって拡大する宗教である以上，宿命的に他者（異教徒．価値観を異にする集団）の存在を前提とする．しかも，その異教徒を自らの教えに改宗させなければ，自らの存在意義を示せない，発揮できない，その社会に存続できないという宿命をもつ．

　それゆえに，普遍宗教においては既存の宗教との軋轢は，不可避的であった，といえる．逆にいえば，他者への働きかけは普遍宗教の宿命である．ゆえに，その他者をどのように認識するか，また他者とどのような関係を結ぶかは，それぞれの普遍宗教の宗教的な特徴が端的にあらわれる部分である，ということがいえる．

　以下においては，普遍宗教の典型である仏教を中心に，キリスト教やイスラム教，さらには近代社会をも視野に入れ，「寛容」という言葉をキーワードに，AI社会にふさわしい寛容思想，その倫理観構築のための基礎研究としたい．

　とくに，仏教文明圏に属し，その文明形成の最初期から仏教文明を礎として，自文化・文明を形成してきた日本社会は，近代以降その影響を多少弱めつつあるが，未だに仏教文明の影響を顕著に残している．その日本文明の伝統から，世界に仏教という普遍宗教の教えに沿った日本的寛容思想（これを

筆者は「和（やわらぎ）」の思想と表記する）のあり方を発信することは，世界人口の半数強を占めるキリスト教やイスラム教のようなセム族の宗教のそれとも，またキリスト教の文明圏から生まれた近代文明下における寛容思想とも異なる独自の思想的な可能性をもつという意味で，また，自己主張が苦手な日本文明下において，その意義を世界に発信するという意味においても意義のあることと筆者は考える．

　以下では，寛容思想の具体的な検討の前に，その準備として用語としての「寛容」という言葉について検討したい．というのもいわゆる「寛容」という言葉は多義的で，その定義が曖昧な点があるからである．まず，本章ではその点を検証することからはじめたい．

1. 「寛容」という言葉の検討

(1) 「寛容」という言葉の意味がもつ問題点

　急激なグローバル化によって，現在社会において異なる価値観にたいする寛容，とくに宗教的な寛容は，現代社会においては，人類共通の価値としての位置を占めている．それは，平和，正義，人権，デモクラシーといった価値と類似して，一種の人類的な普遍性をおびてきているといっても過言ではないであろうという認識が，ますます強くなっている．

　たしかに近代社会において，異宗教間の共存に関して「寛容（tolerance 本章では toleration も含めるが，便宜上 tolerance に統一して表記する．以下同じ）」という言葉を用いて，価値観や制度，さらには宗教を異にする人びとの平和的な共存関係を可能にする思想を寛容思想として表現し，これを近代社会の理想的な姿と認識することが一般的となっている．とくに，宗教の平和的な共存を促進する立場を表現する場合に，寛容という言葉は，当然のごとく用いられる．つまり，宗教間の対立や紛争などの反対概念，あるいはその状態を表現する言葉として，寛容という言葉は用いられているということができよ

う.

　しかし，多くの先学が指摘するように，寛容という言葉が示す思想内容は多義的であり，その基本的な理解さえ一定していない．なぜなら，この寛容という言葉の意味形成においては，以下で検討するような社会背景が深く影響しているからであり，現在一般に用いられている寛容という言葉は，この複雑な社会背景によって形成された多義的寛容の意味内容への不十分な理解から生じる危うさを孕んでいるように思われるのである．たとえば，インド思想研究者の間で議論されているハッカー（V. Hacker）の「ヒンドゥー教は寛容の宗教ではなく，包摂（Inkulsivismus）の宗教である」という問題提起にたいして，インド学者がさまざまに議論しているが，かれらが基準とする寛容思想についての統一的な理解は，未だなされていないようである．そのために，この提示した問題への議論もうまくかみ合っていないように思われる．

　たとえばハッカーは，西洋人の視点からインドの寛容思想を包摂主義と表現し，寛容思想とは異なるものとして批判的に論じているが，その背後にある自らの寛容思想の背景，つまり本章で簡単であるが検討するような西洋近代（キリスト教）文明の特殊な寛容思想の限界性にはあまり注意を払っていない[4]．

　もちろん，本章でこの統一的な寛容思想の基準を提示しようとするものではないことはいうまでもないが，寛容思想研究には不可欠であるが，あまり注目されていない以下の2つの点をまず簡単に検討しておきたい．

　本研究は，現在世界的に共有されている寛容という言葉が背後にもつ西洋近代（キリスト教）文明的な意味背景を検討することで，その限界性を明らかにし，そのうえでインドにおいて展開された宗教的共存（寛容）思想との比較研究をつうじて，寛容という言葉に，非西洋的な可能性を付与することをめざす．少なくともその展望を示したい．

　つまり本章は，現在の寛容（tolerance）思想が暗黙の前提としている西洋近代（キリスト教）文明的な意味の限界性を超える，新しい寛容思想構築のための基礎作業の1つとなることをめざす研究ということである．そのため

に非ヨーロッパ的伝統，とくにその形成に大きな影響力をもつキリスト教とは異なる宗教伝統をもつ仏教などのインド思想の知恵を探ること，また日本人としてこの問題にたいして日本文化の視点から考察を加え，AI時代という現代社会が直面する新たな人類共生社会の共通倫理の構築に，仏教，ならびに日本の叡智を生かすための情報を提供し，その構築に貢献したい，というのが本章の意図である．

　そこで，まず筆者は日本語で物事を考え，表現する日本人として，この寛容思想を検討する前に，日本語の寛容という言葉について若干の検討を加えたい．

(2)　寛容という訳語と tolerance の齟齬

　まず，何気なくわれわれ日本人が用いる日本語の寛容という言葉に関して，その意味を考えよう．まず代表的な国語辞典である『広辞苑』では「1・寛大で，よく人をゆるしいれること．とがめだてせぬこと．2・善を行うことは困難であるという自覚から，他人の罪過を厳しく責めぬこと．キリスト教の重要な徳目．3・異端的な少数意見発表の自由を認め，そうした意見の人を差別待遇しないこと」ということになる．

　この『広辞苑』のわずかな説明からも寛容という言葉の背景が明確になる．とくに，この言葉がキリスト教と深い関係がある，ということが推測される．この点に関しては，後に触れることとし，まず言葉の全体のイメージを考えよう．ちなみに1の意味は，漢字の意味から来るイメージにも通じるものである．この場合の寛という漢字は，「宀と莧とに従う．宀は廟．莧は眉に呪飾を加えた巫女．廟中の巫女が緩歌漫舞して祈るさまをいう．」（白川静（1984）『字統』平凡社）という．つまり，中国の文明においてもっとも重視される祖先祭祀において，祖先の廟の前でおこなわれる巫女のゆったりとした歌舞に関することを意味しているというわけである．このときには，踊るほうも，またそれを見るほうも穏やかで，ゆったりとした気持ちになるわけで，憎しみや争いなどの状況とは対極にあることとなる．

また同書によれば，容は祈祷の際に用いた容器のことで，入れ物の意味だから，寛容とは「大らかな心をもって，他人の言動などをよく受け入れる心持ちのこと」というほどの意味となろうか．しかし，入れ物はいずれ一杯になるのである．

つまりどんなに「度量の大きさ」を誇っても，いつか一杯になるイメージである．実は，ここにこの熟語があらわす意味世界の問題点があることは，後に検討する．

本章でまず検討したいのは，この寛容という言葉が，tolerance の訳語として採用された時期や理由についてである．

そこでまず寛容という言葉が，いつ頃からトレランス（tolerance）あるいはトレレション（toleration）の訳語になったのかその経緯を簡単にたどってみよう．

これを知る手がかりとしては，最初の英和辞典として知られるヘボンの『和英語林集成』（初版：1867（慶応3）年）などが参考になる．参考のために系列語を含めて紹介すると同辞書では，tolerable「かなり」「ずいぶん」「こらえられる」 tolerate「ゆるす」「かんにんする」，toleration「ゆるし」「めんきょ」（以上はすべてローマ字表記であるが，便宜上仮名表記にした．）となっている．このとき tolerance という言葉は採用されていない点も注目される．

つぎに日本人初の英和辞典『和訳英辞書』（1869（明治2）年），いわゆる『薩摩辞書』では，tolerance は「堪忍」「免許」，tolerant「堪忍である」となっており，toleration「堪忍」「免許」となっている．これら明治初期の翻訳は，いわゆる寛容とはやや異なる意味，後に明らかにするようにトレランス本来の意味を確実に表現していることが注目される．つまり英語の tolerance 以下その関連語の語源は，ラテン語の tolerantia であり，この tolerantia は，ラテン語の trelo「耐える」「我慢する」「持ちこたえる」から派生した言葉であるとされる．だから『和英語林集成』や『薩摩辞書』はトレランスの訳に，「堪忍」あるいは「許可」というような言葉を当てたのであろう．

しかし，前述のように現在の寛容という言葉には，このトレランスがもつ

第9章 仏教的寛容思想と日本的寛容〔和(やわらぎ)〕思想の意義 241

「堪忍」「認可」「耐える」というニュアンスは感じられない.

　それはどうしてであろうか？　そもそもいつ頃からこの寛容という言葉が,トレランスの訳語して採用されたのであろうか.現在のところその時期は特定できないが,多様というより混乱状態であった翻訳語を学術用語として確定させることに大きな役割を果たした井上哲次郎ほか編纂の『哲学字彙』(1884（明治16）年）では,「寛容」「容任」「任由」としており,以後今日にいたるまで,トレランスの訳語は,原則これに従っている.

　さて,井上らが採用しトレランスの訳語として定着した「寛容」という翻訳では,トレランスという言葉が本来もつ,以下のような意味を明確に表現することが難しいように思われる.つまりもともと「辛抱」「耐」あるいは「許し」を意味する言葉であるトレランスに,なぜ井上は寛容という訳を与えたのであろう.

　というのも,このトレランスという言葉のもつ意味構造は,先にかっこで示したようにその主語は「私」であり,ある者が他者に向かい一方的に地位や権利,信仰など自由を与える,あるいは許すという片務的で,しかも上から下への垂直的な関係によって成り立つ構造をもっているからである.

　たしかに,一方が精神的に大きな器をもっていれば,あるいは耐える心をもっていれば,この「寛容」つまり,心が広く,よく人びとの意見を聞いたり,赦したりできるであろう.しかし,それの関係は,自分の心持ちのなかで最低限成り立つ,自己完結するレベルのというものである.つまりトレランスは,他者との関係において,最小限の関心,時には他者の存在を等閑視しても成立可能な状態を意味する言葉なのである.

　だから,トレランスの主体は「私」であり,その私が,相手の存在などに「耐える」,あるいは「許す（者）」ということになり,この私に依って「許す」「耐える」状態がトレランスという言葉で表現される意味世界である.

　ところが,このトレランスを寛容と訳しては,トレランスが本来もつ基本的意味である「堪忍」「許可」「辛抱」という意味が,充分表現されていない.つまり,井上の訳語では,トレランスがもつ「許し（の寛容思想)」の側面が

242

希薄化してしまう．つまり寛容という訳語では，トレランス（tolerance）の
もつ意味世界，とくにキリスト教世界における自・他者の関係構造が曖昧に
なる．

　さて，トレランスがもつ宗教的，あるいは歴史的な検討に入る前に，キリ
スト教と同じセム的で，とくに，セム的な宗教理念への回帰をめざしたプロ
テスタント以上に，セム的な宗教理念をもつイスラムにおける寛容について，
その言葉の意味を以下で簡単に紹介しておこう．

(3) イスラムにおける寛容思想の構造

　イスラム（イスラム教と表記するときよりもより広く文明レベルの広がりを想定
している）思想における寛容では，samuha（samha）という言葉がまずあげら
れる．このサムハという言葉は，「……に許す．に権力を与える．」という動
詞であり，そこから派生するさまざまな言葉には，samāha「許す」「容赦する」
「寛大に振舞う．」から tasāmaha「寛容である」「善意を示す」という言葉が
ある．また，同じく辞書的意味での寛容とされる karama は「尊敬する．栄
誉を与える．」という動詞であり，それが karuma では「寛大である．気前
がいい．」となる．

　これらの言葉の意味を形成する背景はすべて一方向性，それも高所にいる
もの，あるいは優位に立つものが，目下の弱者にたいして一方的に与えるか
たちの恩恵として，これらの言葉が構成されていることがわかる．つまり，
直線的で，一方的な許しの構造ということになる．このイスラムの寛容の構
造をさらに典型的にあらわしているのが，『コーラン』二―109 節の「彼ら
を許してみのがせ」という部分に用いられる 'afwa「救済する．許す．免ず
る．」あるいは ghafāra「許す」であろう．これらの言葉は，大体においてイ
スラムにおける寛容性，つまり他者との関係において良好な関係を保つこと
をあらわす語として用いられる．

　しかも，このアラビア語には，イスラムの寛容の立場が明確にあらわれて
いる．つまり 'afwa には，「相手の存在をまったく忘れて心から忘却してし

第9章　仏教的寛容思想と日本的寛容〔和(やわらぎ)〕思想の意義　243

まうこと」という含意があり，また ghafāra には「何事もなかったように包み隠す.」つまり「すべてを飲み込んでそのまま許す.」という発想がある．これらはトレランス的な寛容に通底する構造をもつものである．だから‘afwa にしても ghafara にしても，その近接語に afara「塵で覆う」ghażay「覆う，包む，隠す」があるのである．

　これを前述のような立場から解釈すると，イスラムにおける寛容思想のスタンスは，他者，とくにかれらが忌避する異教徒（カーフィル）であろうとも，その存在を見て見ぬ振りをして，その生存や存在を見逃す．つまり「塵（砂のほうが近いか？　日本的ならば雪）が一切のものをそのままに覆い尽くして，あたかも見えなくするように，他者の存在をないものとして許す.」（『コーラン』の 2-109 注釈日本語）ということとなる．

　これが実質的なイスラム教の寛容の立場をあらわすものと理解されるが，その典型にすべてを遍く許す「大寛恕者 ghafala（アラーの 99 ある名称の 1 つ）」の存在が強調される．

　このように，典型的なセム的一神教であるイスラム教の他者認識は，つねに，一方的に「許す」「耐える」という「許しの構造」を中心とする片務的かつ垂直的他者認識の構造になっている．この構造は，前述のトレランスにも共通する構造といえるであろう．

　いずれにしても，インドにおいて繰り広げられたイスラム教徒のインド支配においても，つねにイスラム教徒の軍事的あるいは文化的優位を前提として，ヒンドゥー教徒や他の宗教にたいするいわゆる寛容が議論されたのである．つまり，イスラムにおいても「許しの寛容」といえる構造によって，異教徒ヒンドゥー教徒との「寛容の共存関係」が形成される構造となっているのである．ところで，なぜセム族の宗教下では，寛容が宗教と結びつくのであろうか？（それは，セム族の宗教特有の厳格な一神教の構造，筆者はとくにこれを（排他的）一神教として，いわゆる汎神論的な一神構造と区別している．詳しくは保坂『イスラムテロリズムと日本の対応』北樹出版，参照.）

　そこで以下では，「許しの寛容」の構造がもっとも明確にあらわれており，

かつ日本語の寛容という言葉の意味を理解するうえで重要な西欧近代（キリスト教）文明の寛容という思想について極簡単に検討しよう．

(4)「近代的寛容思想」とその宗教性

実は，トレランスという言葉は，近代社会において生み出されたつぎのような状態を支える理念として形成された言葉で，きわめて西洋近代（キリスト教）文明の思考伝統の所産であるということである（この点は，深沢克己ほか(2006)『信仰と他者』東京大学出版会，大木英夫（2006）『ピューリタン』聖学院大学出版会，種谷春洋（1986）『近代寛容思想と信教の自由の成立』成文堂などを参照）．

というのも西洋近代社会において寛容が注目されるようになった背景には「16世紀の宗教改革の結果としてカトリック普遍主義が崩壊するとともに，多くの同時代人が宗教的な寛容を重要な課題または争点として認識するようになった」という事実である．

さらにいえば「まず宗派間の対立感情が頂点に達する宗教戦争の時代には，寛容は信仰の弱さの表現として否定的に考えられたが，やがて宗教戦争から平和に移行する段階になると，寛容はいわば必要悪として暫時的にではあるが肯定され，信仰の問題というよりも国家理性を優先する立場からカトリックとプロテスタントの平和共存が実現される．」という事実である．このときトレランスという言葉であらわされたものが，プロテスタンとカトリックというキリスト教内の異なる宗派間の平和共存の思想つまり寛容の思想である．

しかし，当初において強調された寛容は，必ずしも積極的な徳目としてではなく，むしろ「異端信仰という罪悪または誤謬を排除することのできない場合に，やむをえずそれを容認する行為であり，社会の安寧のため，また慈悲の精神から，多少とも見下した態度で，蒙昧な隣人を許容する行為」[5]であった．つまり，当時の寛容思想は必要悪であり，しかも信仰の面からは悪徳とまではいえないにしても，決して推奨されるべきものではないということである．いわば，宗教レベルでは決着のつけられない問題を，信仰以外の

領域から社会不安の沈静化のために生み出されたのが「近代的寛容」思想の原点であった，ということである．この点をより重視し，寛容から宗教性を希薄化させるために，井上らが考えたのが寛容という訳語なのではなかったか，というわけである[6]．

(5) 宗教的言語から世俗言語へ

　このいわば「近代的寛容」思想は，信仰レベルの問題を棚上げしたかたちで，つまり国家理性というようなきわめて近代的で，かつ世俗世界レベルで議論されているという点を特徴とする．つまり，近代的寛容思想は，法や哲学といった近代理性のレベルで議論されたもので，宗教レベルの問題としては，これを本格的には扱わないということに特徴があるということができよう．

　つぎにこの近代理性における寛容の類型を簡単に整理してみよう．

　この点を前出書の深沢氏によるギ・ソバン説の紹介によれば，近代的寛容は大きく3つに分類できるという．まず第1類型は一種の棲み分け的寛容の状態であり，「アウグスブルグ宗教平和令」などに代表される．第2類型は法令における異宗派共存への寛容である．これはナント王令（1598）やイギリスの寛容令（1689）に代表されるものである．そして第3類型として法律の制定をともなわない実質的な寛容で，オランダの場合となる．

　以上の三分類はいずれも世俗世界における異宗派，具体的にはカトリックとプロテスタントとのあいだの共存の関係を世俗の領域で作り出したもので，その思想的な背景は近代的な理性主義に負うところが大きい．それゆえに近代的寛容思想は，近代的概念としての「個人」という概念が基本となってはいるが，その個々人の内面にまで踏み込むことはない．そのために，近代的寛容思想なりその社会倫理を突き詰めると「『ポスト・モダン的』無関心の同義語へと堕落」しかねない孤立主義に陥る可能性をもつのである．

　つまり，インド思想のように本来的に他者の内面の考察に向かわなかった西洋思想，とくにキリスト教的発想では，異宗派間の平和的な共存は，日常

生活レベルにおける共存，つまりが世俗領域における平和的な共生が実現することが第一義的であり，それ以上の他者への関わりをもつことを想定しない，というよりタブー視する社会である．これは宗教学者で寛容思想の研究をおこなったメンシングの発想で表現すれば，内面的不寛容の外面的寛容ということになる[7]．

　このように近代の「寛容」は，その出発点として宗教的なレベルにおける異なる信仰への相互理解という精神面の部分を棚上げして，あるいは信仰の深刻な対立を回避するための方策として，世俗制度の側から宗教世界の対立を回避するための妥協案として提示されたものという側面が強い．だからこそ，信仰の自由や法（世俗の法）における平等ということがセットになっているのである．

(6) 世俗概念としての寛容思想

　このような理由で西洋近代（キリスト教）文明においては，「政教分離，信仰の自由（寛容），さらに自然権・市民権としての良心の自由」がセットで主張され，その実現こそ近代化であり，人類共通の目標である，と長く考えられてきた．そして，この思想の形成に功績が大きかったのが，哲学者・啓蒙主義者などである．かれらによって信仰の自由とほぼ同義語の「近代的寛容」は，世俗の知恵（道徳や倫理の領域）において美徳として理想化されることとなる．そこでは人間の内面や宗教性に関しては，触れないことが前提となる．

　一方，この寛容を哲学思想的のみならず法制思想や法制度的にも整備したのがJ.ロックであった．かれは「『神の法が終わる所に為政者の権限が始まる』とする帰結が生ずるのである．それゆえに，ロックの帰結からは，神の法により決定されぬ一切の偶性的事項は世俗の権限に服することが可能となり……（中略）……．すべての法が沈黙するにおいては，ついに『良心と誓約［より生ずる］命令』のみが従われることとなる．」[8]と主張し，さらにここから個人の良心では解決できない領域では，「公権力をそなえた優越的

人格」が肯定され，この優越的な人格者としての国家が最終的に「神の法から生じた善悪の事物は勿論，それらの伴わぬ偶性的事物をも，臣民に対して付課し得ることとなる」（同）ということで，国家という神に代わる世俗世界の絶対権威の必要性が説かれる．ここでロックは，宗教の領域にまで国家の権限，つまり世俗の力が宗教世界の価値判断にまで及ぶというきわめて近代的な主張をおこなう．

そして，ロックが，この国家法の優越性のうえで主張したのが，法のもとでの信仰の自由であり，それを支える「寛容」思想である．だからこそ，個々人の信仰と「寛容」はセットとなるのである．

ただし，ロック自身は，カトリック信仰をこの「寛容」の対象には加えていないのである．かれは，イギリスにあって国教会とピューリタン相互の信仰の自由を法制度として保証し，そのために不可欠な信仰の自由と他者の信仰を許す，あるいは「信仰的には許せなくとも社会生活上はこれを堪え忍び，その存在を許す」ことを「寛容」の精神として，これを，市民社会を支える美徳としたのである．そして，このロックの思想をさらに具体的な制度として確立したのが，アメリカ合衆国憲法の起草者であるトーマス・ジェファーソンであった．かれはヴァージニア権利宣言において信仰の自由，つまり「宗教行事を為すことについての完全な寛容（tolerance）」[9] を定めていたとされる．

しかし，これらも結果的には世俗法のレベルにおける寛容なのである．そこで，改めてトレランスの意味を考えると「耐える，我慢する，大目に見る，……」というような意味の真意が理解できる．つまり，キリスト教における救いの正統性を巡って，それこそ血で血を洗う悲惨な対決を経て，ようやく信仰の違いを不問にして，つまりその領域には踏み込まない，見て見ぬふりをするという視点を保つこと，すなわち寛容（tolerance）精神であり，その思想が寛容思想なのである．そして，その状態を保つことが，一種の理性が働いている状態となるのであろう．

したがって，かれらの共通の関心は信仰ではなく，むしろ世俗生活におけ

る富の共有，とくにその獲得に向かうこととなる．マックス・ウェーバーの「プロテスタンティズムの倫理と資本主義の精神」の主張などは，これを指している，と思われる．

　以上のように，トレランスという言葉は，厳格な一神教であるキリスト教において，信仰を異にしつつも，同じ生活空間で共存しなければならなかったカトリック教徒とプロテスタント教徒のギリギリの共存の状態をあらわす言葉であったと思われる．

　ゆえに，この状態をあらわす言葉は，ほぼ同様の意味であるが，宗教性の強いクレメンス（ラテン語は．クレーメーンス：clēmēns）ではなく，いやいやながらでも共生し，互いに信仰を不問する社会をトレランスという言葉を用いてあらわしたのであろう．というのも，前述のようにトレランスは，動詞トレオー（toleō）「支えることができる．重みを支える．よく耐える．大目に見る．忍ぶ．我慢する．」から造られた言葉であり，「堪忍」「免許」というような一方向的な，あるいは「許し与える寛容思想」をあらわすのに適しているのである．

　一方ラテン語のクレーメーンスは，より宗教的というか精神的であり，キリスト教の精神をあらわすうえでしばしば用いられている言葉である．その意味は「やさしい．親切．おだやか」．女性名詞のクレーメンチアは「優しいこと．寛大．慈悲．仁愛」という一種の内面的な美徳，さらにいえば宗教的な価値観を多く含んだ意味となる．ゆえに，クレメンスには信仰レベルの意味が強く，信仰を異とするカトリックとプロテスタントの人びとの平和的共存の思想を表現するには，あまりに宗教的伝統と拘わる言葉といえるであろう．

　つまりトレランスとクレメンスとを比較してみると，その違いは歴然となる．もちろん，トレランスは，その後も意味を変化させ，より普遍的な思想へと成長していく．しかし，ハッカーが指摘したように，近代精神に培われたトレランスとインドなどの東洋の「寛容」思想が，基本的に似て非なるものであることは，以上のことからも推測がつくであろう．

いずれにしても近代の寛容思想が，基本的にキリスト教内の宗派対立の超克として世俗社会における一種の方便，あるいは妥協の産物として生み出された思想であった．つまりキリスト教内の正統性争いという神学上非常に深刻な問題の1つの解答として，つまり，信仰的には決して相いれない相手であるが，日常生活ではしぶしぶ共生してやるというような，限定された前提から生まれた思想であった．しかし，かれらは根本的には，キリスト教という共通項をもち，両者が他を批判するほどには両者の際は小さい．

これにたいして，インドのそれはまさに異質なもの同士の共存関係を見出そうとするという意味で，より根源的なレベルからの思索が不可欠であった．

つまり，宗教（この場合は宗派であるが）的領域に踏み込まない世俗領域にあえて限定した状況を tolerance と表現し，その世俗性を明確に意識して翻訳したのが，井上らの寛容という見慣れない，漢字の組み合わせということになる．

しかし，その意味で原語とその背景をもたない翻訳には微妙な差異を生じるのである．当然といえば当然であるが，しかしその差はかなり大きなものである．

おぞらく井上らはそれを承知で，従来の文化的なイメージをもつ「赦す・堪忍（するしてやる）」などではなく，あえて，抽象的で，宗教的，政治的な意味をもたず，むしろ道徳的な意味合いが連想される寛容という漢字を付け変えたのであろう．そこには日本近代における近代化,すなわち西洋近代（キリスト教）文明化の過程における独自の事情がみて取れる．そして，そのある種のイデオロギー的な意図が，今日の日本語の思索を混乱に陥れる原因の1つとなっている，と筆者は考えている．

(7) 寛容分類とその限界

ところで寛容に関して研究をしたドイツの宗教学者メンシングは，寛容とは反対の不寛容であるが，それを3つに分類した．つまり「内容的不寛容の外的寛容」「内的不寛容の外的不寛容」，「内的寛容の外的不寛容」である．

そしてこれを用いれば，イスラムは「内的不寛容の外的寛容」に分類できるであろう．つまり，現象としては寛容にみえるが，それを支える条件が変われば，即座に寛容から不寛容へと移行するようなレベルのものである．

つまり，この一方的な寛容には当然限界がある．それは内面において非寛容な信仰者が，美徳として他者に寛容態度を示しているからである．つまり，この美徳としての寛容，つまり一方的な忍耐を強いられる構造が，永久に続くということは，理念的には兎も角，現実的にはありえず，必ずこの構図は破綻する．そしてそのときは，正義の戦い（ジハードや十字軍）という自己正当化，自己絶対化の思想が，この許しの構造から生み出される[10]．

それは歴史的に繰り広げられたジハード（古くは異教徒征伐とほぼ同義語であった）による仏教徒やヒンドゥー教徒への激しい戦闘，殺戮，弾圧行為にも見出せる．この点に関しては，マフムード（967-1030）の事例を出すまでもなく，イスラム教徒のヒンドゥー教徒やそのかれらが多神教徒と呼ぶ異教徒にたいする激しい軍事行動,容赦のない支配体制は有名である．かれらは,多神教を攻めることを聖戦と呼び，これに宗教的な正当性を付与していた．

もちろん，同様なメンタリティーは，同じくセム族的一神教であるキリスト教にも見出せる．筆者は，その典型を十字軍に見出せると考えている．十字軍も同様に，一方的な宗教的正義をかざして，異教徒や異端を宗教的な正義の名において討伐する，という発想であり，そこには「冷たい寛容」さえ，見出せなかった．

いずれにしても，「冷たい寛容」には，セム的一神教の思想，筆者はこれをたんなる一神教ではなく，排他的な一神教と呼ぶことにしているが，この排他的一神教の思想から導き出される寛容は，自己の絶対性優位性を前提とする寛容思想となりがちとなる．

つまり，これが排他的一神教から導き出される寛容思想の限界である．そして，このセム的な「冷たい寛容」の思想が，今日の寛容の語義となり，また世界の秩序を作っているという点に，現在の国際紛争の一端がある，と筆者は考える．それは，イスラム・ゲリラと推定される犯罪人によって引き起

こされた「9.11事件」，つまりワールドトレード・センター，ワシントンのペンタゴン（国防省）ビルへの，旅客機による自爆事件の直後の，ブッシュ大統領のイスラム教への戦いは「現在の十字軍（正義の戦い）である．正義のアメリカに味方するか，敵に味方するか……」という発言にも見出せる．

　一方，このような自己の絶対化，少なくとも自己の視点の正当性を主張する立場からの寛容思想とは異なる寛容の形態もある．それが本章の主題である慈悲の思想である．

　もちろん，西洋近代（キリスト教）文明下の寛容は，この欠点を補うべく，宗教領域と世俗領域を区別し，世俗社会においては恣意的に用いられやすい宗教的な聖戦思想的な発想が暴走することのないように，世俗法により寛容の状態，つまり信仰の自由の保証という制度を確立した，といえるであろう．

　ゆえに，西洋近代（キリスト教）文明における寛容は，メンシングの「内的不寛容の外的寛容」を世俗社会においては「内的不問，外的寛容」というかたちで実現した，というわけである．しかし，最後まで宗教領域，つまり内面的な寛容に関しては変化はしていない．ゆえに，やはり宗教領域では「冷たい寛容」という範疇を超えるものではない[11]．

(8) 温かい寛容思想の構造

　一方，セム族の宗教構造のように，神と人と自然が直線的な上下関係で，かつ付加逆的な許しの関係ではなく，可逆的・相互交換的，あるいは循環的な許しの構造の存在も可能である．その典型がインド思想，なかんずく仏教であるが，これを「温かい寛容」と名づければ，その典型は仏教の慈悲の思想にあるが，同様の思想は，ギリシャにも見出せる．

　たとえば，ギリシャ語の寛容の精神を意味する epieike' iea という言葉にも，仏教の寛容と同等な意味を見出すことができる（『岩波哲学思想辞典』）．この言葉は，epi（場所を意味する）と eikeia に分離できる．この eikeia は eikos（同じように）eikazw（等しくする，同じようにする）という言葉と通じており，epieike' iea の意味は，「場所を同じくする」，「他者に場所を譲る」，「道

を譲る」というような意味があるとされる.

つまり,この言葉には「自己を他者の立場に置き換えて相対化し,自他の区別を超えてより高次の一体感をもつ」,簡単にいえば「他者を自己と同等に考える」というきわめて深い自他同一の原理,あるいは自他の区別を超えた普遍的な思想の深みがあらわされているのである.

そしてこの精神こそ,インド思想,とくに仏教における無我説(ana' tman)や大乗仏教における空(sn' yata')の思想に通ずる普遍的な精神ということができるのである(詳しくは後に検討する).ここにわれわれは,ギリシャとインド,とくに仏教とのあいだに強い共通性を見出すことができる.しかし,ギリシャでは,インドほどにはこの精神性を発達させなかったようである.少なくとも,その思想は後代の宗教世界には受け継がれなかったようである.

インドとくに仏教においては,この自己を押さえて他者への配慮を当然とする,自他同置の思想が宗教的な中核隣として,独自の展開をみせている.本章では,その宗教思想的展開を概略し,さらにその仏教が文明形成の基礎であり,さらに現在にまで深い影響を与えている日本文明における寛容思想に関して,鳥瞰することをめざしている.

つまり仏教では,「自己の立場の相対化」から,さらに「自他の彼岸における自他融和の一体的立場」という「絶対的寛容(本章でいう温かい寛容)」の精神を築くことを宗教的な目的の中心に置いている.ところが,メンシングは仏教の寛容思想を,神秘主義的寛容主義と表現している.ところが現実には,神秘的寛容主義は観念的な寛容思想であり,現実的な展開に乏しいという評価が,この分類の背後には存在するような印象をもつ[12].

いずれにしても本章でいう「温かい寛容」(以下とくに明記しない場合は,寛容と略記)とは,「自らを絶対視せず,他者の存在を尊重し,相互理解,相互補助の上の自他の対等の関係」という謙虚な心持ちや,思想を基とする,ということにしたい.

つまり,他者の存在をたんに空間的な意味で許すのみならず,隣人として,

第9章　仏教的寛容思想と日本的寛容〔和（やわらぎ）〕思想の意義　253

あるいは同じ人間（仏教でいえば一切衆生ということなるが）と認識し相手を自分と対等にみなす（自他同置，自他同地）という構造である．それは，その背後にいわゆる輪廻思想があり，すべての生命の本質的同質性，連続性という基本構造（「一切衆生悉有仏性」，「山川草木悉皆成仏」）がある．その結果として他者の尊重であると同時に，自己の相対化（いわゆる無我・空），自我の抑制（忍辱）であり，そこには必然的に，忍耐や我慢（六波羅蜜の徳目）というものが付随する．とすれば，仏教的な寛容という言葉の示す精神は，世界共通のものとなる．

　しかし，仏教では，もちろん，己ばかりが他者に譲る，つまり自己犠牲ばかりを説いているわけではない．なぜなら，自己にとっては他者であるが，他者にとっては自分が他者である，ということは，この自己犠牲の教えは，相互に譲り合うということを前提にする教えである，ということになる．それが輪廻思想を基本とするインド思想，とくに仏教思想の基礎である．ここにも，一方通行的な世界観ではなく，相互連関を基礎とする輪廻思想が明確にあらわれている[13]．

　このように仏教の寛容とは，他者の立場にたって自らの行為や言動を反省し，他者と同じ場や意識を共有するということ，さらには自らに向ける意識を他者にも振り向けるということにより結ばれる関係性（慈悲）によって成立する寛容となる．同様に，自己の謙虚さのみならず他者においても，同様の譲歩，歩み寄りを求めるということでもある．また，この精神の仏教説話的な表現では，『ジャータカ』（本生譚）における捨身飼虎の教えが有名である．

　いずれにしても自己犠牲の精神を共有したうえではじめて，「寛恕」「堪忍」「許可」というような言葉によってあらわされる状態が生み出されるのでなければならない．そうでなければ，それは便宜的な寛容（本章にいう冷たい寛容）となる．

　具体的に，インド思想における寛容思想について検討しよう．

2. インドの根本思想としての寛容思想

(1) 近代精神の背後にあるものとインド的なるもの

　やや，迂遠であるが，インドとくに仏教における知的伝統としての寛容の精神の現在的な価値をより鮮明にするために，インド精神の現代的な意味づけについて簡単に論じてみよう．

　プロテスタント派的キリスト教精神下に生まれた近代合理主義精神の限界が強く認識されつつある昨今，インドの精神文化に対する評価，とくにその多神教的，つまり多元的世界観が，一神教的なキリスト教的な思想や文明へのある種の「癒し」の思想として，意外なところから期待されているということの一例を紹介しよう．

> 「でもわたくしは，人間の河のあることを知ったわ．その河の流れる向こうに何があるか．まだ知らないけど．でもやっと過去の多くの過ちを通じて，自分の何が欲しかったのか，少しだけわかったような気もする」……（中略）……『信じられることは，それぞれの人が，それぞれの辛さを背負って深い河で祈っているこの光景です』と美津子の心の口調はいつの間にか祈りの調子に変わっている．『そのひとたちを包んで，河が流れていることです．人間の河．人間の深い河の悲しみ．そのなかにわたしもまじっています．』
> 「ひょっとすると，ガンジス河のせいですわ．この河は人間のどんなことでも包み込み……（中略）……．わたくしたちをそんなきにさせますもの」

　これは，故遠藤周作の最晩年の小説『深い河』の一節である[14]．
　敬虔なクリスチャン（カトリック教徒）として知られる遠藤氏が精神的，さらには文明的な癒しを求めて，最後に行き着いたところがこのインド的な世

界であった．つまりインドが未だに維持している精神世界への一種の回帰であった，という点に示唆的なものを感じるのは筆者だけであろうか．

遠藤氏は，この作品で人間の存在の意味について，近代的な自我意識，あるいは個の存在を前提とする近代精神の地平にあるものを探ろうとしている．つまり近代以前においては，ほとんどどこの地域にも存在した転生思想への回帰である．

しかし，それに確信をもてるほど遠藤氏を含めて近代人であるわれわれは，無辜の精神をもち合わせていない．そこで未だに「輪廻転生」の精神文化が息づく，インドへの魂の巡礼がおこなわれるという筋書きである．

『深い河』では，主人公である中年女性の美津子と，ドロップアウトしたキリスト教のカトリックの神学者であり神父である大津という，おそらく遠藤の投影であろう男性らをつうじて展開される魂の遍歴と覚醒が問題とされた．かれらは人間の存在の意味，生存の過程で不可避的に生み出される罪の意識にさいなまれ続ける．その結果，インドに何かを求めてやってきて，ある種の癒しを得る．その過程で交わされた言葉が，前引用の言葉である．

西洋近代（キリスト教）文明に憧れ，敬虔なカトリック信徒として生きた遠藤氏がなぜ，最晩年においてかれの人生の集大成，あるいは終着点においてインドを舞台に選んだのであろうか．インドには一体何があるのであろう？　この問いを考えることは，キリスト教を核として形成された西洋近代（キリスト教）文明の限界が意識されはじめた現在において，とくにその精神的な荒廃の原因の明確化と処方箋の形成に貢献しうるものを内包しているのではないだろうか，という期待感を抱かせる[15]．つまり，近代西洋合理主義思想，あるいはその文明が歴史の過程で捨て去った大事な何かを，インド社会は維持している，あるいはインド思想はわれわれにその失った大切なものを呼び起こしてくれる，とかれは感じたのであろう．

20世紀の後半より，バラ色の近代文明観，とくに科学文明への絶対的な信頼観が，環境問題，原子力関係施設における度重なる事故等々の発生で，急速に減退した．それにともない，精神の荒廃や混迷が世界に蔓延しつつあ

256

る．現代社会はこの現象に有効な対処法を見つけることが未だできず，混迷の度合いは深まりつつある．そのような時期であるからこそ，逆にわれわれは歴史に学び，新たな精神の復興をめざさねばならない．しかも，それはたんなる自己や自分が属する社会の「癒し（安定）」というレベルにとどまるのではなく，新しい文明形成のための，つまり新文明論に益するものではなくてならない，と筆者は考えるのである．

このように近代精神を根底から反省し，それに修正を加えようとするとき，それを可能にする視点は，一神教（的思考：つまり1つの主義や原理のみを正しいとし他を排除する思考），個人主義，自我の独立等々西洋近代（キリスト教）文明を支える精神構造とは別の，独自の道を歩んできたインド文化の検討がきわめて有効である，と考えられる[16]．

少なくとも，インド思想の検討をつうじて，近代精神の行き詰まり解消のヒントを見出すことは可能ではないか．なぜならインドは以下において検討するように，近代キリスト教文明によって形成された合理主義的な精神文化以前の精神文化を未だに保ち続けつつ，高度な文明を形成している数少ない地域であるからであり，しかもそれは数千さらには数万年にも及ぶ人類の文化史の歴史に培われた精神の古層文化に通底する深みと広がりをわれわれに提示するものである[17]．

もちろん，インド文化は古代以来の精神を素朴に保存しているというような文化ではないことはいうまでもない．周知のように，インド文化は他の地域にはみられない独自の精神文化を高度に発展させてきた地域であり，その存在はイスラムの大学者イブン・ハルドゥーン（1332-1406）の「神は，哲学をインドに，手先の器用さを中国に，政治をビザンツに，そしてイスラムを我々に授けてくださった」という表現や，近代以降の西洋の学者たち，とくにショーペンハウアーらに深い感動と大きな影響を与えたことでも，その偉大さを垣間みることができよう[18]．

では，一体インドの精神文化の偉大さはどこに見出すことができるのであろうか．端的にいえば，それは「多様なる文化の存続を認める寛容の精神に

第9章　仏教的寛容思想と日本的寛容〔和（やわらぎ）〕思想の意義　257

ある」となる．たとえば，インドを表現するとき「多様性の国」という枕詞がよく用いられる．事実，インド社会は宗教，言語，人種，民族，等々ありとあらゆる価値基準を設定したとき，そのいずれの要素もインドに見出すことができるほどに多様である．一見秩序にみえるインド社会であるが，その認識は必ずしも正しくない．

　ただし，近代的な合理主義（とくに，現象界における物質的な存在に中心をおく科学的な合理主義，これが西洋近代（キリスト教）文明の特徴であるが）にとどまるかぎり，インドの精神文化の本質や価値を正しく評価することは難しい．そして，この点に気づくこと，あるいは反省を加えることに，インドの精神文化を検討する意味があるのである[19]．

　というのもインドには「多様性の中の統一」という認識があり，その多様性と統一という言葉の表現する次元は，まったく異なる2つの世界を意味している．つまり，インド哲学では，現象世界の多様性，個物の世界の多様性と，その背後にある世界，つまり個物の存在の背後にある普遍的法則性，それをインド思想では真実（サティヤ）などと呼ぶ（とくに仏教ではダルマと呼ぶ）．つまり，インド思想ではいわゆる二元論的な世界観（仏教的にいえば真俗二諦説）をとる．しかし，この2つの世界は実は究極的には1つであるとする．つまり，現象的に多様な世界を作るが，その背後は1つの法則性（神でもいいが）が存在するということである．ここに，インド的な多様性を許しつつ，究極において一者に収斂するという存在論（筆者はこれを多現的一元論と表現する）が成立する．これはインドの正統思想であるウパニシャッドでは，梵我一如という[20]．この理論に従うなら，個物を個物たらしめる個性，そしてその違いが動かしがたい事実，あるいはさらに前提として形成された西洋近代（キリスト教）文明，つまりその人間観においては個人主義，世界観においてはデカルトによって提唱された唯物的近代科学文明とは対極のインド精神の特徴をみることができる．つまり，唯物論的な要素還元主義，分析主義にたいして，総合主義，相互連関主義（これを仏教では縁起の思想という）である[21]．

258

　つまり，西洋近代（キリスト教）文明の特徴としての分析思考，要素還元主義の行き着くところが，現実社会においての民族やイデオロギー，さらには宗教対立の大きな原因の１つであり，環境破壊の最大の原因であるという考えは，決して突飛なものではないのである[22]．そこにはライプニッツのモナド論に典型的にみられるように，人間社会を含めた事物の認識において個の存在を前提とするがゆえの文化，文明の必然的な帰結が見出せる[23]．そして，さらにそのような思想を生み出した西洋文明の中核をなすキリスト教的な，というよりそのキリスト教やその兄弟宗教であるユダヤ，イスラムに共通するセム族の宗教に特有な排他主義と選民思想に行き着くことができる[24]．

　このような排他的選民主義，つまり自己の存在や立場の絶対化を基調とする思考，そしてそれを核とした文化，文明，この延長線上に本章でいう「冷たい寛容」の精神はあり，これと対極にある「温かい寛容」の文化，文明が，インド文化，文明，とくに仏教のそれである[25]．

(2) インド的寛容性の起源

　前述のようなインドの寛容精神の起源については明確に設定することはできない．しかし，インダス文明においてすでに顕著にみられる特徴であることは疑いえない事実である．つまり，「世界の四大文明」に数えられるインダス文明において，他の三文明と異なる点は，この文明には強力な武力を行使する王権が存在しなかった，ということである[26]．

　つまり，古代社会において王権の存在は，武力を背景とした王制を執ることが一般的であり，それゆえに王は絶対化され，その結果宗教や思想が権力によって統合，あるいは強制される傾向にあった．そして，その王の権威を支える要素として，宗教祭祀が存在した．一般に古代の王の権威は，戦争に勝つこと，敵を打ち負かすことにおいてより発揮されるもの，証明されるものとされた[27]．

　しかし，インダス文明ではそのような思想的統制も，当然権力による弾圧

第9章　仏教的寛容思想と日本的寛容〔和（やわらぎ）〕思想の意義　259

もなかったといわれている．というのも，東西約1,500キロ弱，南北約1,800キロに及ぶ広大なこの文明圏のどこをみても他の文明のような多数の武器は出土せず，また巨大な権力の存在を象徴する宮殿も見つかっていないのである[28]．

　それでもこの文明が1つの統一化されたシステムをもっていたことは，各地の遺跡から発掘される均一な度量衡や，未だ解読はされていないがインダス文字の存在で明らかである[29]．つまり，インダス文明は，いわゆる「神官王」と呼ばれる小さな石像にそのヒントがある．この文明からは，大きな権力や武力を象徴する王宮や武器は出土しないが，沐浴場は存在し，とくに神官王が専用に用いたとされる沐浴場は，入念に作られていた．また，その静かな面持ちから，深い瞑想の境地がうかがえ，おそらく後代のインド思想の特徴である瞑想（ヨーガ）による人間の内面への何らかの呪術力のようなものが共有されていたのではないだろうか．

　いずれにしても，広大な地域を統御する何らかの規制力が，存在したことは事実である．それゆえに経済的な統合という緩やかな統合システムによって支えられ，それ以外の分野では自由と寛容な平和な社会が形成されていたのだと考えられる．というのも，インダス文明の遺品の多くに，子どものおもちゃやサイコロなどの遊び道具が多いことなどからも，その文明の特徴を垣間みることができる．ただし，その思想などは，文字が解読されていない現在では詳しいことは不明である[30]．

　この文明が急速に衰退した理由は明確ではないが，一般には紀元前15世紀以降，インド亜大陸に侵入，定着したコーカロイド系の遊牧民のアーリア人による征服が原因ではなかったか，といわれている．

　いずれにしても，以後のインド精神史上に，このインダス文明の存在は表面的には明確にあらわれることはなかった．が，しかし，この文明の精神は決して消え去ったわけではない．とくに，父系制社会を基本とするアーリア人の文化が，以後のインド精神史の中心を形成してはいるが，絶対的な多数派を形成する在来の人びととの人種的，文化的な融合は穏やかではあるが，

260

けっして絶えることなく続き今日にいたっている[31].

　つまり，インド精神史は，インダス文明以来の古代的精神文化とアーリア文化との融合と統一というダイナミズムによって，今日にいたる伝統を形成したのである．

　それゆえに，インド精神は，異質なるものへの寛容性や融和，融合という方向が顕著なのである．つまり，インド起源の思想，あるいは宗教は，ユダヤ・キリスト・イスラム教（これらを合わせてセム族の宗教と呼ぶ）のように，自己を絶対化し他者の存在意義を認めなかったり，あるいは排除したりという排他性，独善的傾向をもたないというところに，その特徴があるのである．その淵源は，じつにこのインダス文明まで遡ることができるというわけである[32]．つまり，寛容思想は，いわばインド文化における文化的な伝統，あるいは智慧ということができる．それゆえに，この伝統は，排他性や選民思想がきわめて強いイスラム教においてさえ，かれらのインド定着後には徐々に寛容の宗教へと変化していったことでも知ることができる[33]．

(3) インド的思惟と多神信仰

　宗教学的にインドの伝統的な宗教は，多神教と位置づけられるヒンドゥー教や，その位置づけが難しい仏教でも，共に多くの神の存在を認める．そして数ある神々のなかでも，女神への信仰はとくに，ヒンドゥー教に顕著であり，民衆レベルにおいて根強く信仰されている．この女神信仰は，いわばヒンドゥー教の特徴の1つにさえ考えられている[34]．

　いわゆる女神信仰は，狩猟採集の時代（3万5千年ほど前）の遺跡などから「フォーレ・ヘルスのヴィーナス」と呼ばれる神像が発見されたことから，かなり古い時代から存在したとされる．それは女性のもつ生殖能力への畏敬念，そしてその能力の汎用化というべき食糧（獣から木の実など）の増殖（この頃は，栽培していなかったので，自然の繁殖力の増加を，女性の生殖力に投影した．）力が，崇拝対象となった，とされる[35]．

　この傾向は，農業革命と呼ばれる農耕のはじまりとともに，いっそう顕著

第9章　仏教的寛容思想と日本的寛容〔和（やわらぎ）〕思想の意義　261

となった．農耕文明は，世界各地に豊饒を願う儀礼を産み，女神（地母神）信仰を中心とする宗教世界を形成した．中近東一帯の遺跡から発掘されるアナヒター女神をはじめとする女神信仰は，農耕文明と深く結びついて，世界各地に見出せる[36]．

　この女神信仰の特徴は，のちに出現する倫理宗教，とくに，キリスト教やイスラム教と異なり，現実世界を一定の教理で説明するというようなドグマをもたず，自然を畏怖，崇拝し，自然への感謝を儀礼化するという謙虚さがあった．また，自然を理性的に体系化し，自らの宗教観で一元化しようとする合理化をおこなわなかったために，自然の多様性をありのままに受け入れる，という寛容さ，多様性，そして柔軟さをもっていた[37]．

　その傾向は世界各地の古代社会においてその原初形態を見出すことができるが，インドにおいても同様であった．ただし，現代にいたるまでこの古代的な信仰形態を残していて，しかも高度な宗教性や文化形態を維持しているのは，ほとんどヒンドゥー教のみである，ということができるであろう[38]．

　つまり，他の地域，とくに，中近東以西では，のちに排他性，父系制的傾向の強いキリスト教やイスラム教の支配を受け，このような古代信仰の形式は，異教として弾圧の対象となり，ほとんどその痕跡を残さぬまで破壊されたからである．もっとも，その地母神信仰の痕跡はキリスト教では12〜3世紀になってマリア崇拝として一部ではあるが復活した．カトリックでは変則的であるが女神信仰が，今日まで続いているのはこのような理由による．したがって，キリスト教でもカトリックは比較的異教や異端に寛容性を示す可能性がある[39]．

　しかし，セム的な原理への回帰，キリスト教の原初形態への希求をめざしたプロテスタント派や，イスラム教においてはこのような信仰形態は否定された．したがって，このような宗教や宗派が隆盛している地域では，古代以来の多神教の典型である女神信仰はほとんど途絶えている．これらの地域では，前述のように倫理宗教，救済宗教と呼ばれる合理的主義の支配する父性宗教が，有史以来の感性的な女神崇拝に代表される宗教を駆逐した[40]．

ところが，インド社会においては古代以来の多神教，その象徴ともいうべき女神（地母神）信仰が脈々と受け継がれているのである．もちろん，この女神信仰は，密儀や秘儀といった呪術儀礼をともなうために，非論理性，前理性的な傾向をもつものとなっている．が，しかし，人間の理性的な合理的な理解や道徳的な行動が，自然のすべてを説明しえない以上，このような一見非合理な部分をもつ女神信仰の存在意義は小さくないであろう[41]．

少なくとも，この信仰形態には，理性という名の近代人の都合（思い上がり）によって形成された科学至上主義，いい換えればそれを生み出した人間理性至上主義文明の欠点を補う，生命体重視の思想種としての人間の発生以来連綿と引き継がれてきた人間の本性を見据えた思想が基本にあると思われる[42]．つまり，人間を特別なものとせず他の生物と同等あるいは連続的な存在と認識する輪廻思想や，いたずらに自然（この場合は，人間以外のあらゆる存在のこととする）と対峙するのではなく，自らもその一部として謙虚に，そして調和的に生きようとする姿勢などである．この自他を区別しない，あるいは自他という二律背反的な認識そのものを超える思想こそ，寛容の基本的な精神というべきものである．

(4) ウパニシャッドの寛容思想

さて，インド文化の多様性を支える信仰形態が多神教，とくに女神信仰として特徴づけられるとすれば，それを思想的に裏づけるのは，ウパニシャッドに代表される神秘主義思想である[43]．ウパニシャッドの思想はインド思想の根本をなすものであり，しかもその思想はいわゆるセム的な単一思考ではなく，多元的で多様な思想の融合体と呼ぶにふさわしい複雑さをもちつつも，ショーペンハウアーなど近代西洋合理主義思想の限界を見据えた哲学者に深い感動と，新たな人類の知的可能性を実感させた哲学的な力をもっている[44]．

いわゆるインドの神秘主義思想は，世界に広がる神秘主義思想の源流の1つといわれ，その系譜には西洋思想，とくにキリスト教の思想的な基盤をな

第 9 章　仏教的寛容思想と日本的寛容〔和（やわらぎ）〕思想の意義　263

すグノーシス主義・新プラトン主義の思想形成に，大きな影響を与えたとされる．

　また，インド国内では紀元前 7 ～ 6 世紀頃からはじまるウパニシャッドを中心とする思想の革新運動と時を同じくして，仏教，ジャイナ教，アージヴァイカ教などが生まれ後世に大きな影響を残したことは，よく知られる事実である[45]．

　さて，このウパニシャッドの思想的な特徴は，人類最古の哲学文献と呼ばれるように，宇宙の生成や人間存在の意義等々の形而上学的な問題への真摯な探求にある．とくに，非人格的な一元的な抽象原理の想定は，現象世界における多様性を肯定しつつ，普遍世界，真実世界における一元的な統一を可能とし，インド思想に共通する「多様なるものの統一」を理論的に可能ならしめた．

　試みに，その一例を示すならば，

　　　ブラフマンは実にこの一切（宇宙全体）である．……（中略）……一切の
　　　行為を内包し，一切の欲求を有し，一切の香をもち，一切の味を具え，
　　　一切に遍満し，無言にして，超然としているもの，これが心臓にあたる
　　　わたしのアートマンであり，ブラフマンである[46]．

　これがいわゆる梵我一如の思想である．このようにウパニシャッドの思想は，現象界の多様性を認め，それらの差異を前提としつつ，なおかつその背後に 1 つの絶対的な原理を認めるという意味で，きわめて特徴的な思想である．それは同じく絶対原理を想定するも，その原理を具体的な人格や言葉として限定するがために，現実社会の各要素の違いによって争いの絶えない，セム族の宗教との違いを考えれば，ウパニシャッド思想の特質は，21 世紀の世界的な思想原理構築に大きな役割を担うことが充分期待できる[47]．

　いずれにしても梵我一如の思想は，ヒンドゥー教のみならず仏教やジャイナ教等々のインド的な宗教の根本思想と強い共通性をなしている[48]．

264

このウパニシャッド的な思考である現象世界における多様性の背後に１つの真実（原理）を想定するという考え方は，仏教をつうじて東ユーラシアに現在でも根づいている．しかし，ウパニシャッドと仏教思想には大きな違いがある．それはウパニシャッドがどちらかというと，有神論的なものにその関心があったのにたいして，仏教とくにその創始者ゴータマ・ブッタはその基本に人間の根源的な平等性をおいた点で，より普遍性をもっている[49]．

3. 仏教の寛容思想とその実践

（1）対立を超える思想

すでに検討したように寛容とは「自らと異質なる信仰や考えを持つものを自らと同一視する」（筆者はこれを「自他同置，あるいは自他同地と表現する」）．つまり「他者を自らのごとくにみなしそれを尊重する」という基本的な精神が不可欠である．しかし，具体的にこれを実行するとなるとなかなか難しい問題がある．

本章では，仏教，とくにその創始者であるゴータマ・ブッタの思想と，それを現実の政治のなかで実践したアショーカ王の思想や業績を鳥瞰し，仏教における「寛容」の思想について検討する．

以下では，仏教の寛容思想を支える精神構造について検討しよう．まず仏教思想，とくにゴータマ・ブッダの教えの根本はどこに求められるか，といえば筆者は，神や自己の存在の絶対化をおこなわない，ということに尽きるのではないかと考えている．もちろん，その場合の自己とは，自己が拠り所とする神や理論や立場，あるいは肉体等々人間存在を形成するすべての要素のことである[50]．

仏教的にいえば，人間は自己の拠り所とする言説に執着しがちである．言葉を替えれば自己の信奉する信条や主義，あるいは自分の信仰する神を絶対視しがちである．しかし，そのことが人間のあらゆる対立の根本原因の１つ

第9章　仏教的寛容思想と日本的寛容〔和（やわらぎ）〕思想の意義　265

である，と釈尊は教える．釈尊は，この点を

　　（世の学者・あるいは宗教家達は）めいめいの見解に固執して，互いに異
　　なった執見をいただいて争い，（みずから真理への）熟達者であると称し
　　て，さまざまに論じる．（『スッタニパータ』878）

と表現している．
　しかも，これらの学者・宗教家たちは，自説のみが正しく，他者のいって
いることは虚偽である，というのである．経典では

　　かれらはこのように異なった執見をいただいて論争し，「論敵は愚者で
　　あって，真理に達した人ではない」という．こらの人びとはみな「自分
　　こそ真理に達した人である」と語っているが，これらのうちで，どの説
　　が真実なのであろうか．
　　　もし，論敵の教えを承認しない人が愚者であって，低級な者であり，
　　智慧の劣った者であるならば，これらの人びとはすべて（各自の）偏見
　　に固執しているのであるか，かれらはすべて愚者であり，ごく智慧の劣っ
　　た者であるということになる．（同890）

これをさらに具体的にいえば，

　　もしも，他人が自分を（愚者だと）呼ぶがゆえに，愚劣となるのであれば，
　　その（呼ぶ人）自身は（相手と）ともに愚劣な者となる．また，もし自分
　　でヴェーダの達人・賢者と称し得るのであれば，もろもろの（道の人）
　　のうち愚者はひとりも存在しないこととなる．（同890）

つまり，

ある人々が「真理である，真実である」というところのその（見解）をば，他の人々が「虚偽である，虚妄である」という．このようにかれらは異なった執見をいだいて論争する．なにゆえにもろもろの（道の人）は同一の事を語らないのであろうか．（同883）

このようにゴータマ・ブッダは，自説のみを絶対視し，他の説を退けるその姿勢が，争いや対立を引き起こす原因である，と教えるのである．

つまり，人びとは自説に執着し，それゆえに他者を排除しようとし，お互いに争うゆえに，紛争は引き起こされる，というわけである．

かれらは自分の道を堅くたもって論じているが，ここに他の何人を愚者であると見ることができようか．他（の説を），「愚かである」，「不浄な教えである」と説くならば，かれはみずから確執をもたらすであろう．

一方的に決定した立場に立ってみずから考え量りつつ，さらにかれは世の中でなすにいたる．一切の断定を捨てたならば，人は世の中で確執を起こすことがない．（同894）

したがって，われわれはこの争いを超えるための努力として，一切の断定，あるいは自己のみが正しいという自己の絶対化という執着を超えねばならないのである．

(2) 自我の超越としての無我の思想

ゴータマ・ブッダは，そのためには自我というものにたいする執着を超えねばならない，と教えるのである．

つまり，人間は何ごとかに執着するがゆえに争いが生ずる，その執着の対象のうちでもっとも身近で，わかりやすい身体を例にとって，ゴータマ・ブッダはこれへの執着を超えろと教える．

第9章　仏教的寛容思想と日本的寛容〔和 (やわらぎ)〕思想の意義　267

……神々ならぬ世の人は非我なるを我と思いなし，名称と形態に執着している．（同 756）

　つまり，人びとは身体を尊び，それを重視し，それに執着するが，そのことが実は迷いのもとである，というのである．さらに，

　　洞窟（ここでは身体のこと）のうちにとどまり，執着し，多くの（煩悩）
　　に覆われ，迷妄のうちに沈没している人，このような人は，じつに（遠
　　ざかり離れること＝厭離）から遠く隔たっている．じつに世の中にありな
　　がら欲望を捨て去ることは，容易ではない．（同 772）

というわけである．
　また，ここでは，肉体を洞窟と表現して，空虚なものというイメージをわれわれに与えるが，これは身体を蔑ろにしろと教えているのではない．そうではなくて，身体と生命の本質を同一視し，これに執着することを戒めたのである．したがって，ブッダは，執着を離れての身体そのものを尊ぶことを否定しなかった，というよりむしろ身体を尊んだのである．なぜなら「だれでも，身体によって善行をなし，言葉によって善行をなし，心によって善行をなすならば，かれらの自己は護られているのです．」[51] と考えられているからである．つまり，身体への必要以上の執着をもたなければ，身体はすべての行為の源であるがゆえに，尊いのであり，愛しいもの (pity) である，と教えている．

　　どの方向に心でさがし求めてみても，自分よりもさらに愛しいものをど
　　こにも見出さなかった．そのように，他の人々にとって，それぞれの自
　　己が愛しいのである．それゆえに，自己を愛する人は，他人を傷つけて
　　はならない[52]．

268

このように，自己を愛し尊ぶがゆえに，自己と同様に自己を尊ぶ他の人びとの自己も己と同様に尊べ，というのが仏教の根本的な教えである．ここに，前述の epiekeia と同様な思想，寛容の精神が明確化されているのである．

このようにみるとゴータマ・ブッダの教えは，じつに素朴であるが，無理のない合理性をもっていることがわかる．つまり，他者に寛容になる，あるいはなれるということは，自己を絶対視する，あるいは自分のことだけを考えるという我執の立場を超える，ということであるが，それは自己を否定することでも，軽視することでもなく，むしろ尊重し，愛おしむことを基本とする，ということである．

なぜなら，「この世で自己こそ自分の主である．」であるがゆえに，「自分の身をよく整えてこそ徳行を達成」できるからである．つまり「この世では，自己こそ自分の主である．他人がどうして（自己）の主であろうか．賢者は，自分の身をよく整えて，すべての苦しみから脱れる．」ことができるようになるからである．そして，同様な思想は，他者もそのように思い，考え，行動しているのである，という発想がそれを強力に支え，信頼のネットワークを形成しているのである．筆者はこれを縁起の思想の眼目と考えている．縁起の思想は，たんなる因果応報論的な単純な世界観ではなく，自他が等しく関係し合い，させ合う世界観を意味している，と考えている[53]．

以上のように，ゴータマ・ブッダは，物事への執着を断つことと，自らの心身を大切に思うこと，愛おしく思うことの大切さを教える．なぜなら，それがゆえに人びとは他者の痛みや，喜びを我がものと思えるのであり，それがあるゆえに寛容の精神が形成されうると考えたからである．この他者への思いやりは仏教では，慈悲という言葉で表現される[54]．

(3) 慈悲の思想と寛容

前述のように，われわれが他者を尊び，慈しむことができる寛容思想が生かされている状態というのは，自己を慈しむ心があってはじめて成立するものである．同時にわれわれはこの愛しい自己に執着してもまたならないので

第9章　仏教的寛容思想と日本的寛容〔和（やわらぎ）〕思想の意義　269

ある．

　それはなぜであろうか．ここに仏教独自の生命観が存在するのである．つまり，仏教では，一切の生きとし生けるものすべてが，皆尊い存在である，と考えるからである．

　　　いかなる生物生類であっても，怯えているものでも強剛なものでも，ことごとく，長いものでも，大きなものでも，中くらいのものでも，短いものでも，微細なものでも，粗大なものでも，目に見えるものでも，見えないものでも，遠くに住むものでも，近くに住むものでも，すでに生まれたものでも，これから生まれようと欲するものでも，一切の生きとし生けるものは，幸せであれ．……（中略）……．また全世界に対して無量の慈しみを起こすべし．[55]

というのも「この世には無駄なものは何も存在しない」[56] のである．ここから「われわれは万人の友である．万人の仲間である．一切の生きとし生けるものの同情者である．つまり，自分にとって最愛の自己と同じように，他者においてもその自己は，最愛の自己であるということに気付くことが慈悲の原点であり，仏教的寛容の基本構造である．ゆえに慈しみのこころ（慈悲）を修めて，つねに無傷害を楽しむ」[57] ということが出てくる．

　つまり，「一切の生きとし生けるものにあわれみをもたらすこの法米をなして，バラモンも王族も庶民もシュードラも清められる」[58] という，慈悲の基本姿勢が明確化される．

　以上のように慈悲を考えれば，当然生命の尊重，つまり非暴力・不殺生に行き着くであろう．つまり，暴力や争いがなく，互いに尊重し合い，助け合いながら社会を形成している状態，それは社会的に癒しを生む状態，あるいは癒されている状態，ということができる．

　その意味で，社会的に癒された状態とは，真の平和の状態ということができよう．

(4) 仏教における寛容と平和

インド哲学の碩学中村元は,「西洋人の考える平和とは,戦争がなくなって人々が快楽を楽しむことである. ところがインド人によると,静かなやすらぎの境地が平和なのである.」[59]と指摘される.

つまり,単純化すれば西洋的な平和は,戦争という暴力行為がなく,人びとが日常の生活を送れる状態,これが平和ということになる[60]. 少なくとも,心のあり方までは問題としていない. いわば表面的な,あるいは形式的な平和の規定である. ただし,心のあり方がまったく問題にされていないわけでは必ずしもない.

一方,インドのほうはむしろ人間の内面が重視されることになる. 宗教的に満たされた状態ということであろう. 当然,仏教でも社会的な争いのない状態,苦しみのない状態が,その心の平穏を創る前提であると考えていたはずである.

したがって両者の統合こそ,つまり個々人の内面から社会という集団全体にいたるまで,一貫して争いがなく,人びとが満たされている状態こそ,真の意味での平和な状態,ということにある. しかし,そのような状態,つまり癒された社会の状態が,本当に実現できるのであろうか?

筆者は,この社会的な平和を実現しようとして現実の政治を仏教の教えにもとづいておこなったのが,インドのアショーカ王であり,日本の聖徳太子や天武天皇であったと考えている.

さて,国家的な平和の状態については,他の機会に検討するとして,個人的な平和の状態について,仏教ではどう考えるのであろうか. その点で注目されるのが,仏教の根本的な教えである不傷害・不殺生である. 仏教では不傷害ということは,慈悲の実践として大変重要な徳目である[61]. それは,

> 殺そうと闘争する人々を見よ. 武器を執って打とうとしたことから恐怖が生じたのである. わたくしがぞっとしてそれを厭い離れたその衝撃を述べよう. 水の少ないところにいる魚にように,人々が慄えているのを

第9章　仏教的寛容思想と日本的寛容〔和（やわらぎ）〕思想の意義　271

見て，また人々が相互に抗争しているのを見て，わたくしに恐怖が起こった．（『スッタニパータ』936）

というゴータマ・ブッダの言葉からもうかがえる．

　だからこそ，実践修行者は生きとし生けるものを害さない人（ahimsaka）でなければならないのである．しかもそれは，精神的にも，肉体的にも，いい換えれば言葉による暴力である罵言なども，また肉体の殺傷や捕縛というようなものも一切おこなわないものでなければならない[62]．そして，

　　あらゆる生きものに対して暴力を加えることなく，あらゆる生きもののいずれをも悩ますことなく，また子を欲するなかれ．況や朋友をや．犀の角のように一人歩め．（『スッタニパータ』35）

と，いうことになる．

　もちろん，これでは個人のみの心の平安ということになるので，社会構成者である個々人の徳目としては，不充分である．ゴータマ・ブッタの時代では，このようなことも赦されていたが，やがて積極的に他者への働きかけが重視されることとなった．つまり，

　　それゆえに，自分の友にも敵にも（平等に）慈しみの心を起こすべし．慈しみの心をもって，（全世界）をあまねく充満すべし．これはもろもろの目ざめた人の教えである．[63]（『ミリンダパンハ』394）

というわけである．

　このように仏教では，敵味方の区別なく，平等に慈悲をたれ，思いやるという姿勢によって社会的な平和を形成しようとしたのである．

　それゆえに，すべての対立を超えて互いに理解し合い，慈しみあった社会の建設が不可欠である．そこで争わず，皆が仲良く過ごすための社会の思想

として宥和・寛容の思想が不可欠となる．というのも現実問題として，平和
な社会は，諸思想・宗教の対立の超越，つまり宥和・寛容の思想によって実
現するからである．

　仏教倫理では，以上のように，他者を自らと同等と理解し，尊重しあって
生きることを教えた．それゆえに異質なるものを排除せず，また自説，ある
いは自分の宗教を頼りに，他説や他の宗教を排除しない，という姿勢を主張
した．

　　　見たり，学んだり，考えたりしたどんなことについてでも，賢者は一切
　　　の事件に対して敵対することがない．かれは負担をはなれて解放されて
　　　いる．かれははからいをなすことなく，快楽に耽ることなく，求めるこ
　　　ともない．（『スッタニパータ』914）

　そのうえで，紛争の元である自己中心的な思想や敵対（見方）行動に関して，
それらの束縛からの解放を説く．

　　　聖者はこの世でもろもろの束縛を捨て去って，議論が起こった時も，党
　　　派に組することがない．かれは不安な人々のうちにあっても安らけく，
　　　泰然として，執着することがない．（同921）

のである．しかも，仏教ではたんに争わないのみならず，

　　　あたかも（母が）愛しき一人児に対して善き婦人であるように，いたる
　　　ところで一切の生きとし生けるものにたいして，善き人であれ．（『テー
　　　ラガータ』33）

あるいは，

第9章 仏教的寛容思想と日本的寛容〔和(やわらぎ)〕思想の意義 273

究極の理想に通じた人が，この平安の境地に達してなすべきことは，われは万人の友である．万人のなかまである．一切の生きとし生けるものの同情者である．慈しみのこころを修めて，常に無傷害を楽しむ．(『テーラガータ』648)

となる．

このような心を社会の構成員1人1人がもつことで，宥和した真に平和な社会が築けるとゴータマ・ブッダは教えるのである．

このゴータマ・ブッダにおいて示された理想は，マウリヤ朝の第3代王アショーカ（在位前268–32）によって現実社会で実践されたのである．

(5) アショーカ王と仏教的寛容思想の実践

いかなる意味でも理想は，それがいかに素晴らしいものであっても，現実の世界に生かされてこそ意味がある．それは宗教においてはなおさら重要なことである．にもかかわらず，一般に仏教に関しては出家主義的，脱世俗的傾向が強く，現実の政治や経済といった世俗生活に，仏教の理想は反映できない，あるいはなし難いと考えられている[64]．

しかし，そのような考えは政治と宗教が一体不可分な関係にあるセム的な宗教，つまり，ユダヤ・キリスト・イスラムの各宗教との比較，あるいはキリスト教の教えを核として形成された西洋近代（キリスト教）文明下の政治と宗教の分析視点からのものであり，必ずしもインドや中国・日本という非セム的宗教圏を分析して得られたものではない．

したがって，インドや日本の宗教と社会の関係を分析するには，これらの地域に即した方法論が不可欠であろう．筆者は，この点について他のところで論じたことがあるので，詳しいことはそれに譲り，結論のみをいうならば，仏教においては，セム的な政治・経済への直接的な関係とは異なるが，現実社会と強い結びつきを当然もっていたし，またそれが社会のなかに強い影響をもっていたことは議論の余地はない[65]．この点でアショーカ王の存在は

象徴的である.

　さて，アショーカ王については，日本でもよく知られている．しかし，その王の政治哲学や，善政の内容となるとそれほど知られているわけではない．とくに近代以降の日本では，廃仏毀釈や明治政府の敬神排仏思想教育もあって，仏教と社会との結びつきは，葬送儀礼にほぼ限定されるか，一種の例外として，新興仏教教団において強く主張されるにとどまっているのが現状である[66]．

　しかし，当然ながら仏教が，人びとの幸福をめざして教えを説き，これを実践しようとすれば，社会的な活動は不可避であり，政治的な活動をともなうことは必然である[67]．つまり，仏教の精神を社会生活に生かす，より具体的には仏教の教えをもって政策として生かすということである．

　この点がとくに顕著にあらわれているのがアショーカ王である．アショーカ王に関して，中村元が「人類の過去の歴史を回顧するならば，われわれは幾多の偉大なる帝王の姿を思い浮かべることができる．かれらは広大な地域を征服し，巨大な帝国を組織し，多数の奴隷を使用して大土木工事を完成し，壮大華麗な宮殿に栄華の日夜を送った．かれらは偉大であった．しかし，アショーカ王のように崇高な宗教的精神を懐いて大帝国の統治にあたった人は，恐らくほかに殆どいなかったのであろう．」[68]とのべるように，アショーカ王は仏教の理想を現実社会に反映し，仏教圏の模範となる政治をおこなった王であった．かれの思想やその実践についての検討は後に詳説するが，アショーカ王とほぼ同じ時代に，アショーカ王と同様，巨大な国家を築いた秦の始皇帝との比較をおこなうと，その特徴はさらに顕著となる[69]．

　つまり，宗教的な理想に燃えて，民衆第一の政策を心がけ国家経営をおこなったアショーカ王と武力と征服欲によって中国を平らげはしたものの，その後は死を恐れ，疑心暗鬼のうちに一生を終えたあの秦の始皇帝とは，まさに対極関係にあるのである．

　以下においては，アショーカ王の政治に仏教の理想がいかに反映しているかについて検討する．

第9章　仏教的寛容思想と日本的寛容〔和（やわらぎ）〕思想の意義　275

(6) アショーカ王の宗教的寛容

　アショーカ王は西暦前ほぼ268年から232年の間，インドを統治したマウリヤ朝の王である．かれの詳しい伝説については，ここで触れる紙幅の余裕はないが，かれの存在は仏教圏においては護教の聖王（転輪聖王）として知られている[70]．

　しかし，世界各地に見出せるような狂信的な宗教者ではなかった．つまりアショーカ王は仏教のみを許し，他を弾圧するような偏狭な宗教政策をとらなかったのである．

　中村元によれば，アショーカ王は熱烈な仏教信者であったが，決して諸宗教を排斥することはなかったし，むしろジャイナ教・バラモン教．アージーヴァーカ教をも保護し，育成したのである[71]．つまり，アショーカ王は

　　（神々に愛された温容ある王）は，一切の宗派の者があらゆるところにおいて住することを願う．彼らはすべて克己（自制）と身心の清浄とを願っているからである．ところで（世間の）人々は，種々の欲求をもち，種々の貪欲をもっているが，彼らは（克己自制と身心の清浄との）すべてを行うべきである．（摩崖勅令7章）[72]

このようにアショーカ王は，すべての宗教・宗派の活動を許し，それを援助し，かれらが自らの宗教に専心できるようにはからったのである．そこにはアショーカ王のつぎのような宗教に関しての確信があったのである．

　　しかし（神々に愛せられた王）が思うに，すべての宗派の本質を増大せしめようとすることのように，かくもすぐれた施与または崇敬は（他に）存在しない．（摩崖勅令12章）

　つまり，すべての宗教を保護し，すべての宗教が互いに争うことなく，社会に浸透しより良い社会を作る，という強い意志である．もちろん，アショー

カ王はすべての宗教が無秩序に行動してもよいといっているのではない．そこには自ずから制限がある．それは（神々に愛された温容ある王は），出家者と在家者との一切の宗教を施与によって崇敬し，また種々の崇敬をもって崇敬する．

　　（すべての宗派の）本質の増大は多種の方法によって起こるけれども，その根本となるものは，言語をつつしむこと，すなわち不適切な機会においてもっぱら自己の宗教を賞揚し，また他の宗教を非難してはならないこと，あるいはそれぞれの機会において温和であるべきである．
　　そうであるからこそ（各自は互いに）それぞれのしかたによって他の宗教を尊重すべきである．もし（互いに）このようにするならば，みずからの宗教を増進させるとともに，他の宗教をも助けるのである．
　　このようにしないときは，みずからの宗教を害する．なんとなれば，まったくみずからの宗教に対する熱烈な進行により，「願わくば自分の宗教を輝かそう」と念じて，みずからの宗教をのみ賞揚し，あるいは他の宗教を批難するものは，こうするために，かえって一層強くみずからの宗教を損なうのである．ゆえにもっぱら互いに法を聴き合い，またそれを敬信するために（すべて）一致して和合することこそ善である．けだし（神々に愛されし王）の希望することは，願わくばすべての宗教が博学でその教義の善きものとなれかし，ということだからである．（摩崖勅令12章）

　このように，アショーカ王は法勅によってのべているのである．
　そしてアショーカ王の理想は，法勅として，各地に発布され，教法大官などの官吏によって実行に移されたのである．その結果，

　　彼ら（教法大官）は，一切の宗派のあいだにおいて法を確立させるためには，また法を増進させるために，あるいはギリシャ人，カンボージャ

第9章　仏教的寛容思想と日本的寛容〔和(やわらぎ)〕思想の意義　277

　　人，ガンダーラ人，ラティカ人，ピティカ人，または，他のすべての西
　　方の隣邦人の中で法の実践に専心している者の利益・幸せのために活動
　　する．(摩崖勅令5章)

　これこそ，まさに地域，民族を超えた不戦主義的な立場の布告であり，あら
ゆる宗教(法)を保護し，またそれらの信徒を差別なく扱う，という政策で
ある．

　このように，地域，民族そして，思想や教えの差異を超えて平等に，その
平和と繁栄，それこそ究極的な利益と幸福であるが，それらを政策として守
る，という決意である．これを聞いた人びとは，信仰や民族により，弾圧，
時には抹殺さえ当然ともいえる古代社会において，どれほど安堵感をもった
ことであろう．

　この政策の基本思想こそゴータマ・ブッダが示したものである．それをア
ショーカ王は政治の場において実現しようとしたのである．

(7)　アショーカ王の法の普及と実践

　仏教の理想を現実の社会に生かそうとするアショーカ王にとって，現実の
生活もまた仏教の理想を貫かれていなければならなかった．では，その理想
とは何か．それは慈悲の政治ということである．

　そして，それを実践するためのものが，アショーカ王が「法(dharma)」
と呼ぶものである．この法は，人間の有るべき姿，理想としての規範を意味
するものであり，それゆえにすべての人びとによって実践されるべき徳目を
含んでいるとされる．

　そして，それゆえにそれぞれの人が，それぞれの立場で現実社会において
実践することが要求されるわけである．かれはいう「法とは善である．」(石
柱2章)，つまり，法は善であるがゆえに実践されなければならない，とす
るのである．それでは善である法とは具体的に何をいうのであろうか？　「日
く，(法とは)汚れの少ないことと，衆多(数多い)の美徳と，あわれみと施

与と真実と（身心の）清浄とである」（石柱勅令2）．さらに，この法の敢行と法の実践とは，「あわれみと施与と真実と（身心の）清浄と柔和と善良とである」（石柱7章）．

そして，「神々に愛される王は，一切の生類に対して傷害をなさず，克己あり，こころが平静で，平和なることを願う」（岩石13章）のであり，これは王のみならずすべての人びとに奨励された．つまり，「けだし，たとえ莫大な布施をなさない人にとっても，克己抑制，身心の清浄，報恩の念，堅固な信仰は，実に常に（力あるものとして）残る」（岩石勅令7）．

このように，かれは一切の生きとし生けるものの生命を尊重し，自らの身を律して，民衆の福利のために，一生を捧げたのである．

(8) 「仏教的理想」社会の実現

周知のように，アショーカ王は，自らの悲惨な戦争体験から，仏教に深く帰依し争いのない平和な国家を建設すべく（仏の理想とする）法にもとづく統治をめざしたのである．

既述のように，アショーカ王の法とは「現世ならびに彼岸の世界に関する利益安楽は，法に対する最上の敬慕，最上の考察，最上の敬信，最上の努力なくば，正しく行うことが難しい」（石柱1章）ものであるけれども，しかし，それを実践すれば「たとい身分のひくい者であっても，精勤すれば，広大なる天界に到達するを得るであろう」（小摩崖1章）というものと考えられた．

したがって，法の実践は誰でも，どこでもできるものであるがゆえに，すべての人がこれを実践することが，善とみなされ，またそう要求もされた．つまり，王自ら「われは（わが）精励に関しても，また政務に関しても，満ち足りたと思うことがない．」（小摩崖6章）のであった．つまり，かれはつねに「全世界の利益」を願い，そのために自らも日夜努力したのであった．かれはいう．

第9章　仏教的寛容思想と日本的寛容〔和(やわらぎ)〕思想の意義　279

過去長期の間，未だかつて（いかなる王といえども），どんな時にでも政務を裁可し，あるいは上奏を聞くということは無かった．ゆえにいま，われ次のごとく命ずる．すなわち，われが食事中であっても，後宮にいても，内房にいても，飼獣寮にいた時も……（中略）……上奏官は人民に関する政務をわれに奏聞すべきである．しからば，われはいずこにあっても，人民に関する政務を裁くであろう．（小摩崖6章）

と．

彼は仏教の教えによる，つまり法による理想国家の建設を目指し不断の努力を惜しまなかったのである．しかも，この法は王のみならず身分の低いものでも，身分の高貴な者であっても，ともに励してつとめるように，といって，またわたくしの辺境の人々でもこれを熟知するように，といって，そうしてこの精励が永く存続しうるように，と発せられたのである．（小岩石詔勅1）

このように，善なる法が王から民衆にいたるまで実践されれば，平和な社会が形成されることとなる．この善なる法による社会統治は，各地に広がった．

この（法による）勝利は，ここ，すなわち（神々に愛された王）の領土においても，また六百ヨージャナに至るまでのすべての辺境の人々のあいだにおいても──そこにはアンティヨーカという名のヨーナ人の王がいる．さらにそのアンティヨーカ王を越えたところにトゥラマヤ王とアンティキニ王とマーカ王とアリカスダ王という名の四人の王がいる．……（中略）……．さらに（神々に愛された王の）使節のいまだ赴かないところにあっても，人々は（神々に愛された王の）法と実行と規定と法の教えとを聞いて法に随順しつつあり，また将来にも法に随順するであろう．こ

のようなことによって得られた勝利は，全面的な勝利である．そして全
面的な勝利は喜びの感情をひき起こす．いまや法による勝利において喜
びが得られたのである．しかしその喜びも実は軽いものにすぎない．彼
岸に関することこそ大いなる果報をもたらすものである，と（神々に愛
された王は）考える．（摩崖勅令13章）

つまり，かれの法，それは「不殺生」，「不傷害」，「精勤」，「他者への思い
やり」等々であるが，この仏教的な徳目の実践により，国が安定し，国庫は
富み栄えたのである．それゆえこの法による統治は，その領土を越えて世界
に広まっていったのである．
　しかも，それはアショーカ王の富や名声のためではなく，あくまでも一切
衆生のため，人民のためであった．アショーカ王はいう．

　一切の人々は我が子である．あたかもわが諸皇子のために，彼らがこの
世およびかの世のすべての利益・幸せを得ることを（親であるわたくしが）
願うのと同じく，またすべての人々に対してわたくしはこれを願う．
　おもうに未だ服従しないもろもろの辺境は，「王はわれわれに対して何
を欲するのであろうか？」と思うことであろう．しからば，次のことこ
そ実に辺境人に対してわが願うことである．すなわち「（神々に愛された
王は）このように望む……（中略）……．諸々の辺境人がわたしを怖れ
ることなく，私を信頼し，わたしから幸せのみを受け，苦悩を受けるこ
とがないように」ということを彼らに了解させ，また「（神々に愛された
王は，）恕しうることはすべてわれわれのために恕してくれる」という
ことを了解させるのである．そうして彼らがわが（教え）によって法を
行って，この世に関する（利益・幸せ）を得るにいたるようにさせよう．（別
刻岩石勅令2章）

このようにアショーカ王は，仏教精神をもって，帝国を治めたのである．

第9章　仏教的寛容思想と日本的寛容〔和（やわらぎ）〕思想の意義　281

　また，仏教的な精神に則り，かれは生きとし生けるものの幸福を実現させるため，つまり慈悲の政治政策を以下のように講じたのである．

(9)　尊重の政治の実践

　まず，不傷害・不殺生であるが，かれは「生類を屠殺しないことは善である」（勅令3章）との仏教的精神から，「ここ（自分の領土内）では，いかなる生きものをも殺して犠牲に供してはならない．また祭宴を行ってはならない．」（第一法勅）とした．そして，たんに生類の殺害を禁止したのみならず，

> （神々に愛された温容ある王の）領土のうちではいたるところに，……（中略）……．他の諸王の国内のいたるところに，（神々に愛された温容ある王の）二種の療病院が建てられた．すなわち，人々のための療病院と家畜のための療病院とである．そして，人に効があり，獣に効があるいかなる薬草でもすべて，それの存在しない地方へはどこであろうとも，そこへそれらを輸送し栽培させた．また木の根や果実の存在しないところでは，どこであろうとも，そこへそれらを輸送し栽培させた．また道の傍らには井戸を掘らせ，樹木を植えさせた．……（中略）……それは家畜や人々が受用するためである．（摩崖勅令2章）

というように，それぞれの生命を貴び最大限の努力をもおこなったのである．

　それは「一切の生きとし生けるものに対して，傷害をなさず，克己あり，心が平静で柔和であることを願うからである．」（13章）というかれの信念に発しているのである．

　かれはこれらの信念を具体化したものを「法」と呼び，この「法」を実践することを自らの使命としたのである．そして，この法を自ら実践し，また人びとに知らしめるために「すなわち人びとがこのように実践遵奉し，また，（この理法が）永久に存続するように，ということをめざして（この法は，岩や石などに）刻まれた」（2章）．

282

以上のようなアショーカ王の政策は，国内における罪人の死刑の廃止にまで及んだといわれている．遥かのちインドを訪れた中国僧の玄奘三蔵は，アショーカ王の子孫が治める一小国の事例として，「そこでは，アショーカ王以来，今日に至るまで罪人への死刑が廃止されている」[73]と伝えている．

(10) 自己犠牲という究極の寛容

とはいえ，現実問題として対立，あるいは敵対する人間や，団体は存在する．そのときに，どのようにしたらよいのであろうか？　まず，争いのもとは，既述したように，相互不信や三毒と仏教で表現するような人間の感情が，その基にある．すべては心の問題というわけである．これが仏教の基本である．もちろん，物欲なども含めると争いの源は無限といっていいほど存在するが，究極的には心がそれを欲するとき，現実の行動が引き起こされる．仏教は，この心の動きを突き詰め，その根を断つことをめざした．とはいえ，出家修行者と世俗生活者では，その理念は共有できても，実現の方法，つまり実践の方法はまったく異なる．

仏教では，この点を象徴的ではあるが，具体的なたとえ話的に表現する．とくに，仏教で強調しているのは，自己犠牲の精神である．この自己犠牲の教えこそ仏教の基本的精神である．具体的には『ジャータカ（本生譚）』などといわれる一種の仏陀伝である．

現在人からみると荒唐無稽ともいえるような話が多いのであるが，しかし，その話を貫いているのは，つねに自己犠牲の精神である．本章では，自己犠牲の詳しい分析を控えるが，仏教の自己犠牲とは，自らの身を引くことで，他者を助け，結果的に自己を生かす考え方である．たとえば，有名な法隆寺の玉虫厨子にある捨身飼虎のモチーフがある．

飢えて弱った母虎が，子供を食べて生きながらえようとするのをみて，ブッダの前世の薩埵太子が，自らの肉体を与えるという話である．この話は現代人のわれわれには，たんなる作り話と映るであろうが，仏教の，つまり高い理想のためには，自らの命すらささげるという考えである．

第9章 仏教的寛容思想と日本的寛容〔和(やわらぎ)〕思想の意義　283

　もちろん，これを悪用あるいは一知半解で使用すると，戦前の神風特攻隊のような悲惨なことになる．しかし，仏教では，他者の命を奪うための自己犠牲を説いてはいない．仏教の高い道徳性は自己献身，犠牲にある．ゆえに，国家の利益とか国民の利益というような抽象的なものを意味しない．というのも，国家とは国王はじめ権力者のことであり，権力者を必要悪と考える仏教では，国家や権力者のため命を捧げるという道徳律は原則成立しない．むしろその反対は山背大兄王の事例で検討するように為政者や権力側の自己犠牲の実践例である．

　もちろん，これは理想主義的な面も存在する．しかし，その理想がなければ，つねに力と力の武力衝突が優先する社会になる．

　現在でもインド社会への一種の崇敬を生んでいるマハトマ・ガンディー(1869-1947)の存在は，この仏教思想の伝統を引き継いでいることは周知のことである[74]．しかも，その伝統は，日本においても継承されているのである．

4. 日本における寛容思想の展開

(1) 聖徳太子とアショーカ王の接点

　日本において仏教的な精神，つまり融和寛容思想を政治的に実践した為政者は，歴史書に示された事例を考えると聖徳太子である（最近聖徳太子の存在に疑念を抱く方もおられるが，本章では歴史的な存在というよりも，一種の事例としてのちの世に信じられ続けたという事実に注目している）．

　実際の聖徳太子，あるいはそれに該当する為政者（以下はこれを含めて聖徳太子とする）が，アショーカ王を具体的にどれほど深く知っていたかは定かではない．しかし，中村元が「太子は従前の氏族制度社会を根底から革新して，統一国家としての新しい日本を建設した．……（中略）……．このような革新を達成するための政治の基調として，仏教を採用したのである．……

（中略）……．太子は仏教を政治の基調におくことによって，諸部族の間の対立を緩和し，宥和して，民衆の倫理性を高めようとしたのである．」[75] と指摘されるように，アショーカ王と聖徳太子の軌跡は，おおいに共通点がある[76]．

　さて，太子は仏教の理法を基として国を建設しようとしたが，しかし，決して仏教のみを信じ，他を排除，排斥はしなかった．かれは仏教を基としつつも，「神道を敬う」ことを決して禁止しなかった[77]．また，異なる氏族，社会階層の差異をこえて争いのない社会の建設をめざした．その理念を法として具体化したものが「和（やわらぎ）を以て貴しとし，忤（さから）うことなきを宗とせよ」で有名な「17 条憲法」である．

　太子は 17 条憲法の第 2 条において「篤く三宝を敬え．三宝とは，仏と法と僧なり．すなわち四生の終帰（おわりのよりどころ），万国の極宗（きわめのむね）なり．何れの世，何れの人か，この法（みのり）を貴びずあらん．……」とのべているが，これはまさにアショーカ王の精神と一致するものである．つまり，仏教を基礎としつつも，多様な信仰や価値観を排除しないというより，尊重し相利共生関係を築くことを政策として推し進めるという発想である．

　この点では，さらにアショーカ王の事跡は日本のみならず，その伝播した地域の政治体制に大きな影響を与えた．この点は，中村元の研究に触れられている[78]．

　いずれにしてもアショーカ王が「マガダなる温愛ある王（アショーカ）は，サンガを敬礼して，その健康と安楽に住する（方への挨拶）を述べる．諸大徳よ……」[79] と，仏教教団への帰依を表現している．

　このようにアショーカ王と聖徳太子は，仏教の精神を国家運営に用いることをめざした為政者である．もちろん，両者以外にも，当然であるが仏教の理想を政治によって実現しようとする，現在流でいえば一種の仏教イデオロギーを実践した為政者は，インドのカニシカ王（130-155 頃）以下仏教王国の国王，中国の皇帝菩薩と称した梁の武帝など枚挙にいとまがない．さらに，

第9章　仏教的寛容思想と日本的寛容〔和（やわらぎ）〕思想の意義　285

チベットのソンツエンカンポ王からモンゴルの仏教王，東南アジアの同じく
仏教王朝の帝王たちの多くは，仏教の理想を実現しようとしたのである．

(2) 日本的寛容思想と「やわらぎ」の思想

　ところで太子の思想は，一般的には仏教を国教として，日本国を建てよう
とする一種の建国宣言的な意味合いで捉えられている．しかも，このとき「篤
く三法を敬え」という部分が仏教的である，ということで朱子学者や国学者，
さらには近代以降の国粋主義的研究者から非難を受けている[80]．

　しかし，この批判は日本側の精神文化の土壌に関してはまったく考慮して
いない．その意味で，思想解釈としては不充分である．

　つまり，仏教を受け入れる日本側の土壌としての古代神道信仰の精神に関
して少しの考慮もないのである．たしかに「17条の憲法」では，仏教が現
在でいうところの国際基準（万の国の極の法）であり，これを受け入れること
が国際社会の仲間入りには不可欠である，という視点がのべられている．

　しかし，それと同じく，「和（やわらぎ）を以て貴し……」としている部分
があることが重要である．ところが，従来の理解は，この和を「わ」と発音
し，解釈する．ところが，『日本書紀』では「やわらぎ」と訓読みが符され
ている（正確には「やわらぐ」であるが，思想表現のため「ぎ」と表記した）．

　ではなぜ，和という漢字を「やわらぎ」と読ませるのか，ということであ
る．これは，仏教の寛容思想の影響であると同時に，日本古来の神道（『日
本書紀』では「かみのみち」とあり，神道（しんとう）ではない．この点が重要であ
る．）文化の協調主義，温和な思想を受けた表現とみるべきと筆者は考えて
いる．つまり，神道云々という言葉はあえて用いていないが，この「やわら
ぎ」という言葉の背後に，日本的な文化があり，またそれと共鳴する仏教の
教えを見出し，融和したということではないだろうか．つまり，日本人が仏
教を受け入れ，それが広く深く定着した背景には，仏教独自の寛容主義的教
えとその伝統（詳しくは第1章参照）があったことは事実であるが，それにと
どまらず日本側にも，仏教と融和する思想，寛容の精神の伝統があったこと

286

を，見過ごすべきではないであろう．

ちなみに漢字の和（わ）の原意は，「軍門の前で盟約し，講話を行う意味」（白川静（1984）『字統』）であり，軍事的な言葉である．

もちろん，聖徳太子は，仏教の理解が深く仏教理想者であった．かなりの仏教的理想主義ゆえに，現実から遊離した部分があったかもしれないが，太子の父親の用明天皇が個人的とはいえ，仏教（ほとけのみのり）を信（うけ）いれて以来，仏教と神道との相利共生に関して心を砕いていたはずである．そのときに，宗教的な対立を生む頑固な発想ではなく，神道のもつ緩やかで，しなやかな部分を強く意識していた，と筆者は考えている．

いずれにしても，この「やわらぎ」という言葉は，和（わ）という中国語起源の読み方ではあらわしきれない，日本古来の思想（それは古代の神道の思想であるが）を基礎としていることは，疑いえないであろう．

また，聖徳太子が「こころのいかり（忿）を絶ち，おもてのいかり（瞋）を棄てて，人の違うことを怒らざれ．人みな心あり．心おのおの執るところあり．かれ是とすれば，我は非とす．われ是とすれば，かれは非とす．われかならずしもずしも聖にあらず．かれかならずしも愚にあらず，ともにこれ凡夫のみ．是非の理，詎（たれ）かよく定むべけんや．あいともに賢愚なること，鐶（みみがね）の端なきごとし．ここをもって，かの人は瞋るといえども，かえってわが失（あやまち）を恐れよ．われひとり得たりといえども，衆に従いて同じく挙（おこな）え」（第10条）というとき，われわれはここに，仏教思想の真髄である空の思想やアショーカ王にもつうじる仏教の人間観の真髄をみることができる．まさに仏教の寛容思想が象徴されている．

しかし，同時に，古代社会の神道における精神性に根ざしている，と考えるべきだと筆者は考える．もちろん，古代信仰やその実態には，不明な点が多い．しかし，海に囲まれたわが国は，大陸のような異民族の支配や急激な文明レベルの流入は少なく，その意味で平和で協調性の高い文化を形成していた，ということはいえよう[81]．

第9章　仏教的寛容思想と日本的寛容〔和（やわらぎ）〕思想の意義　287

　その意味で，そもそも争うことが少なく，社会的な平安，やわらぎの状態
をよしとしていたし，それが自らの努力で可能であった社会ということがで
きよう．そのためには，自己の突出を押さえ，他と協調，調和を尊ぶ文化的
な伝統があったことが充分想像がつく．ゆえに，太子がすべての人びとに，
自己の抑制「あじわいのむさぼり（饕）を絶ち，たからのほしみ（欲）を棄
てて」（第5条）と他者と協調し「和（やわらぎ）を以て貴しとし」（第1条），
善をなす「悪を懲らし善を勧むる」（第6条）ことに，精勤すること．つまり
役目を通じて社会に奉仕せよ，と教えていることは，儒教的な支配者的な発
想ともとれるが，しかし，第4条の「群卿百寮（まえつきみたちつきみのつか
さ），礼（ゐやび）を以て本とせよ．それ民（おおみたから）を治むる本は，
……（中略）……百姓（おおみたから）礼（ゐやび）あるときは，国家（あめの
した）自ずから治まる．」の教えは，第2条の「（三法を敬うことは）何れの世，
何れの人か，是の法を貴びずあらん．人，尤悪しきもの鮮（すくな）し．」を
前提に考えれば，すべての人間は仏の法を尊ぶことで，互いにむつみ合い，
理解し合い，平和な国が築けるのである，ということをのべており，決して
上からの支配構造を意味していないように思われるし，また，このような共
同体の融和を重視する発想は，日本古来の伝統でもあったという意味で，神
道的でもある．なぜなら一般的には仏教の高度な思想は当時理解されておら
ず，人びとは仏教の哲理を日本の内なる思想によって理解する必要があり，
実際にそのようになされたはずである．従来の研究は，この点がまったく考
慮されていないのである．

　つまり，太子の理想はたんなる為政者への服従を要請するような単純なも
のではない．この点は「権力者の地位の保全を不動の地位の前提とし，その
前提のもとにおいてのみ慈恵的な仁政をおこなうに止まる儒教的な政治道徳
とは次元を異にする原理」（家永三郎）である，ということである．

　というのも，太子の人間把握は前述の第10条のように「我必ずしも聖に
非ず．彼必ずしも愚かに非ず．共に是凡夫（これただひと）のみ．」なのである．
つまり太子は為政者であろうと，庶民であろうとすべて完全な人間はおらず，

みな欠陥をもった人間にすぎない，という思想をもっており，儒教のような天子あるいは権力者絶対主義的な発想はとっていない．いわゆる菩薩思想，筆者のいう仏教の自他同置思想の表れであり，その融和思想は，アショーカ王の思いでもあった．いずれにしても，『17条憲法』は，文字面のみならずその背景をも充分考慮した解釈が必要である．なぜなら，天皇として最初の仏教徒である用明天皇とその子息である聖徳太子が引いた神仏習合（融和）政策が，以後現在にいたるまで日本の精神の基本を形成してきたのであり，仏教や神道など一方ではないからである．

(3) 聖徳太子の寛容政策とその実践

　このように，太子は日本という国家建設の基礎に，普遍的な仏教への信仰を据えたのである．太子はいう「信はこれ義の本なり．事ごとに信あるべし．それ善悪成敗はかならず信にあり．群臣ともに信あるときは，何事か成らざらん．」（第九条）このときの信は，当然仏教への帰依ということであるが，それはたんなる信仰としての信にとどまらず，行為がともなう信でなければならない．仏教がかつて仏道と呼ばれた所以である．ではどこに，このような為政者と民人との一体感の可能性を求めたのであろうか？　もちろん，それは支配者としての統一国家建設の必要性があった，という政治的な理由があったことは当然である．

　が，しかし，さらにいえば聖徳太子は「一切衆生は平等に仏性を宿す」，あるいはその可能性がある，とする仏教の平等思想を基礎とし，現代人の目からみれば不充分であろうが，アショーカ王に倣い人間の平等社会の建設を試みた，といえるのではないだろうか．ゆえに，神道的には神にもっとも近い聖徳太子自ら，仏殿の掃除をおこなうとか，あるいは民衆共済のために，悲田院，施薬院などを四天王寺に設け，庶民と権力者との差異を縮めようとしたのである．その一方で民族宗教としての神道をその無言の大前提としていたのであろう．

　以上のように太子は，仏教という当時の国際的な基準をもって日本社会を

第9章　仏教的寛容思想と日本的寛容〔和（やわらぎ）〕思想の意義　289

文明国家として建設しようとしたのである．残念ながら，太子は政治的には恵まれなかったかもしれない．しかし，太子の掲げた国家理念は，深くそして広く後代の為政者に受け継がれ，日本国の背骨を形成したことは間違いないであろう．とくに，権力を乱用することを固く戒め，権力者こそ，勤勉かつ誠実に職務に励むこと，つまり民に奉仕せよという第8条や第9条の教えは，後世に大きな影響を与えた．

このように，普遍宗教である仏教的な精神にもとづく国家建設という太子の理念は，アショーカ王の神仏習合政策に倣うものであったが，アショーカ王より堅固に日本文明の根幹をなすにいたった．そして，仏教的価値観による政治がおこなわれるようになった．

その事例を，太子の子息山背大兄王と光厳天皇にみてみよう．

（4）山背大兄王にみる寛容の実践と自己犠牲の思想

日本の近世以降の思想史的傾向は，大雑把にいうと儒教，それもきわめて中華思想的な朱子学（宋学ともいう）の影響が強く，それまでの仏教的な互恵的な平等思想とは根本的な世界観，人間観が異なる．この点は，思想史レベルや政治史では指摘されるが，具体的にどのような違いがあるのかについてはあまり考慮されない[82]．

この点を明らかにする切っ掛けをもつことも，本章の目的である．というのも，とくに日本の近代以降の政治思想は，近世以降の朱子学的，体制擁護的な思想を大前提とし，これを日本古来の道徳思想であるかのごとく考え，そのうえに西洋近代型国家にこれを投影させるかたちで，近代から第2次世界大戦（太平洋戦争）前の天皇親政型国家を形成した．

ゆえに近代以降の日本は，西洋における絶対主義的構造，つまり過剰なピラミッド型の官僚構造と為政者への絶対的服従，言葉が強ければ奉仕を美徳とする道徳構造を強調してきた．そして，その形成に近世以来の朱子学と，近世以降その朱子学と融合して形成された復古神道が大きな役割を果たし，そのうえに西洋近代文明が融合し，仏教は排除されてきた[83]．

そして，この一極集中的な国家構造も1つの近代の政治形態の結果が，西欧においても，また日本においても他国を侵略し，植民地化し他者に多くの犠牲を払わせたことは，根本的な反省点となろう．とくに日本は，神国日本というような狂信的な軍事国家へと暴走し，これを防ぐ手立てをもたなかった．ゆえに，この過剰なピラミッド型の国家のあり方には，大きな危険性があるということである．その点を反省したときに，天皇はじめ為政者自らが，領民のために犠牲となるという仏教的な発想，つまり近世以前の日本の精神への検討は重要となる．

この点で，前述の聖徳太子の政治思想も重要となる．しかし，さらに象徴的な事例を以下に紹介したい．というのも，日本の歴史のなかにこのような為政者が存在した，ということが従来の日本には充分理解されないように思われるからである．

それは聖徳太子の子息とされる山背大兄王（？-643）の存在である．山背大兄王は聖徳太子の長男として，上宮家の伝統を継ぎ皇位をめざす立場にあった．

歴史上に山背大兄王が登場するのは，推古天皇が病死後のことである．天皇は，病重篤であり，後継者がきちんと定まっていなかった．そのために後継問題が発生した．当時の天皇位は，儒教的な長子相続を原則とはしなかった．むしろ，伝統的には群臣の推挙であったので，時として後継者争いが起こった．このときも同様な事件が起こった．上宮家の当主であった山背大兄王は，蘇我氏の庶流境部摩理勢らにより擁立された．しかし，本流である蘇我蝦夷は，のちの舒明天皇となる叔父の田村皇子を擁立した．当初，山背大兄王は，納得が行かずかなり抗議したが，最終的には年齢も若かったこともあり，断念した．その理由は，皇位を争って騒乱になることを憂いたのである．山背大兄王は，自らを支持する境部摩理勢に，かれが自らの味方になったことに感謝し，そのうえで「其れ汝（山背大兄王）一人（の欲望，つまり天皇になりたいということ）によりて，天下乱れるべし．また先の王（聖徳太子）臨没しときに，諸子等に語りて曰く『諸の悪を作そ，諸の善奉行へ』とのた

第9章　仏教的寛容思想と日本的寛容〔和（やわらぎ）〕思想の意義　291

まいき．余斯の言を承りて，永き戒めとす．是を以て，私の情有りと雖も，忍びて恨むこと無し」（『日本書紀』168）として，自らの望みのために，紛争が生じ，戦乱となれば多くの民衆が巻き込まれることをおそれて，自らの欲望を抑えたのである．よって皇位は田村皇子が継承することとなり，629年に即位（舒明天皇）する．

　しかし，同様なことは約20年後蘇我氏の実権が蝦夷の息子の蘇我入鹿に移ったときにも起こった．この時入鹿は，山背大兄王の存在に危機感を抱き，一方的に暗殺しようとした．そして蘇我入鹿は巨勢徳太らに命じて，斑鳩宮の山背大兄王を襲撃させる．山背大兄王は一族とともに，一時斑鳩宮から脱出し，生駒山に逃亡した．そのとき，家臣の三輪文屋君は，「馬に乗って，東国にゆき，そこで再起を期し，戦えば勝利は確実です」[84]と進言するが，山背大兄王は戦闘を望まず「卿の導（い）ふ所の如くならば，その勝たむことは必ず然らむ．但し吾が情に糞白馬，中年百姓を役はじ．一の身の故を以て，豈万民を煩労しむや．また後世に，民の吾が故に由りて，己が父母を喪せりと言わむこと発せじ．豈其れ戦ひ勝ちて後に，方に丈夫言はむや．それ身を損てて国を固めば，また丈夫にあらずや．」[85]とこたえ，斑鳩宮にとって返し，「吾が一つの身の故に由りて，百姓を残り害はむことを欲りせじ，吾が身一つをば，入鹿に賜ふ」[86]といい残されて，一族皆自害する．

　さて，この事件をわれわれはどのように理解したらよいのであろうか．山背大兄王の言説は，きわめて仏教的である．つまり，自己犠牲を教える仏教文学ともいわれる『ジャータカ』に出てくるような教えが，そのまま生きているのである．とくに，権力者における自己抑制と非暴力の意味をわれわれに教えるのである．つまり，1人の権力者の野望が，多くの民衆を不幸にする，ということである．この点は「自己の生命の維持すら放棄して，「万の民」への危難の波及を防止しようとするものである点において，……（中略）……支配階級に属する人物の言行としては，前後に例のない高度な人道主義的精神にみちている」[87]と評価できる．

　おそらく，その精神の崇高さゆえであろうか，『日本書紀』においてもこ

の事件は多くの頁を割いている．しかし，民のために，為政者自らが，自己を犠牲にするという崇高な精神は，近世以降の儒教主義や国学者からは評価されてこなかった．この思想は，権力者の地位を危うくするものと考えられたのであろうか，触れられることもあまりなかった．しかし，このような為政者が，日本の古代に存在したからこそ，天皇を中心とする緩やかで，平和な社会が形成された，ということはできよう．この思想は究極的な寛容といえるのであるが，自己を絶対化せずに，他者を慮る慈悲の思想が，その根底にあり，さらにその基礎に仏教的な寛容の思想があることは論を俟たない．

(5) 光厳天皇と自己犠牲の実践

　つぎに，今一人その存在が崇高な仏教精神に生きたゆえにほとんど忘れられた天皇を紹介しよう．それは光厳天皇（1313-1364）である．非常に不運な天皇であり，現在の天皇制の基準では，正式な126人の天皇に数えられない天皇であるが，現在の皇室の直接の祖先でもある．その矛盾を押して近代の天皇制は，朱子学的な権力の正統性論で，この天皇を排除した．しかし，日本的な天皇論からいえば，光厳天皇は決して閏の天皇ではない．むしろ，光厳天皇こそは前述のように，アショーカ王以来聖徳太子や聖武天皇など仏教の教えで政治を実践した真に正統な天皇であった[88]．しかし，その経歴は，きわめて波瀾万丈であり，そして山背大兄王に同定される仏教精神の体現者でもある．というのも，持明院統の嫡男として生まれ，高度な帝王学を身につけた光厳天皇ではあったが，儒教的な帝王観をもった後醍醐天皇によって激しく翻弄された一生を送った天皇である．

　とくに，儒教道徳的な為政者観が優勢な時代にあっては，光厳天皇の評価は芳しくないが，しかし，かれは，後醍醐天皇のように天皇位に拘わり，権謀術数を巡らし，民の苦しみをものともせず，度重なる戦を仕掛け，日本史上希にみる戦乱と分断，そして荒廃の社会を生み出した天皇とは，まったく違う人生を送った．

　かれは，幾多の苦難を味わったが，その理由は持明院統の長として一統の

第 9 章　仏教的寛容思想と日本的寛容〔和（やわらぎ）〕思想の意義　293

利益を守らねばならない地位にいたからである．しかし，権力者，とくに天皇は私欲を滅して，天下国家のために仕えるべし，という皇室の伝統を叔父の花園天皇らから教育されていた，光厳天皇は，自らが後醍醐天皇と正統性を争うことで，結果として日本社会が分断され，相争い，民衆が苦しむことに心を痛めた末に，出家し現在の常照皇寺に従者 1 人とともに隠棲し，仏道修行に励み穏やかに一生を終えられた．光厳天皇は，山背大兄王同様，天皇位の争いの中心となることで，民衆を巻き込んだ不幸な戦争や社会不安を起こすことを憂い，身を引いたのである．この光厳天皇の御製に天皇の心が見事にあらわれているものがある．「国やたれ民易からぬすゑの余も神神ならばただしおさめよ．神にいのる我がねぎ事のいささかもわれためならばとがめたまえ」である[89]．

　一方の後醍醐天皇は，最後まで天皇位に執着し，多くの皇子や臣民を犠牲にすることを厭わなかった．その意味で儒教（朱子学）的には，優れた為政者であったかもしれないが，仏教の精神からいえば，問題のある天皇であったといえよう[90]．

　しかし，近世以降とくに顕著であるが，このような独裁的な王権像が，重視されてきたことは，朱子学に傾倒した権力者の視点によるものである．これは為政者とて所詮は凡夫であり，共に不完全な存在であるという謙虚な聖徳太子はじめ聖武天皇など仏教と神道（かみのみち）精神の融和統合により生まれた日本的和（やわらぎ）の思想伝統，なかんずく政治思想とは大きく異なるものである．

お わ り に

　本章では，人間・国家間を問わず，対立抗争が激化しつつある現代社会にたいして，日本人としていかなる貢献ができるのかという点を原点に，普遍性を自己認識の基礎とする近代文明のもつ有限性を明らかにしつつ，その不

足を埋め合わせるために，東洋的な思想，とくに仏教を基とする日本文明か
らの貢献の可能性について，とくに寛容思想を中心に検討した．

その結果，日本でも近代以降等閑視されてきた仏教文化のなかに，近代西
洋文明のもつ寛容思想とは異なる思想や伝統があること，そして，その伝統
の復活と，世界への発信こそが，日本文明の世界貢献につながるという結論
を得た．

近代以降忘れ去られた自らの伝統に，AI時代の新しい人間観，国際秩序
形成に貢献できる要素がある，ということをもっと自覚し，評価し，さらに
世界に発信していくことは，日本のアカデミズムの大きな課題であろうし，
筆者もその一翼を担いたいと考えている．

今回はいわば概論であるが，今後さらに厳密な検討，とくに日本における
寛容思想の展開に関して，より深い検討を加えていきたい．

付記　本章の執筆後，武藤信夫氏の『これからの和』（アートヴィレッジ社 2010）
　　を読み，本論との共通点の多さを知りました．本章では，インド以来の融和思想
　　を論じたので，日本の和の思想を直接扱ったものではありませんが，共に中村
　　元先生の学風を基にしている点が，共通性を生み出したものと推測いたします．

1)　民族紛争についての分析は M. Juergensmeyer (1993), "The New Cold war?"
　　Unversity of California Press.（日本語訳は阿部美哉 (1995)『ナショナリズムの
　　世俗性と宗教性』玉川大学出版部）．山内昌之 (1993)『民族と国家』岩波新書．
　　文明の対立という視点からは S. ハンチントン (1998) 鈴木主税訳『文明の衝突』
　　集英社，などを参照．
2)　この問題を宗教文明同士の衝突として捉えるのはあまりにも短絡的であるが，
　　前出の『文明の衝突』が，再び着目されたという事実からして，ある種の要因
　　であることは否定できない．しかし，冷静に考えるならば，アルンダティ・ロ
　　イ (2001)「無限の正義の論理」（『世界』2001 年 12 月号）岩波書店，103-110
　　頁の言説が中立的で，筆者は賛意をあらわしたい．
3)　宗教に関しては，多様な把握が可能であるが，筆者の考えについては，保
　　坂 (2004)『仏教とヨーガ』東京書籍を参照．一般的な宗教論は，キリスト教を
　　ベースとした西洋の宗教間を暗黙知としており，東洋的な実態とは多少齟齬が
　　ある．
4)　北田信 (2010)「インド宗教思想の多元的共存と寛容思想の解明」V. ハッカー

第 9 章　仏教的寛容思想と日本的寛容〔和（やわらぎ）〕思想の意義　295

『包括主義』山喜房佛書林.

5)　深沢克己ほか編（2006）『信仰と他者』東京大学出版会，18 頁以下.

6)　学問的な近代日本語のスタンダードを決めた井上哲次郎の『哲学字彙』（明治
14 年）の影響力ははなはだ大きかった. ちなみに慶応年に刊行されたいわゆる日
本人の手によるはじめての和英, 英和辞典『薩摩辞書』は, 1869（明治 2）年
に第二版が出版され, 現代の日本語と近世の日本語のニュアンスの違いを知る
うえで貴重である. また, 惣郷正明・飛田良文編（1986）『明治のことば辞典』
（東京堂出版）は, 大変有益である.

7)　近代の寛容は, 制度としての寛容であり, 内面的なそれではない. これにつ
いてはメンシング（1965）田中元訳『宗教における寛容と真理』理想社, を参
照. メンシングは, 寛容について 4 つに分類し, とくに近代のそれは内面的な
不寛容的寛容と分類している. これは, 平生は慣用を認めるが, その前提が壊
れた瞬間に非寛容となる, という視点である. かつての日本人隔離やアメリカ
のワールドトレード・センタービル爆破以後のアメリカの言論統制やアラブへ
の圧迫は, これを端的にあらわしている.

8)　種谷春洋（1986）『近代寛容思想と信教自由の成立』成文堂, 112 頁.

9)　前掲書, 315 頁.

10)　メンシング　前掲書などを参照. また, 月本昭男ほか編（1993）『宗教と寛
容』（大明堂）において, さまざまな宗教における寛容思想が議論されている.
しかし, そのなかには, イスラム学の田中考氏の「宗教における寛容とは, お
およそ学問的には稔りある議論の期待できないテーマである」（196 頁）などと
いう発言もある.

11)　保坂俊司（2004）『イスラム原理主義・テロリズムと日本の対応』北樹出版,
参照.

12)　キリスト教においてもアガペー・カリタスなどの言葉が示すように, 他者に
たいする思いやり, 同情, 共感等々の教えがある. しかし, そのような高尚な
思想が, 現実にどれほど実践されたのか. 仏教との歴史を比較すれば明らかで
ある. とくに, 幾多の十字軍や魔女狩り, 異端審問などの宗教的な教義に裏打
ちされた構造的な暴力システムの根源を絶つことは, セム的宗教の課題であ
ろう. 十字軍についてはアミン・マアルーフ（2001）『アラブから見た十字軍』
ビブロポート, や C. Hillenbrnd（1999）, "The Crusades" Edinburgh University
Press などを参照. これらはイスラムの視点から十字軍を論じている. しかし,
そのどちらも自らの正当性を主張するものであって,「慈悲の目に憎しと思うも
のあらじ, とがある者をなほもあわれめ」という思想には程遠い. この思想は
仏教の根本思想である. 中村元（1989）『日本人の思惟方法』（決定版中村元選
集第 3 巻）春秋社, 参照.

13)　一般にはこの点があまり意識されておらず, キリスト教などの献身と同様に
理解される. もちろん, キリスト教のマザーテレサにような崇高な献身者と,

行為そのものは，同一であるが，その精神は，神の命令によるのではなく，相互の支え合いという世界観のうえでの自己犠牲である，という点が明確に異なる．ゆえに，献身者の一方的な献身，被献身者という構図ではない，という点が重要である．仏教思想のこの検討に関しては，中村元（1999）『普遍思想』（決定版中村元選集）などを参照．

14) 遠藤周作（1993）『深い河』講談社．

15) 峰島旭雄（1987）『西洋は仏教をどうとらえるか』東京書籍，などを参照．たとえば，『ウパニシャッド』は，ダーラー・シコー（1615-1659）によってペルシア語に訳され，それが『ウプネカット』として18世紀後半にラテン語に訳出されヨーロッパに伝わった．

16) 伊東俊太郎（1985）『比較文明』東京大学出版会，やトマス・クーン（1971）『科学革命の構造』みずず書房，などを参照．

17) インド思想については，中村元（1968）『インド思想史』岩波全書．前田専学ほか（1982）『インド思想史』東京大学出版会.」，S.Dasgupta（1975），"A History of Indian Philosophy" Delhi．Radhakrishnan（1923），"Indian Philosophy"，London．

18) イブン・ハルドゥーン（1979）（森本公誠訳）『歴史序説』岩波書店．

19) 中村　前掲書（1989）『日本人の思惟方法』．

20) この思想をわかりやすく表現すれば，三平方の定理と多様な直角三角形との関係によって説明できよう．つまり，無数にある直角三角形は，一見互いに何ら関係の無いようにみえるが，三平方の定理という1つの法則によって，すべて補足できるのである．このように，多様な現象も深いところで1つの法則性によって互いに結ばれている，というのが多現的一元論の思想といえる．

21) 縁起については，多くの高著があるが，三枝充悳（2005）『縁起の思想』（三枝充悳著作集（第4巻），平川彰（1988）『法と縁起』春秋社，を参照．中村元（2001）『仏教の真髄を語る』麗澤大学出版会．柳澤桂子（1998）『生命の奇跡』PHP新書．中村桂子（2000）『生命誌の世界』日本放送出版協会．

22) 公害問題については宇井純（1968）『公害の政治学』三省堂新書や，朝日新聞の『変換キー〜ある学者の死』（1998年9月2日）の記事を参照．

23) 中村　前掲書（2001）『仏教の真髄を語る』などを参照．

24) 保坂俊司ほか（1998）『人間の社会と宗教』北樹出版．W. R. スミス（1941）永橋卓介訳『セム族の宗教』岩波書店．

25) 宗教対立をともなわずに，少なくとも武力行使をともなわずに伝播拡大した宗教は仏教のみであろう．この点はハンチントン教授も認める．前掲書　保坂（1998）65頁．

26) 『四大文明〜インダス』（2000）日本放送出版協会．

27) 同『四大文明』「エジプト」・「メソポタミア」・「中国」日本放送出版協会，などを参照．

第 9 章　仏教的寛容思想と日本的寛容〔和（やわらぎ）〕思想の意義　297

28)　前掲書『四大文明〜インダス』参照.

29)　M. Wheeler (1953), The Indus Civilization, Cambridge.

30)　詳しくは保坂俊司 (2004)『仏教とヨーガ』東京書籍，参照

31)　中村元 (1979)『ヒンドゥー教史』山川出版社．R. バンダルカル (1984) 島岩他訳『ヒンドゥー教』せりか書房，などを参照.

32)　W. R. スミス　前掲書 (1941).

33)　詳しくは保坂俊司 (2001)「イスラム教とヒンドゥー教との対話」(『比較文明』17 号) 比較文明学会，67-78 頁.

34)　同様なものは古代ギリシアや他の古代社会においては見出すことができるが，キリスト教やイスラム教の浸透により根絶した．W. R. コムストック (1976) 柳川啓一訳『宗教：原始形態と理論』東京大学出版会．エリアーデ (1992) 鶴岡賀雄ほか訳『世界宗教史』(全 3 巻) 筑摩書房，など参照.

35)　David Kinsley (1998), "Hindu Goddess" University of California Press, Berkley. J. Cambell "The Mythic image" Princeton University Press.

36)　中村　前掲書 (1979)『ヒンドゥー教史』山川出版社.

37)　前掲書.

38)　日本でも神道がそのようにいわれることがあるが，神道には自覚的な思想体系が乏しく，その意味でヒンドゥー教とは異なる.

39)　歴史的には，超極端を揺れ動いたことは，周知のことである．たとえばフレデリック・ドルーシュ編集 (1994)（木村尚三郎監修）『ヨーロッパの歴史（欧州共通教科書）』東京書籍．M. D. ノウルズほか (1996)『キリスト教史 3』(上智大学中世思想研究所) 平凡社.

40)　市川茂孝 (1993)『母権と父権の文化史』農山漁村文化協会，などを参照.

41)　D. Kinsley, op.cit., "Hindou Goddesses" など.

42)　この点については，中村　前掲書 (2001)『仏教の真髄を語る』参照.

43)　ウパニシャッドについては，中村元 (1990)『ウパニシャッドの思想』春秋社．前田専学 (1998-1999)『インド哲学へのいざない』日本放送出版協会，参照.

44)　峰島　前掲書 (1982).

45)　中村元 (1998)『東西文化の交流』(中村元選集別巻 5) 春秋社.

46)　早島鏡正ほか (1982)『インド思想史』東京大学出版会，23 頁．ウパニシャッドについては，『ウパニシャッド全書』(1980) (全 9 巻) 東方出版，が現在出版されているなかではもっとも充実している.

47)　ウパニシャッド的な思想が，インドの現在にいたるまで強い影響力をもっていることは，J. ネルー (1956) 辻直四郎訳『インドの発見』岩波書店.

48)　ウパニシャッドの思想は，ヒンドゥー教や仏教というようなヒンドゥー教系の宗教思想のみならず，イスラムのスーフィー（神秘主義）思想にも強い影響力をもった．詳しくは前掲書，保坂 (2001)「イスラム教とヒンドゥー教との対

話」参照.

49)　仏教では「一切衆生悉有仏性」『涅槃経』「師子吼菩薩品」のように，一切の生物として意識をもったものには皆平等な存在意義を認めるという思想が基本となっている．つまり，宗教や思想の差異を越えた絶対的な平等思想がそこにはある.

50)　インド哲学や仏教における「我」については，膨大な研究がある．宇井伯寿（1947）『仏教汎論』岩波書店，中村元・三枝充悳（1987）『バウッダ』小学館，など参照.

51)　中村元（1993）『原始仏教の思想』（1）春秋社，510 頁.

52)　前掲書，516 頁.

53)　前掲書，579 頁．縁起の思想に関しては，一般の理解とはあくまでも仏教の伝統的な思想を現代的にアレンジしたものが多く，その意味で輪廻思想や縁起思想そのものの現代的な意義をさらに深く考える必要がある．たとえば，環境問題や移民，難民問題なども，たんなる政治問題的なレベルの検討ではなく，もっと深く，さらに広い視点が求められる．その意味で中村元博士の研究は，注目されるのである．また，異分野では中村桂子博士の「生命誌」という発想や，南方熊楠の曼荼羅思想（南方マンダラ）なども注目されよう.

54)　慈悲については，中村　前掲書（2001）『仏教の真髄を語る』参照.

55)　中村　前掲書（1993）『原始仏教の思想』，700 頁.

56)　前掲書，705 頁.

57)　前掲書，703 頁.

58)　前掲書，698 頁.

59)　前掲書，877 頁.

60)　平和については，保坂俊司（2000）『イスラームとの対話』成文堂．岡本三央（1993）『平和学を創る』広島平和文化センター.

61)　中村　前掲書（1993）『原始仏教の思想』，715 頁.

62)　前掲書，936 頁.

63)　前掲書，722 頁.

64)　仏教者自身にもこのような傾向がある.

65)　中村元（1959）『宗教と社会倫理』岩波書店．大野信三（1956）『仏教の社会・経済学説の研究』有斐閣．その他については，保坂俊司「日本における勤労観形成のメカニズムに関する研究」『麗澤学際ジャーナル』第 3 巻 1 号 87 ページ以下．保坂俊司（2006）『国家と宗教』あるいは，保坂俊司（2018）『グローバル時代の宗教と情報』北樹出版，参照．いずれにしても，宗教と経済，政治，文化が無関係であるなどということは，ありえない．日本近代の詭弁的な論理であり，誤った宗教政策によるものである.

66)　創価学会が公明党を結成し，政治の世界に積極的に進出しているのは，周知のとおりである．宗教と政治や経済のあり方をしっかりと認識できる土壌を

第 9 章　仏教的寛容思想と日本的寛容〔和 (やわらぎ)〕思想の意義　299

もっていれば，1993 年の悲惨なオウム事件はある程度防げたと思われる．保坂
前掲書 (2004)『仏教とヨーガ』参照．

67)　仏教の政治性に関しての研究は，今後益々検討されるべきであろう．その際，
　　基本的な宗教認識の変換が不可欠である．

68)　中村　前掲書 (1993)『原始仏教の思想』，149 頁．

69)　中村元 (2000)『「老いと死」を語る』麗澤大学出版会．

70)　アショーカ王の研究については，塚本啓祥 (1973)『アショーカ王』平楽
　　寺書店，など．また碑文については，E. Hultzsch (1977), "INSCRIPTION OF
　　ASOKA" 名著普及会，参照．

71)　中村　前掲書 (1993)『原始仏教の思想』，255 頁．

72)　アショーカ王の勅令の訳は中村元先生の訳を引用．中村元 (1959)『宗教と社
　　会倫理』より．

73)　水谷真成訳 (1999)『大唐西域記』平凡社．

74)　マハトマ・ガンディーについては，竹内啓二ほか (1991)『私にとっての宗
　　教』新評論．

75)　中村元 (1990)『聖徳太子──地球志向的視点から』東京書籍，34 頁．

76)　前掲書，74 頁．

77)　『日本書紀』用明天皇の部分．

78)　中村　前掲書 (1990)『聖徳太子』参照．

79)　前掲書．

80)　丸山眞男 (1998)「丸山眞男講義録第 4 冊」東京大学出版会，148 頁以下．

81)　吉田敦彦 (1992)『日本神話のなりたち』青土社，同 (2018)『女神信仰と日
　　本神話』青土社，井上光貞 (1984)『天皇と古代王権』東京大学出版会．

82)　この点に関しては，第 1 章でも触れたが，さらに前掲書　保坂 (2018)『グ
　　ローバル時代の宗教と情報』参照．

83)　森和也 (2018)『神道・儒教・仏教』(ちくま新書) の研究が明快で，かつ優
　　れている．ちなみに今日の中国の政治スタンスも同様である．

84)　坂本太郎ほか (1995)『日本書紀』第 4 巻，岩波書店，199，210 頁．

85)　前掲書．

86)　家永三郎ほか監修 (1967)『日本佛教史』法蔵館，212 頁．

87)　前掲書，76 頁．

88)　深津睦 (2014)『光厳天皇』ミネルヴァ日本評伝選．飯倉晴武 (2002)『地獄
　　を二度も見た天皇　光厳院』吉川弘文館，などを参照．

89)　松本徹 (2010)『風雅の帝 光厳』(鳥影社)，117 頁．国のため，民衆のため
　　に，自ら退いた帝の陵墓は，京都市左京区とはいえ，非常に山深い大国町にあ
　　る．現在光厳天皇の退位後に建立した常照皇寺境内にある．

90)　後醍醐天皇に関しては多くの著作や論文があるが，ここでは入手しやすい森
　　茂曉 (2012)『建武政権──後醍醐天皇の時代』講談社学術文庫，などを参照．

あ と が き

　激動の 21 世紀，そしてアジアの時代と呼ばれるようになった新たな世界秩序の構築に，世界文明の超合金的な存在である日本文明，その日本文明を担う一人として，日本文明への理解とその世界への発信という使命に少しでも関わり続けることを使命としてこのプロジェクトを続けていきたいと考えている．

　編者のこのような突飛ともいえる研究プロジェクトに，まさに寛容なるご理解をお示しくださった中央大学政策文化総合研究所のみなさまには，心より感謝申し上げたい．

　また，事務処理能力の欠如した編者を，完璧なまでにフォローしてくださった研究所合同事務室 政策文化総合研究所担当の北澤舞子さん，そして中嶋洋子さんには改めて御礼申し上げたい．さらに，きわめて精緻な編集作業を精力的にこなし，本書を滞りなく出版にまで導いてくださった菱山尚子さんの労に感謝申し上げる．

　　2019 年 10 月 1 日

　　　　　　　　　　　　　　　　　　　保　坂　俊　司

執筆者紹介（執筆順）

保坂俊司（ほさかしゅんじ）　研究員・中央大学国際情報学部教授

加藤久典（かとうひさのり）　研究員・中央大学総合政策学部教授

新美貴英（にいみたかひで）　客員研究員・早稲田大学社会科学部講師

喜多文子（きたよしこ）　客員研究員・阿南市教育委員会教育委員

大森一三（おおもりいちぞう）　客員研究員・法政大学文学部兼任講師

岡嶋裕史（おかじまゆうし）　研究員・中央大学国際情報学部教授

安藤香織（あんどうかおり）　研究員・中央大学総合政策学部特任助教

賈威（かい）　準研究員・中央大学大学院総合政策研究科博士課程後期課程

アジア的融和共生思想の可能性
中央大学政策文化総合研究所研究叢書 26

2019 年 12 月 20 日　初版第 1 刷発行

編 著 者　　保 坂 俊 司
発 行 者　　中 央 大 学 出 版 部
代 表 者　　間 島 進 吾

〒192-0393　東京都八王子市東中野 742-1
発行所　中 央 大 学 出 版 部
http://www2.chuo-u.ac.jp/up/
電話 042(674)2351　FAX 042(674)2354

© 2019 保坂俊司　ISBN978-4-8057-1425-6　　印刷・製本 惠友印刷㈱

本書の無断複写は，著作権法上の例外を除き，禁じられています．
複写される場合は，その都度，当発行所の許諾を得てください．